1re et Term BAC PRO

2e ÉDITION
ACTUALISÉE ET ENRICHIE

Métiers du Commerce et de la Vente

CONSEILLER, SUIVRE LES VENTES ET FIDÉLISER

ENSEIGNEMENT COMMUN
AUX OPTIONS A ET B

Sous la direction de Dominique Beddeleem :

Karima Achkar-Laghdas, Carole Ancelin, Séverine Androd, Hélène Douarre, Christelle Faivre-Morot, Dominique Giafferi, Gwénaël Gogendeau, Stéphanie Laisney, Alexia Laporte, Patricia Lavigne, Sébastien Loichot, Sandrine Martin, Franck Nunes, Catherine Spagnesi, Pascale Stoupy, Hugues-Antoine Sueur et Linda Yefsah

Avec la contribution de Cécile Bidou (professeure d'anglais), Matthieu Lilla (professeur de mathématiques) et Naoual Tijja Mahmoudy (professeure de français)

Nathan
TECHNIQUE

COMMENT ACCÉDER À VOTRE i-MANUEL 2.0 ÉLÈVE

LIVRE + LICENCE NUMÉRIQUE

Votre enseignant souhaite travailler avec le i-Manuel 2.0 ; une fois votre compte créé par votre enseignant, rendez-vous, selon ses indications, sur :

- **imanuel.nathan.fr** et connectez-vous à votre espace élève i-Manuel 2.0 avec votre identifiant et votre mot de passe.

OU

- l'ENT ou la plateforme de votre établissement, et accédez directement à votre i-Manuel 2.0.

DÉCOUVREZ LE i-MANUEL 2.0 EN VIDÉO

À NE PAS OUBLIER

Conservez votre identifiant et votre mot de passe pour toutes vos connexions ultérieures

À SAVOIR

Cette licence élève i-Manuel 2.0 est unique et personnelle. Elle offre un accès à un élève pour une, deux ou trois années scolaires (selon la durée de l'ouvrage) et ne peut être réutilisée par d'autres élèves les années suivantes.

Pour équiper les élèves de nouvelles licences numériques i-Manuel 2.0, connectez-vous sur cns-edu.com.

Pour l'enseignant : rendez-vous sur **nathan.fr/i-manuel2**, pour disposer de toutes les informations pratiques pour créer vos classes, activer les licences de vos élèves et contacter votre délégué pédagogique Nathan.

Nathan TECHNIQUE

Édition : Angélique Brézillon et Marie-Astrid Lehoux
Coordination artistique : Vincent Rioult
Conception couverture : Vincent Rioult
Conception maquette intérieure : Anne-Danielle Naname
Mise en pages : Juliette Lancien (ADN)/Julie Fabioux
Fabrication : Emmanuelle Perrier
Code éditeur : 853374

ISBN : 978-2-09-501928-0

Avec ce livre, une licence i-MANUEL 2.0

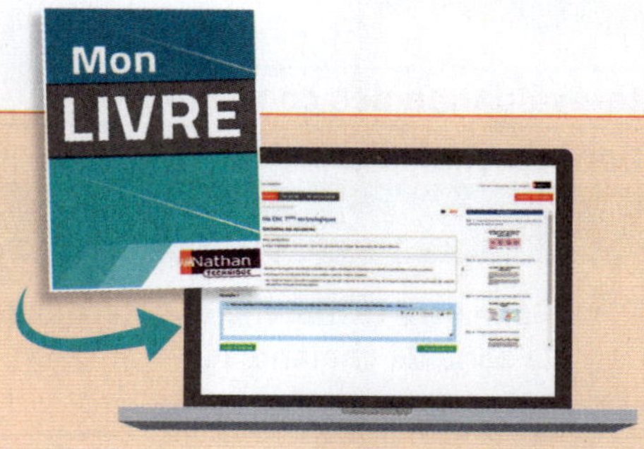

Le i-Manuel 2.0, un outil simple d'utilisation qui reprend l'ensemble des contenus de ce livre sous forme numérique et interactive.

Il permet d'accéder au contenu de ce manuel à tout moment et en tout lieu sur un ordinateur ou une tablette. L'utilisateur peut donc passer du papier au numérique et choisir le support qui lui convient le mieux selon le travail à faire et le lieu où il se trouve.

Une véritable interactivité entre l'enseignant et sa classe

- **Vidéoprojeter** en classe les activités, les documents et les corrections pour animer les cours et travailler collectivement.
- N **Feuilleter le livre papier enrichi et le télécharger** pour un usage sans connexion.
- N Bénéficier d'**une banque de ressources.**
- **Piloter la classe** en assurant le suivi du travail des élèves à distance et en cours (recevoir et envoyer du travail, faire des commentaires, intervenir en temps réel).
- **Intégrer et envoyer à la classe**, à un ou plusieurs élèves, **des documents personnels**.
- **Afficher les corrigés** ou la correction individuelle du travail de l'élève.
- **Imprimer** les documents nécessaires pour mettre les élèves en **situation d'examen**.

Des fonctionnalités innovantes pour favoriser l'intérêt, la motivation et l'implication des élèves

- **Saisir les réponses** en travaillant sur ordinateur ou tablette.
- **Faire les activités et les exercices**, préparer ou réviser le cours **en classe ou à la maison**.
- **Accéder** aux **ressources numériques**, vidéos, fichiers élèves (Word, Excel, GeoGebra...).
- **Sauvegarder** au **format Word** le travail effectué dans un dossier (classeur).
- **Envoyer le travail** au professeur.
- **S'enregistrer** pour les activités orales.
- **S'auto-évaluer**.

Toutes les infos et les tutos sur www.nathan.fr/i-manuel2

Avec ce livre, des ressources numériques en accès direct

Flashez les QR Codes avec votre smartphone ou saisissez les mini-liens associés pour accéder à des vidéos, animations, QCM...

SOMMAIRE

ACTIVITÉS FRANÇAIS/COMMERCE ET VENTE

Activités	Documents	Objets/perspectives d'études Français	Compétences Métiers du commerce et de la vente
1. Le grand magasin, du passé au présent *Découvrir l'histoire du commerce et du magasin Le Bon Marché*	• Vidéo : *L'histoire du Bon Marché par Stéphane Bern* • Conseil : Comment créer une carte mémoire avec Canva ? • Règles du jeu « Timeline »	1re Créer, fabriquer : l'invention et l'imaginaire	**Bloc 1 : Assurer la veille commerciale** Rechercher, hiérarchiser, exploiter et actualiser en continu les informations
2. Les clients à la recherche du bonheur *Identifier le public et son mode de consommation*	Extraits du roman *Au Bonheur des Dames* d'Émile Zola	1re Dire, lire, écrire le métier	**Bloc 1 : Réaliser la vente dans un cadre omnicanal** – S'adapter au contexte commercial et au comportement du client – Découvrir, analyser et identifier le(s) besoin(s) du client, sa (ses) motivation(s) et ses freins éventuels – Argumenter, répondre aux objections du client
3. Ode aux produits *Étudier, réciter et rédiger un poème pour valoriser un produit*	• Poèmes au choix sur des produits de consommation • Vidéos : exemples de récitations classiques et en slam • Roue en ligne : tirage au sort d'un produit	1re Créer, fabriquer : l'invention et l'imaginaire *Lire et étudier des poèmes*	**Bloc 1 : Réaliser la vente dans un cadre omnicanal** Présenter l'entreprise et ses produits/services
4. Affiche ton événement commercial ! *Analyser et moderniser une affiche du passé*	• Anciennes affiches au choix • Rappel : la méthode AIDA	Tle Dire, lire, écrire le métier	**Bloc 1 : Réaliser la vente dans un cadre omnicanal** – Présenter l'entreprise et/ou ses produits et/ou ses services – Argumenter **Bloc 3 : Contribuer à des actions de fidélisation de la clientèle et de développement de la relation client** – Sélectionner et mettre en œuvre les outils de fidélisation et/ou de développement de la relation client de l'entreprise – Concourir à la préparation et à l'organisation d'événements et/ou d'opérations de fidélisation/développement de la relation client **Bloc 4A : Développer la clientèle** Communiquer sur l'événement
5. La robotisation de la relation client est-elle souhaitable ? *Participer à un débat d'idées*	• Vidéos : *Un robot humanoïde comme hôtesse d'accueil / Le magasin du futur* • Article : « L'humain dans le miroir de l'intelligence artificielle » • Fiches outils sur l'argumentation et le débat d'idées	Tle Vivre aujourd'hui : l'humanité, le monde, les sciences et la technique	**Bloc 1 : Réaliser la vente dans un cadre omnicanal** – Argumenter – Répondre aux objections du client

En + pour préparer votre projet motivé Parcoursup !

6. Mon projet motivé : avec ou sans ChatGPT ? *Cerner les limites de l'intelligence artificielle et rédiger un projet motivé personnalisé*	• Vidéo : *Qu'est-ce que ChatGPT ? Comment l'utiliser ?* • Article : « On a demandé à ChatGPT d'écrire une lettre de motivation pour Parcoursup » • Conseils pour rédiger un projet motivé personnalisé sur Parcoursup

Activités de français/commerce et vente à télécharger
liennathan.fr/deos3h

ACTIVITÉS MATHÉMATIQUES/COMMERCE ET VENTE

Activités	Connaissances Mathématiques	Compétences Métiers de l'accueil
1. Analyser l'évolution du prix d'un service ou d'une marchandise	1re – **Automatismes** Association d'un graphique avec des données et vice versa	**Bloc 1 : Assurer la veille commerciale** Rechercher, hiérarchiser, exploiter et actualiser en continu les informations sur l'entreprise et son marché
2. Organiser un espace d'accueil et/ou de vente	1re – **Automatismes** – Calcul de l'aire d'un triangle, d'un carré, d'un rectangle, d'un disque – Utilisation d'un logiciel de géométrie	**Bloc 4A : Rendre l'unité commerciale attractive et fonctionnelle** **Bloc 4B : Valoriser les produits et/ou les services** Mettre en valeur l'offre dans un salon, un showroom, un espace de vente éphémère, chez le client, sur les sites marchands et sur les réseaux sociaux
3. Prévoir les étapes de l'échange avec un client	1re – **Algorithmiques et programmation** Séquences d'instructions, instructions conditionnelles, boucles bornées (for) et non bornées (while)	**Bloc 1 : Réaliser la vente dans un cadre omnicanal** – Prendre contact avec le client – Conseiller le client en proposant la solution adaptée
4. Calculer un taux de remise et évaluer son impact sur les ventes	1re – **Automatismes** Situation de proportionnalité, pourcentages	**Bloc 3 : Évaluer les actions de fidélisation et de développement de la relation client** Mesurer et analyser les résultats **Bloc 4A : Développer la clientèle** Participer à l'évaluation et à l'analyse des performances des actions commerciales **Bloc 4B : Suivre et évaluer l'action de prospection** Mesurer et analyser les résultats de l'opération de prospection et les écarts par rapport aux objectifs
5. Calculer et analyser les indicateurs de satisfaction des clients	1re – **Automatismes** Calcul d'indicateurs de position ou de dispersion à l'aide d'outils numériques	**Bloc 2 : S'assurer de la satisfaction du client** – Mesurer et analyser la satisfaction du client – Exploiter les informations recueillies à des fins d'amélioration
6. Anticiper l'évolution d'un flux de clients	Tle – **Algèbre, analyse** Suites géométriques de raison strictement positive	**Bloc 3 : Contribuer à des actions de fidélisation de la clientèle et de développement de la relation client** Concourir à la préparation et à l'organisation d'événements et/ou d'opérations de fidélisation/développement de la relation client **Bloc 4A : Développer la clientèle** – Proposer des actions commerciales génératrices de trafic dans l'unité commerciale – Participer à la planification et à l'organisation des actions de promotion des marchandises
7. Apprécier et mesurer les effets d'une campagne de fidélisation sur une clientèle	Tle – **Statistiques et probabilités** Statistiques à deux variables : ajustement d'un nuage de points associé à une série statistique à deux variables quantitatives	**Bloc 3 :** **– Contribuer à des actions de fidélisation de la clientèle et de développement de la relation client** Réaliser les opérations de suivi post-événement **– Évaluer les actions de fidélisation et de développement de la relation client** Mesurer et analyser les résultats
8. Analyser et exploiter un arbre de segmentation	Tle – **Statistiques et probabilités** Arbres de probabilité pondérés : nœud, branche, chemin	**Bloc 3 : Traiter et exploiter l'information ou le contact client** Recueillir, extraire, exploiter, synthétiser les données de sources internes ou externes

Activités de maths/ commerce et vente à télécharger
liennathan.fr/sbgkln

Remarque

Toutes ces activités de co-intervention ont été conçues afin de croiser les compétences et connaissances des disciplines du domaine général et professionnel autour d'une situation professionnelle.

JEUX DE RÔLE

Jeux de rôle
pour s'entraîner à l'oral de manière ludique !

Flashez le QR Code pour télécharger des jeux de rôles en anglais.
liennathan.fr/m8la7v

Méthode de travail en groupe (2 à 4 élèves)

Tous les élèves
Prennent connaissance du contexte et des documents.

Acteur 1
Joue le rôle du/de la stagiaire vendeur(se) qui met en œuvre les techniques de vente.

Acteurs 3 et 4
Observent et positionnent le/la vendeur(se) et le/la client(e) sur la grille d'observation.

Acteur 2
Joue le rôle du/de la client(e). Pioche une carte SONCASE et une carte Billet d'humeur.

VIDÉOS

- Téléchargez le sommaire des vidéos : liennathan.fr/dzpqdb

AUTRES RESSOURCES

Accessibles via QR Codes

À VOUS DE JOUER ! — Cette rubrique propose des activités bonus pour favoriser l'animation de la classe (jeux de rôle, quiz, etc.)

ÉCO-DROIT MODULE 1 liennathan.fr/ — Cette rubrique propose des questions supplémentaires en lien avec le programme d'Économie-Droit.

SYNTHÈSE — Une synthèse audio à la fin de chaque dossier permet de mémoriser autrement.

QUIZ SCORE liennathan.fr — Un quiz en ligne permet de se tester sur les savoirs et compétences vus dans chaque dossier.

PICTOGRAMMES

★ ★★ — Niveau de difficulté de l'application.

pix — Compétences pix mobilisées.

Question qui fait appel à une simulation orale.

Activité à mener en binôme ou en groupe.

ÉVALUEZ VOTRE RÉUSSITE

Grille d'auto-évaluation des compétences

Blocs de compétences

- Bloc 1 : Conseiller et vendre
- Bloc 2 : Suivre les ventes
- Bloc 3 : Fidéliser la clientèle et développer la relation client

Niveaux de compétences :

Niveau	
1	Non maîtrisé
2	Insuffisamment maîtrisé
3	Maîtrisé
4	Bien maîtrisé

- **Indiquez votre niveau de réussite dans la grille après avoir réalisé la synthèse de chaque dossier et les missions des scénarios.**

Dossiers et scénarios/ Méta-compétences	Niveaux de compétences 1	2	3	4	Critères d'évaluation
Dossier 1 **Assurer la veille commerciale**	▢	▢	▢	▢	• L'information recueillie et sélectionnée est fiable, récente et utile • L'information est hiérarchisée et exploitée de façon pertinente • Les outils de recherche d'information utilisés sont adaptés
Dossier 2 **Réaliser la vente dans un cadre omnicanal**	▢	▢	▢	▢	Un contact positif est établi, et un climat de confiance est instauré
Dossier 3 **Assurer la veille commerciale**	▢	▢	▢	▢	Les produits commercialisés sont connus et leurs caractéristiques techniques sont maîtrisées
Dossier 4 **Assurer la veille commerciale**	▢	▢	▢	▢	• L'information recueillie et sélectionnée est fiable, récente et utile • Les produits commercialisés sont connus et leurs caractéristiques techniques sont maîtrisées
Dossier 5 • **Assurer la veille commerciale** • **Réaliser la vente dans un cadre omnicanal**	▢	▢	▢	▢	• Les produits commercialisés sont connus et leurs caractéristiques techniques sont maîtrisées • Un contact positif est établi, et un climat de confiance est instauré
Dossier 6 **Réaliser la vente dans un cadre omnicanal**	▢	▢	▢	▢	• Un contact positif est établi, et un climat de confiance est instauré • Le besoin du client, ses motivations et freins sont clairement identifiés et une proposition pertinente lui est faite • Les produits et/ou services de l'entreprise sont présentés de façon pertinente
Dossier 7 **Réaliser la vente dans un cadre omnicanal**	▢	▢	▢	▢	• Les objections sont traitées de façon efficace • Les services associés à la vente sont parfaitement connus et proposés de façon systématique • La proposition de services associés est adaptée au besoin du client et respecte les consignes et/ou les procédures de l'entreprise et la réglementation en vigueur • Des produits et/ou des services additionnels adaptés sont proposés au client • L'accord du client est formalisé
Dossier 8 **Assurer l'exécution de la vente**	▢	▢	▢	▢	• Des modalités sûres de règlement sont mises en place • Les conditions de livraison et de garantie sont clairement définies en termes de modalités, de délai et de responsabilité
Scénario 1 • **Assurer la veille commerciale** • **Réaliser la vente dans un cadre omnicanal**	▢	▢	▢	▢	Le besoin du client, ses motivations et freins sont clairement identifiés et une proposition pertinente lui est faite

Dossiers et scénarios/ Méta-compétences	Niveaux de compétences				Critères d'évaluation
	1	2	3	4	
Dossier 9 **Assurer le suivi de la commande du produit et/ou du service**	☐	☐	☐	☐	Le client est correctement informé
Dossier 10 **Mettre en œuvre le ou les services associés**	☐	☐	☐	☐	Le produit et/ou le service est mis à disposition du client dans le respect des délais prévus • Le prestataire le plus adapté est choisi • Les relances nécessaires sont réalisées à bon escient
Dossier 11 **Traiter les retours et les réclamations du client**	☐	☐	☐	☐	• Un climat de confiance avec le client est préservé • Le problème(s) rencontré(s) par le client est (sont) clairement identifié(s) • Les solutions apportées sont pertinentes et conformes aux procédures de l'entreprise et à la réglementation
Dossier 12 **Traiter les retours et les réclamations du client**	☐	☐	☐	☐	Les solutions apportées sont pertinentes et conformes aux procédures de l'entreprise et à la réglementation
Dossier 13 **S'assurer de la satisfaction du client**	☐	☐	☐	☐	• Les données recueillies et transmises sont utiles, fiables et exploitées à des fins d'amélioration de la satisfaction client et d'atteinte des objectifs de l'entreprise • Des propositions d'amélioration pertinentes sont formulées et transmises suivant les consignes et procédures données
Scénario 2 **• Assurer le suivi de la commande du produit et/ou du service** **• Traiter les retours et les réclamations du client** **• S'assurer de la satisfaction du client**	☐	☐	☐	☐	• Le client est correctement informé • Les solutions apportées sont pertinentes et conformes aux procédures de l'entreprise et à la réglementation • Un climat de confiance avec le client est préservé
Dossier 14 **Traiter et exploiter l'information ou le contact client**	☐	☐	☐	☐	• Les réponses apportées sont adaptées • L'information sélectionnée est fiable, récente et utile • Les informations remontées sont claires et transmises au bon interlocuteur • Les actions proposées sont cohérentes et appropriées
Dossier 15 **Traiter et exploiter l'information ou le contact client**	☐	☐	☐	☐	Les actions proposées sont cohérentes et appropriées
Dossier 16 **Contribuer à des actions de fidélisation de la clientèle et de développement de la relation client**	☐	☐	☐	☐	• La sélection des outils est adaptée au profil du client et au canal de communication • L'organisation est maîtrisée, la contribution est utile au bon déroulé de l'événement et/ou de l'opération • L'action répond aux attentes qualitatives et quantitatives de l'entreprise • La proposition est adaptée et faite au bon moment • Le suivi client est réalisé dans les délais • Les outils numériques sont utilisés à bon escient
Dossier 17 **Évaluer les actions de fidélisation et de développement de la relation client**	☐	☐	☐	☐	• Le fichier clients est renseigné, actualisé et enrichi en continu • Les résultats sont justes et appréciés dans leurs aspects quantitatifs et qualitatifs • Les éléments du compte rendu sont synthétiques, pertinents et favorisent la prise de décision • Les actions correctives proposées sont adaptées
Scénario 3 **• Traiter et exploiter l'information ou le contact client** **• Évaluer les actions de fidélisation et de développement de la relation client**	☐	☐	☐	☐	• L'information sélectionnée est fiable, récente et utile • L'action répond aux attentes qualitatives et quantitatives de l'entreprise • Les résultats sont justes et appréciés dans leurs aspects quantitatifs et qualitatifs

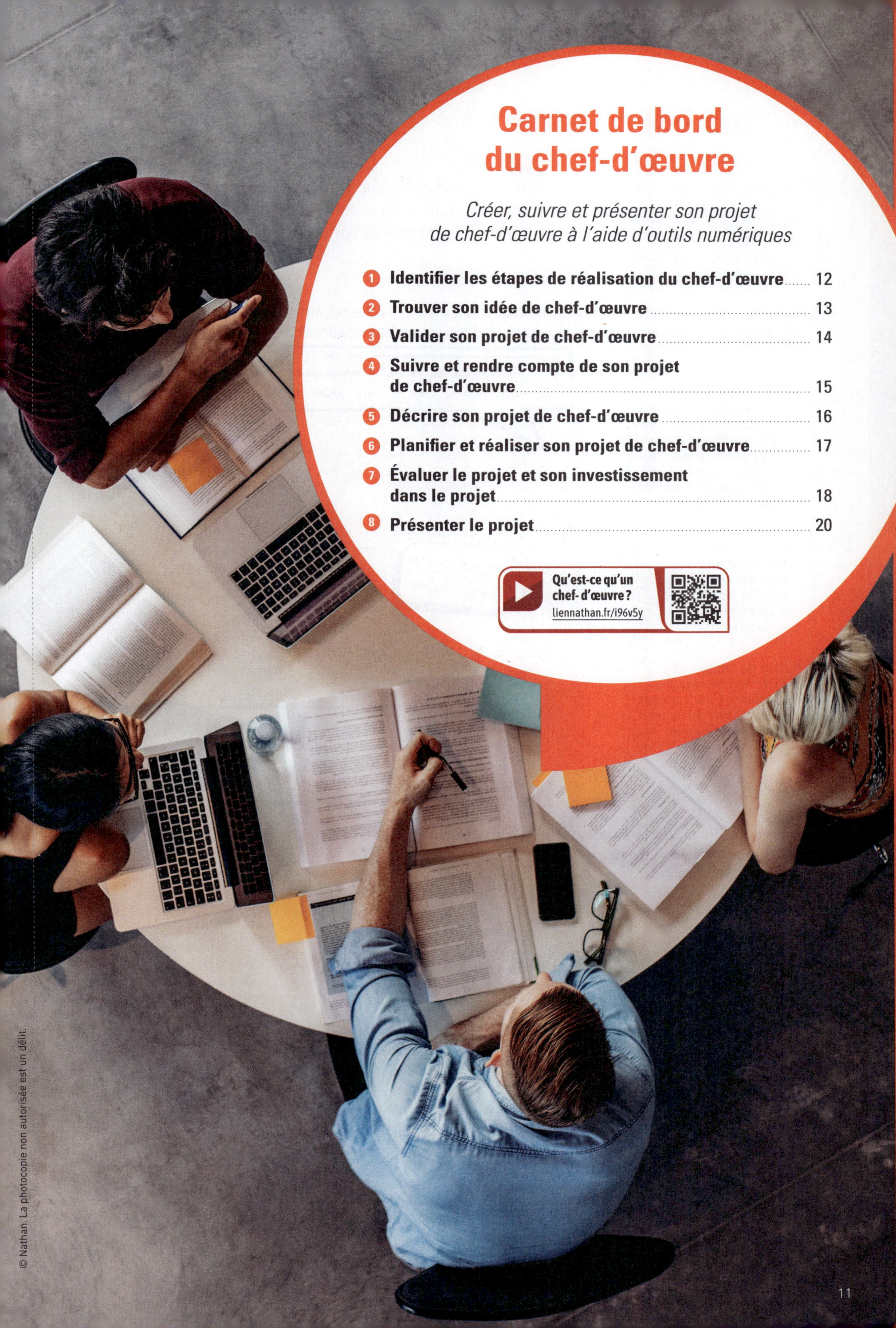

Carnet de bord du chef-d'œuvre

Créer, suivre et présenter son projet de chef-d'œuvre à l'aide d'outils numériques

Qu'est-ce qu'un chef-d'œuvre ?
liennathan.fr/i96v5y

1 Identifier les étapes de réalisation du chef-d'œuvre

Le projet de chef-d'œuvre est une épreuve à part entière de votre baccalauréat professionnel. Il est le témoin de votre savoir-faire professionnel et permet de mettre en pratique vos compétences professionnelles et vos connaissances de manière individuelle ou collective.

1 Replacez, dans la carte mentale ci-dessous, les éléments descriptifs (Quoi • Qui • Où • Quand • Comment • Pourquoi) du chef-d'œuvre en baccalauréat professionnel.

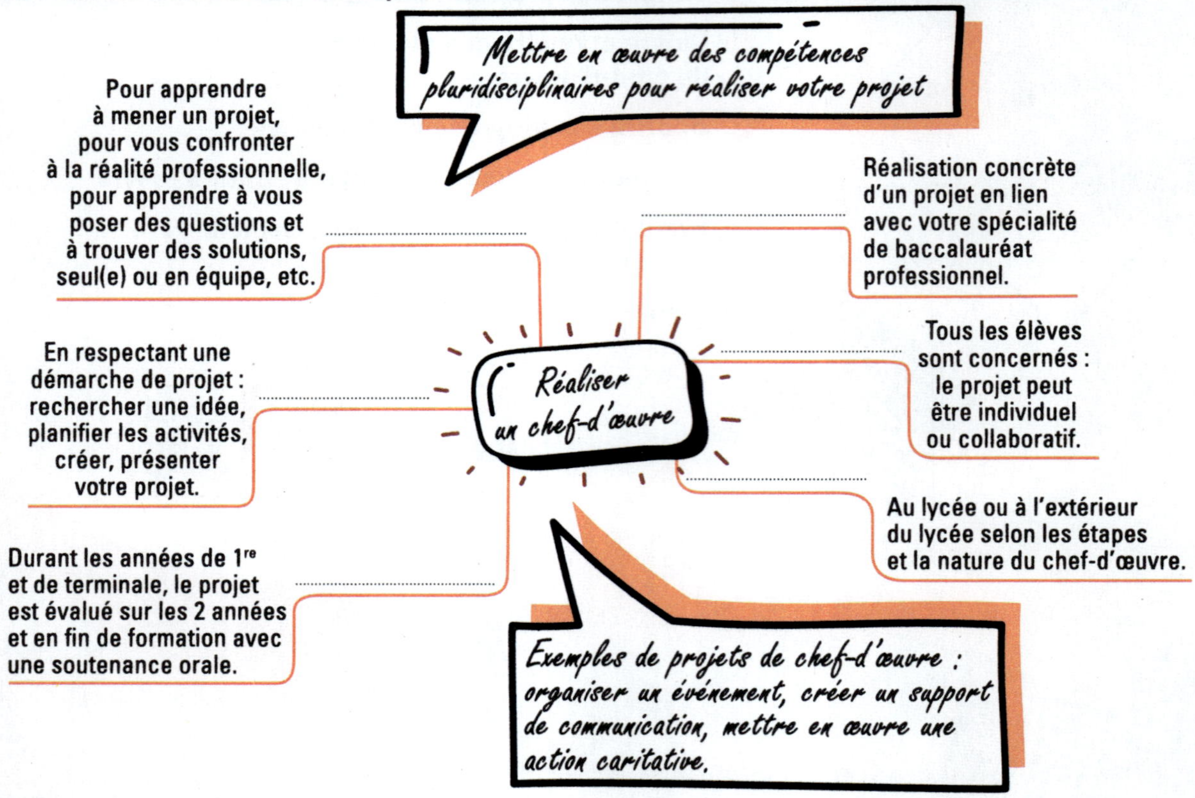

2 Selon vous, quel élément descriptif vous semble incontournable pour mener à bien votre projet ? Justifiez votre point de vue.

....

....

3 La démarche de réalisation du chef-d'œuvre s'apparente à la démarche de projet. À partir de la vidéo, repérez les étapes à respecter.

La démarche de projet
liennathan.fr/bpo9ef

	Étapes d'une démarche de projet	Dans le chef-d'œuvre, cela correspond à…	Outils – Supports à mobiliser
1	....	Trouver et valider son idée de chef-d'œuvre.	Brainstorming – SMART
2	....	Décrire son projet de chef-d'œuvre et mener les travaux de recherche.	QQOQCCP – Carte mentale (ex. : MindView, Canva)
3	....	Planifier son projet.	Gantt – Excel
4	....	Suivre et réaliser son projet.	Portfolio numérique (ex. : Padlet, Cahier multimédia) – Tableau de suivi
5	....	Évaluer et communiquer sur son projet de chef-d'œuvre.	Tableau et grilles d'évaluation

2 Trouver son idée de chef-d'œuvre

Il existe différents types de projets liés à la création, l'organisation d'évènements ou la vente de produits ou services. Votre idée de projet doit être en lien avec votre domaine professionnel et les compétences de votre diplôme.

1 Indiquez si vous retenez ou non les idées de projet ci-dessous. Justifiez votre réponse.

Idées de chef-d'œuvre	Oui	Non	Justification
Création et vente d'un produit	☐	☐	....
Mise en place d'une action événementielle	☐	☐	....
Création d'un site Web (site marchand)	☐	☐	....
Mise en valeur de produits sur un site Web existant (site vitrine)	☐	☐	....
Participation à un concours	☐	☐	....
Participation à une action caritative	☐	☐	....

L'une des techniques les plus courantes pour trouver des idées est le brainstorming. Si vous avez déjà une idée de projet, le brainstorming est l'occasion de la confronter à l'avis des autres.

Démarche du brainstorming
liennathan.fr/hu08sj

2 Mettez-vous en groupe pour réaliser un brainstorming. Choisissez l'une des méthodes présentées dans la vidéo et désignez un(e) animateur(-trice) et un(e) rapporteur(-se).

3 Retenez 3 idées de projet issues de la réflexion collective. Recopiez et complétez le tableau ci-dessous en précisant, pour chaque idée de projet, l'objectif et les principales compétences du baccalauréat professionnel mises en œuvre.

Idées de projet	Objectifs	Compétences du baccalauréat professionnel mises en œuvre
....	....	....

4 Présentez oralement au reste de la classe les 3 idées de projet qui ont émergé de votre groupe. Sollicitez l'avis de votre classe pour décider du projet à retenir. Notez ci-après ou saisissez sur un logiciel de traitement de texte les arguments en faveur du projet que vous retenez. N'oubliez pas de reporter le fruit de votre réflexion dans votre portfolio numérique.

....

....

3 Valider son projet de chef-d'œuvre

Votre projet doit être réaliste et réalisable. La méthode SMART, empruntée au monde du commerce et de la vente, peut vous aider à évaluer la pertinence de votre projet.

La méthode SMART
liennathan.fr/8n5d3u

1 La méthode SMART

S – SPÉCIFIQUE
- Précisez ce que vous voulez faire
- Utilisez des verbes d'action

M – MESURABLE
- Définissez une méthode d'évaluation
- Utilisez des indicateurs précis

A – ATTEIGNABLE
- Définissez un projet réalisable, que vous pouvez accomplir, dans votre champ d'action

R – RÉALISTE
- Fixez des objectifs qui correspondent à vos valeurs et à vos objectifs à long terme

T – TEMPOREL
- Indiquez quand vous le réaliserez
- Soyez précis sur la date ou le délai

1 À l'aide de la méthode SMART (document 1), indiquez, dans le tableau ci-dessous, en quoi votre idée de projet est « SMART ». Déposez votre tableau dans votre portfolio numérique.

Critère SMART	Il est SMART car...	Exemples
Spécifique	....	....
Mesurable	....	....
Atteignable	....	....
Réaliste	....	....
Temporel	....	....

2 Testez la validité de votre idée de projet.

Mon idée de projet...	Oui	Non	Justifications
Est en lien avec mon domaine professionnel et ses compétences.	☐	☐	....
Nécessite un certain nombre de démarches et actions à entreprendre, de rencontres à mener au cours des deux années de baccalauréat professionnel.	☐	☐	....
Fait appel à une ou plusieurs disciplines générales (français, maths...).	☐	☐	....
Est motivant car il implique un défi à relever.	☐	☐	....
Est validé par mon professeur.	☐	☐	....

Si vous avez coché « Oui » pour chaque ligne, votre projet est validé, bravo !
Si vous avez coché « Non » pour certaines affirmations, votre projet doit encore être ajusté.

4 Suivre et rendre compte de son projet de chef-d'œuvre

Vous allez suivre votre projet de chef-d'œuvre sur deux ans. Il est impératif de conserver une trace des étapes de sa construction. Vous devez également pouvoir rendre compte à tout moment de l'avancée de votre projet à votre professeur.

1 **À l'aide d'une application au choix de votre professeur, créez votre portfolio numérique avec les 5 étapes de réalisation du chef-d'œuvre vues dans la partie 1 de votre tableau de bord. Ces étapes accueilleront les différents éléments de votre chef-d'œuvre (documents de suivi, rencontres, courriers, photos, schémas, documents de référence, tableaux...). Partagez l'accès à votre portfolio numérique avec votre professeur.**

Le classeur de votre i-MANUEL 2.0
liennathan.fr/kdudyj

Qu'est-ce qu'un Padlet ?
liennathan.fr/ims8px

Différentes applications comme Padlet, cahier multimédia ou le classeur de votre i-Manuel Nathan permettent de créer un portfolio numérique.

La conduite du projet est longue. Elle sera entrecoupée de vacances et de PFMP. Tenir à jour un livret de suivi sur lequel vous allez lister les activités réalisées durant chaque séance vous permettra de toujours savoir où vous en êtes et de rendre compte ponctuellement à votre professeur.

2 **Téléchargez la trame du document de suivi de votre projet ou recopiez-la sur un logiciel de traitement de texte puis complétez-le avec les éléments du jour.**

Téléchargez la trame du document de suivi
liennathan.fr/txrzd3

Document de suivi du projet de chef d'œuvre					
Nom : ...... Prénom :		Thème du projet :		Membres du groupe :	
Date de la séance	**Travaux réalisés lors de la séance du jour**	**Résultats obtenus/ Difficultés rencontrées**	**Solutions trouvées**	**Objectifs de la prochaine séance**	**Visa ou remarque du professeur**
Exemple : 15 septembre	*– Réalisation d'un Padlet – Prise en main de l'application*	*– Prise en main de l'application – Préparation des rubriques sur les murs*	*– Partage avec les professeurs concernés – Réalisation du tableau de suivi*	*Terminer le Padlet Et/ou Trouver une idée de chef-d'œuvre*	....
[...]	[...]	[...]	[...]	[...]	[...]
Check-list de la séance : ☐ Mise à jour du document de suivi ☐ Dépôt des documents dans le portfolio numérique					

3 **Projetez-vous en indiquant les dates et objectifs des 3 séances suivantes. Déposez le document dans votre portfolio numérique.**

5 Décrire son projet de chef-d'œuvre

Vous avez trouvé votre idée de chef-d'œuvre, vous devez être capable de le présenter à toute personne qui vous le demandera.

1 **Réalisez une carte mentale pour décrire votre projet à l'aide de l'application de votre choix (MindView, Canva...) et complétez la fiche descriptive ci-dessous. Déposez vos travaux dans votre portfolio numérique de votre chef-d'œuvre.**

2 **Présentez oralement votre projet de chef-d'œuvre au reste de la classe en vous appuyant sur la carte mentale que vous avez créée et sur la fiche descriptive de votre projet.**

Téléchargez la trame de la fiche descriptive
liennathan.fr/p7v3x7

DOC. 2 Exemple de carte mentale

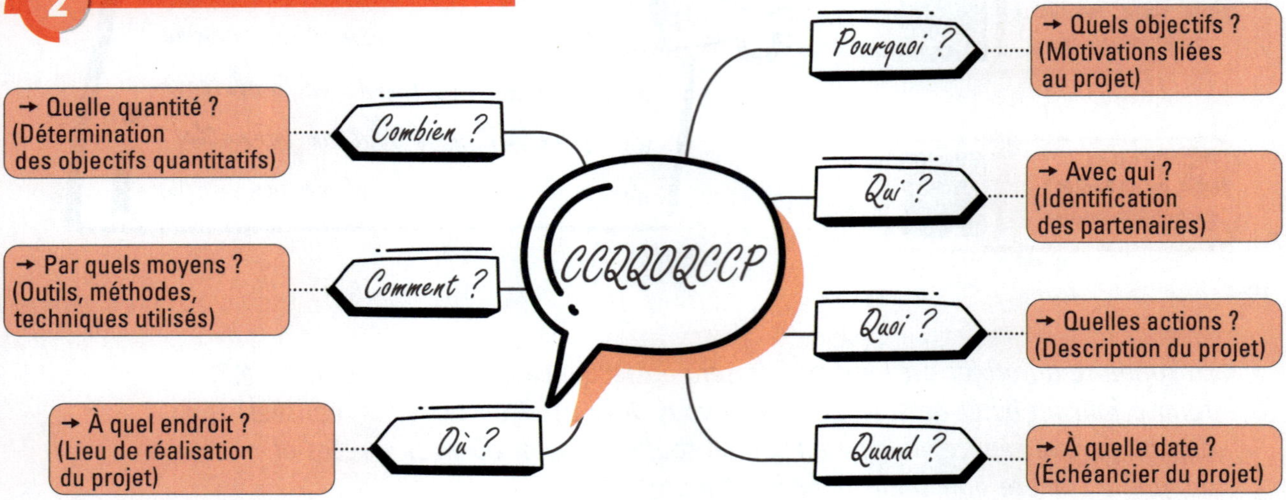

Fiche descriptive du projet de chef-d'œuvre	
Thème du projet	
Intérêt du projet	
Objectifs à atteindre (qualitatifs et/ou quantitatifs)	
Lieu de réalisation envisagé	
Période de réalisation probable	
Partenaires, professionnels, personnes, associations à solliciter	
Projet individuel ou collectif	
Liste des membres du groupe	
Mon rôle dans ce projet (si projet collectif)	
Disciplines générales impliquées dans le projet et professeurs à solliciter dans le cadre du projet	

6 Planifier et réaliser son projet de chef-d'œuvre

À partir du descriptif de votre projet, vous devez planifier un certain nombre de tâches et actions pour faire aboutir votre projet. Ces tâches ont un ordre logique et une durée, elles s'étaleront dans le temps.

1 **Listez toutes les tâches à réaliser pour votre projet en précisant la date ou période de réalisation probable. Indiquez l'ordre logique de leur réalisation. Créez votre tableau sur poste informatique puis déposez votre liste dans votre carnet de bord numérique (Padlet, Cahier multimédia…).**

Téléchargez la trame de la liste des tâches
liennathan.fr/v3ujmg

Ordre des tâches	Durée estimée	Liste des tâches	Date / période de réalisation	Tâche réalisée		
				Oui	Non	En cours
1	1 semaine	Découverte de la notion de chef-d'œuvre et de la démarche	....	☐	☐	☐
2	1 semaine	Prise en main des outils (portfolio numérique, tableau de suivi)	....	☐	☐	☐
3	1 semaine	Recherche de l'idée de chef-d'œuvre	....	☐	☐	☐
4	1 semaine	Présentation, description du projet de chef-d'œuvre	....	☐	☐	☐
5	1 semaine	Demandes d'autorisation (validation de l'idée de chef-d'œuvre par le professeur, le chef d'établissement le cas échéant)	....	☐	☐	☐

***Remarques :** les tâches ci-dessus ne sont qu'indicatives. Votre démarche et vos tâches peuvent être différentes, y compris dans leur durée et dans leur déroulement. Tout cela dépend de votre projet et, bien sûr, de vous.*

Il existe des outils pour réaliser un suivi de projet sur le long terme. Le diagramme de Gantt vous permettra, par exemple, de suivre et d'anticiper les différentes étapes de votre projet.

2 **À l'aide du document 3, intégrez votre liste des tâches dans un diagramme de Gantt simplifié à l'aide d'un tableur (Excel…) ou toute autre application professionnelle (MindView…).**

Un diagramme de Gantt, c'est quoi ?
liennathan.fr/0a0gcg

DOC. 3 Exemple de diagramme de Gantt simplifié

Planning prévisionnel

Périodes	Septembre					Octobre					Novembre				Décembre			
Semaines	1	2	3	4	5	1	2	3	4	5	1	2	3	4	1	2	3	4
Dates	01-sept.	07-sept.	14-sept.	21-sept.	28-sept.	05-oct.	12-oct.											
Tâches et actions																		
Découverte de la notion de chef-d'œuvre et de la démarche	■																	
Prise en main des outils (Padlet, tableau de suivi)	■																	
Recherche de l'idée de chef-d'œuvre		■																
Présentation et description du projet			■															
Validation de l'idée de chef-d'œuvre et demande d'autorisation				■														
Mise en œuvre des premières recherches et prise de contact avec les partenaires identifiés (mail, appel téléphonique, face-à-face)				■	■	■	■											

Il existe plusieurs modèles de Gantt sous Excel, plus ou moins complexes. Vous pouvez aussi réaliser une frise chronologique à l'aide d'une application comme Canva, www.frisechronos.fr…

7 Évaluer le projet et son investissement dans le projet

Vous êtes évalué(e) tout au long du projet. Une grille spécifique d'évaluation est complétée chaque semestre par votre professeur. Cette évaluation tient compte de votre engagement et de votre capacité à dépasser les obstacles et difficultés que vous pouvez éventuellement rencontrer.

1 Reprenez la liste des tâches de votre projet.
Repérez celles qui n'ont pas encore pu aboutir et envisagez les solutions à mettre en place. Enregistrez votre travail dans votre portfolio numérique.

Bilan d'étape du projet				
Liste des tâches	Tâche terminée ?		Si « non »	
	Oui	Non	Difficultés rencontrées	Solutions envisagées
	☐	☐		
	☐	☐		
	☐	☐		
	☐	☐		
	☐	☐		
	☐	☐		

2 **Repérez les critères d'évaluation puis faites une autoévaluation sur les capacités et compétences que vous pensez avoir mises en œuvre sur la période écoulée. Déposez la grille dans votre portfolio numérique.**

Cette autoévaluation vous permettra de faire un bilan d'étape de l'avancée de votre projet. Elle pourra être utilisée pour servir d'appui à votre évaluation.

DOC. 4 Grille d'évaluation en continu du chef-d'œuvre

Téléchargez la grille d'évaluation en continu
liennathan.fr/jfy6uk

Nom : .... **Prénom :** .... **Classe :** .... **Thème du projet :** ....

CAPACITÉS	CRITÈRES D'ÉVALUATION	Bilans semestriels															
		1re Bac Pro								Terminale Bac Pro							
		Semestre 1				Semestre 2				Semestre 1				Semestre 2			
		NM*	IM*	M*	BM*	NM	IM	M	BM	NM	IM	M	BM	NM	IM	M	BM
Mobiliser ses compétences, connaissances et les ressources disponibles	**Mobiliser ses compétences** Mobiliser ses compétences au service de la réalisation du chef-d'œuvre	☐	☐	☐	☐	☐	☐	☐	☐	☐	☐	☐	☐	☐	☐	☐	☐
	Mobiliser des ressources Mobiliser les ressources internes ou externes nécessaires	☐	☐	☐	☐	☐	☐	☐	☐	☐	☐	☐	☐	☐	☐	☐	☐
S'engager, organiser son travail et s'intégrer dans son environnement	**Organiser son travail** Organiser et planifier son travail et tenir à jour l'état des avancées et des progrès réalisés	☐	☐	☐	☐	☐	☐	☐	☐	☐	☐	☐	☐	☐	☐	☐	☐
	Travailler en équipe S'intégrer dans son environnement et/ou un collectif de travail	☐	☐	☐	☐	☐	☐	☐	☐	☐	☐	☐	☐	☐	☐	☐	☐
	S'engager • Prendre des responsabilités et des initiatives dans une démarche de projet • Faire preuve de créativité, de persévérance, de motivation tout au long du projet	☐	☐	☐	☐	☐	☐	☐	☐	☐	☐	☐	☐	☐	☐	☐	☐
Analyser son travail, s'adapter aux aléas et rendre compte du travail mené	**Agir face aux imprévus et difficultés** S'adapter aux situations et proposer des solutions pour remédier aux éventuelles difficultés rencontrées	☐	☐	☐	☐	☐	☐	☐	☐	☐	☐	☐	☐	☐	☐	☐	☐
	S'évaluer, apprécier son travail Analyser, évaluer son travail personnel	☐	☐	☐	☐	☐	☐	☐	☐	☐	☐	☐	☐	☐	☐	☐	☐
	Communiquer à l'écrit / à l'oral Rendre compte de l'état d'avancement du chef-d'œuvre tout au long de sa réalisation	☐	☐	☐	☐	☐	☐	☐	☐	☐	☐	☐	☐	☐	☐	☐	☐

* NM : non maîtrisée – IM : insuffisamment maîtrisée – M : maîtrisée – BM : bien maîtrisée

8 Présenter le projet

1 **Le projet terminé, il faut vous préparer :**
– pour la présentation orale (5 minutes). Suivez le plan ci-contre. Pensez à utiliser les documents que vous avez déposés dans votre portfolio numérique ;
– pour l'entretien de 10 minutes qui suit votre présentation, en vous entraînant à répondre aux questions ci-contre.

2 **Repérez les critères d'évaluation de la grille avec votre professeur puis rédigez, à l'aide d'un logiciel de traitement de texte, ce que vous prévoyez de dire à l'oral pour chaque critère d'évaluation. Importez le document dans votre portfolio numérique.**

3 **Entraînez-vous à présenter votre chef-d'œuvre à l'oral devant un(e) camarade puis complétez la grille d'évaluation ci-dessous, seul(e) ou avec votre camarade. Veillez à respecter le temps de présentation de 5 minutes.**

Mon plan de présentation (5 minutes)

1. Je me présente, je décris mon chef-d'œuvre.
2. Je présente les grandes étapes de mon chef-d'œuvre.
3. Je précise les points forts et les points à améliorer, les éventuelles difficultés rencontrées.
4. Je fais le bilan personnel et professionnel de mon investissement dans le projet.

Les questions du jury (10 minutes)

Exemples de questions
- Maintenant que le projet est fini, avez-vous des propositions d'amélioration ?
- Avez-vous apprécié le travail en équipe ?
- Quelle a été la place des disciplines générales ?
- En quoi ce projet vous sera utile dans votre future vie professionnelle ?

Vous pouvez disposer de notes, limitées à 5 pages recto maximum. Elles ne doivent pas être lues.

Téléchargez la grille d'évaluation terminale
liennathan.fr/h95cio

DOC. 5 **Grille d'évaluation terminale orale du chef-d'œuvre**

Critères d'évaluation		NM*	IM*	M*	BM*
Capacité à relater le travail mené et à mettre en avant la démarche de projet	Identification claire, précise et restitution objective des points suivants : objectifs du projet, étapes, acteurs, part individuelle investie dans le projet	☐	☐	☐	☐
	Hiérarchisation correcte des informations délivrées pour introduire le sujet	☐	☐	☐	☐
	Clarté de la présentation et pertinence des termes utilisés	☐	☐	☐	☐
	Respect des consignes données sur le contenu exigé de la présentation	☐	☐	☐	☐
	Autonomie d'expression par rapport au support de présentation orale du chef-d'œuvre	☐	☐	☐	☐
Capacité à analyser sa démarche et à la situer dans le métier et la filière professionnelle	Identification des difficultés rencontrées et de la manière dont elles ont été dépassées ou non	☐	☐	☐	☐
	Mise en avant des aspects positifs rencontrés au long du projet	☐	☐	☐	☐
	Mise en perspective de l'expérience tirée du chef-d'œuvre dans le cadre plus large du contexte économique, culturel, de la filière métiers concernée	☐	☐	☐	☐
	Émission d'un avis ou ressenti personnel sur le chef-d'œuvre entrepris	☐	☐	☐	☐
	Mise en exergue de la pertinence du chef-d'œuvre par rapport à la filière métier du candidat	☐	☐	☐	☐
	Au travers de la réalisation du chef-d'œuvre, identification des enjeux de transition écologique et/ou numérique, dans le champ de sa spécialité de baccalauréat	☐	☐	☐	☐

* NM : non maîtrisé(e) – IM : insuffisamment maîtrisé (e) – M : maîtrisé (e) – BM : bien maîtrisé (e)

DOSSIER 1

Connaître le marché et déterminer la zone de chalandise

COMPÉTENCES

Assurer la veille commerciale

- Rechercher, hiérarchiser, exploiter et actualiser en continu les informations sur l'entreprise et son marché
- Sélectionner les outils de recherche d'information les plus adaptés

RÉSULTATS ATTENDUS

- L'information recueillie et sélectionnée est fiable, récente et utile
- L'information est hiérarchisée et exploitée de façon pertinente
- Les outils de recherche d'information utilisés sont adaptés

Réaliser son étude de marché
liennathan.fr/7u7xp9

- Pourquoi M. Ducrick, le mécanicien automobile, ne peut-il pas seulement compter sur sa qualification et le bouche à oreille pour vivre de son activité ?

Contexte professionnel

Okaïdi est une enseigne spécialisée dans le prêt-à-porter enfant de 0 à 14 ans. La marque est officiellement lancée en 2000. L'enseigne compte aujourd'hui plus de 700 points de vente dans 60 pays différents (Amérique du Nord et Centrale, Europe, Moyen-Orient, Afrique du Sud et Asie) et 5 e-shop pour environ 900 millions d'euros de chiffre d'affaires annuel. Cette marque militante a pour projet d'entreprendre pour que le monde progresse au service de l'enfant qui grandit.

Vous débutez votre période de formation en milieu professionnel chez Okaïdi à Vesoul. Votre tuteur, Adam Duprez, vous demande d'analyser le marché du prêt-à-porter enfant de manière à bien connaître l'univers dans lequel vous allez évoluer.

Fiche d'identité de l'entreprise

Raison sociale	....
Activité	....
Type de commerce	Magasin franchisé
Statut juridique	SARL (Société à responsabilité limitée)
Localisation	....
Concurrents	....

1. Qu'allez-vous vendre et à qui ?
2. Citez quelques concurrents d'Okaïdi.
3. Qu'est-ce qu'une marque militante ?

MISSION 1

Situer le point de vente sur son marché

Bonjour,
J'ai besoin de vous pour faire le point sur la situation du magasin au niveau local (région de Vesoul). J'ai réuni des documents pour vous aider dans cette tâche : à l'aide des informations sur le marché national et local (doc. 1 à 4), calculez l'évolution des ventes du magasin sur un an (annexe 1) et analysez le marché (annexe 2). Situer notre magasin sur son marché est indispensable pour évaluer nos performances, je compte sur vous !
Merci,
Adam Duprez

ÉCO-DROIT
MODULE 1
liennathan.fr/jq5tv4

DOC. 1 Définition du marché

Le marché est le lieu de rencontre entre une offre et une demande concernant un produit. Les acteurs (le vendeur et l'acheteur) y déterminent le prix et les quantités du produit qui vont être échangées en contrepartie d'une somme.

L'offre représente tous les acteurs qui proposent un bien ou un service. Ils peuvent être des producteurs ou des distributeurs du produit. L'offre représente aussi tous les biens ou services proposés qui permettent la satisfaction d'un besoin similaire.

DOC. 2 Le marché français du prêt-à-porter enfant

Marché français du prêt-à-porter enfant de juillet à septembre 2021

La mode enfant

Le prêt-à-porter enfant représente une des plus grosses parts du budget des familles consacré aux enfants, soit 1,8 milliard d'euros […].
En France, le marché du vêtement pour bébé (0 à 2 ans) dépasse le milliard d'euros, ce qui en fait l'un des segments les plus dynamiques du prêt-à-porter. Les dépenses moyennes en vêtements avoisinent les 700 euros par an et par enfant. Quant à la tranche 2-14 ans, elle dépasse les 3 milliards d'euros pour des dépenses moyennes de 335 euros par an et par enfant.

Les consommateurs

Le nombre de naissances a diminué de 1 % en France en 2022 pour s'établir à 723 000 bébés. Les femmes ont leur premier enfant plus tard qu'auparavant : 31 ans en moyenne contre 29 ans en 1982. Elles sont donc à un âge qui leur permet plus de facilités en matière de dépenses. 47 % des mères d'enfants de moins de 14 ans les consultent avant de leur acheter des vêtements et 30 % d'entre elles préfèrent se tourner vers les marques.

DOC. 3 Les différents types d'acteurs d'un marché

On distingue plusieurs types d'acteurs sur un même marché :
- **le leader** : il domine le marché. Il évite de bousculer le marché qu'il domine, le faisant plutôt évoluer plus ou moins vite selon la pression concurrentielle ;
- **le challenger** : il est inventif et bouscule les règles du marché pour tenter de prendre la première place ;
- **le suiveur** : il se contente de suivre le leader, sans jamais innover, mais en imitant ce qui fonctionne chez le leader. Ses prix sont généralement plus bas. Il ne prend pas de risques ;
- **le spécialiste** : il cherche à toucher un public différent sur un même marché. Il se focalise sur une « niche » de consommateurs, se spécialise sur un besoin précis.

DOC. 4 Les acteurs du marché français du prêt-à-porter enfant

Sur le podium des enseignes, on retrouve Intersport et Kiabi qui, sur la période, pèsent un cinquième des dépenses de mode enfant. L'enseigne suédoise H&M occupe pour sa part la troisième place du classement. Les trois leaders ont renforcé leur position de leaders par rapport à la même période l'an dernier. À noter, par rapport à 2019, les montées en puissance de Primark, Don't Call Me Jennyfer et Zara. Ainsi, dans le top 10, Okaïdi-Obaïbi est le seul spécialiste de l'enfant et pointe à la sixième place avec 3,7% de parts de marché.

https://fr.fashionnetwork.com

ANNEXE 1 Calcul de l'évolution des ventes dans la région de Vesoul

	CA 2022 (milliers €)	CA 2023 (milliers €)	CA 2023*	Calculs	Évolution**	Calculs
Kiabi Pusey	580	594	18 %	594/3 300 × 100	+2,41 %	(594–580)/580 × 100
Décathlon Pusey	530	528	16 %	528/3 300 × 100	–0,38 %	(528–530)/530 × 100
La Halle Vesoul	492	495	15 %	495/3 300 × 100	+0,61 %	(495–492)/492 × 100
Cora Vesoul	430	429	13 %	429/3 300 × 100	–0,23 %	(429–430)/430 × 100
Leclercq Pusey	330	330	10 %	330/3 300 × 100	0	(330–330)/330 × 100
Okaïdi Vesoul	245	264				
Corensolor Vesoul	205	198				
Pat à choux Vesoul	130	132				
Orchestra Pusey	130	130				
La Cie des petits Pusey	100	99				
Autres	102	99	3 %	99/3 300 × 100	–2,94 %	(99–102)/102 × 100
Total	3 274	3 300		Évolution globale :		

* Part du CA de l'enseigne / CA total de la zone
** Évolution du CA 2023 / 2022

Données fictives

ANNEXE 2 Analyse du marché et de l'offre dans la région de Vesoul

Taille du marché national (en €)		**Produits vendus**	
Entreprises présentes sur le marché national	Leader : .... Challengers : .... Suiveurs :	**Entreprises présentes sur le marché local**	Leader : .... Challengers : .... Suiveurs : ....
Part de marché d'Okaïdi		**Évolution du marché (en %)**	
Profil du consommateur			

MISSION 2 Déterminer la zone de chalandise

De : a.duprez@okaidi.fr
À : stagiaire@okaidi.fr
Objet : zone de chalandise
PJ : D01_zone_de_chalandise.xls

Bonjour,
Je souhaite estimer le nombre de prospectus à distribuer dans ma zone de chalandise. Pour cela, je dois connaître la répartition de mes clients sur la zone.
À l'aide des doc. 1 et 2, identifiez dans quelles zones se situent les communes qui entourent notre point de vente, et calculez le nombre d'habitants dans chaque zone (annexe 1 fournie sous Excel).
En fonction de vos résultats, vous calculerez le nombre de prospectus à distribuer, sachant que la taille moyenne des foyers dans notre région est de 2,24 habitants (annexe 2).
Merci,
Adam Duprez

DOC. 1 Le concept de zone de chalandise

La zone de chalandise d'un magasin est la zone géographique de provenance de ses clients, potentiels ou réels.

Que permet le calcul des zones de chalandise ?
La détermination de la zone de chalandise permet d'étudier le potentiel de vente, en fonction de la population présente dans cette zone, et de la concurrence présente.
Elle peut être calculée avant l'implantation du magasin, pour définir le meilleur emplacement, ou après, pour optimiser les méthodes marketing (communication, signalétique, géomerchandising – adaptation de l'offre en fonction de la géographie...).
Son calcul permet en particulier d'analyser les éventuelles améliorations à apporter dans la communication locale (affichage, courriers, publicité dans la presse locale...).

DOC. 2 La délimitation de la zone de chalandise

On distingue trois zones de chalandise pour un même point de vente :
- la zone primaire : elle correspond à la zone d'attractivité la plus forte et la plus « naturelle » ;
- la zone secondaire : elle correspond à une zone d'attractivité moyenne ;
- la zone tertiaire : elle correspond à une zone d'attractivité faible.

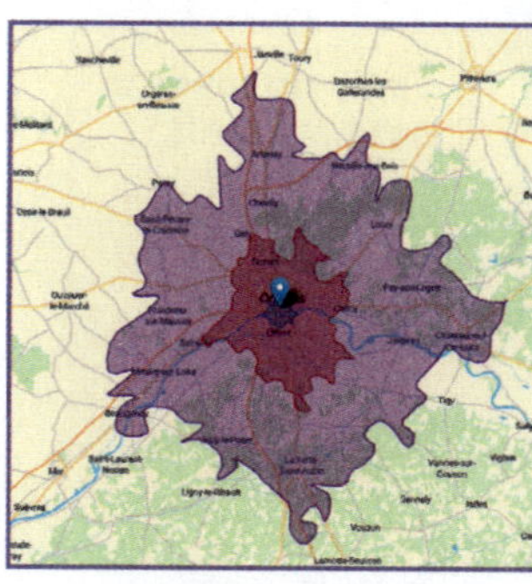

→ Zone de chalandise isométrique
Il s'agit de tracer une courbe autour du point de vente, délimitée selon une distance de déplacement pour s'y rendre, par exemple 20 km.

→ Zone de chalandise isochrone
Il s'agit de tracer une courbe autour du point de vente, délimitée selon un temps de déplacement pour s'y rendre, par exemple un quart d'heure.

ANNEXE 1 Étude de la zone de chalandise (fournie sous Excel)

Communes de la zone de chalandise	Durée trajet	Population	Population zone primaire 0-5 min	Population zone secondaire 5-10 min	Population zone tertiaire 10-20 min
Andelarre	16 minutes	128			128
Andelarrot	17 minutes	86			86
Auxon	14 minutes	410			410
Bougnon	18 minutes	459			459
Boursière	19 minutes	86			86
Charmoille	9 minutes	181		181	
Chariez	14 minutes	63			63
Colombier	17 minutes	369			369
Comberjon	9 minutes	176		176	
Coulevon	7 minutes	193		193	
Dampvalley-lès-Colombe	17 minutes	61			61
Échenoz-la-Méline	8 minutes	1372		1 372	
Flagy	19 minutes	153			153
Frotey-lès-Vesoul	7 minutes	1 283		1 283	
Grattery	13 minutes	89			89
La Demie	14 minutes	67			67
Montcey	18 minutes	215			
Montigny-lès-Vesoul	14 min utes	622			
Mont-le-Vernois	18 minutes	256			
Navenne	7 minutes	1 753			
Neurey-lès-la-Demie	17 minutes	345			
Noidans-lès-Vesoul	7 minutes	1 042			
Pontcey	19 minutes	252			
Port-sur-Saône	18 minutes	1 368			
Pusey	7 minutes	312			
Pusy-et-Épenoux	9 minutes	519			
Quincey	8 minutes	1 205			
Scye	16 minutes	55			
Vaivre-et-Montoille	9 minutes	2 461			
Vallerois-Lorioz	19 minutes	262			
Vauchoux	19 minutes	124			
Vesoul	Max. 5 minutes	16 200	16 200		
Velle-le-Châtel	19 minutes	192			
Villeparois	9 minutes	167			
Villers-le-Sec	17 minutes	530			
Totaux			16 200		

ANNEXE 2 Nombre de prospectus à distribuer

	Zone primaire	Zone secondaire	Zone tertiaire	Total prospectus
Nombre d'habitants	16 200		6 192	
Nombre de ménages	16 200/2,24 = 7 232			
Nombre de prospectus à distribuer	Couverture : 90 %	Couverture : 75 %	Couverture : 60 %	
	7 232 × 0,9 = 6 509			

À VOUS DE JOUER !

Flashez le QR Code et repérez le nombre d'habitants de votre commune.

liennathan.fr/8lm606

MISSION 3

Calculer le chiffre d'affaires prévisionnel

Votre évaluation de la zone de chalandise me donne une meilleure vision de la clientèle potentielle. L'objectif de l'année à venir est d'atteindre les 260 000 €, soit le CA moyen de nos enseignes sur le territoire national. Je mets à votre disposition quelques informations (doc. 1 et 2) qui vous permettront de calculer dans un premier temps le nombre de ménages effectuant leurs dépenses dans la zone de chalandise (annexe 1) et notre chiffre d'affaires prévisionnel (annexe 2).
Puis, vous prendrez connaissance du doc. 3 et élargirez vos connaissances sur les nouvelles tendances du marché à l'aide de recherches sur Internet. Vous réaliserez ce travail sur le support de votre choix (dossier ou diaporama).

DOC. 1 Évasion et attraction commerciales

La clientèle potentielle n'effectue pas la totalité de ses dépenses à l'intérieur de sa zone de chalandise. Il en résulte deux effets :

– le taux d'évasion commerciale désigne généralement la part des dépenses effectuées dans des commerces en dehors de la zone. Cette part est donc à déduire ;

– à l'inverse, le taux d'attraction commerciale désigne la part des dépenses commerciales issue d'habitants n'appartenant pas à la zone de chalandise. Cette part est donc à ajouter.

DOC. 2 Données statistiques – Mémo

- **Taux d'évasion** : Z1 : 18 % Z2 : 24 % Z3 : 32 %
- Pour la zone primaire, 18 % des ménages réalisent leurs dépenses en dehors de la zone de chalandise
- **Taux d'attraction d'Okaïdi** : 10 % du nombre de ménages hors zone, soit 1 143 ménages
- **Dépenses moyennes commercialisables en vêtements enfant par an et par ménage** : 324 €
- **Part de la concurrence** : 92 % des dépenses de la zone

FORMULE

CA prévisionnel =
Dépenses sur la zone
– évasion commerciale
+ attraction commerciale
– part de la concurrence

DOC. 3 L'évolution du marché

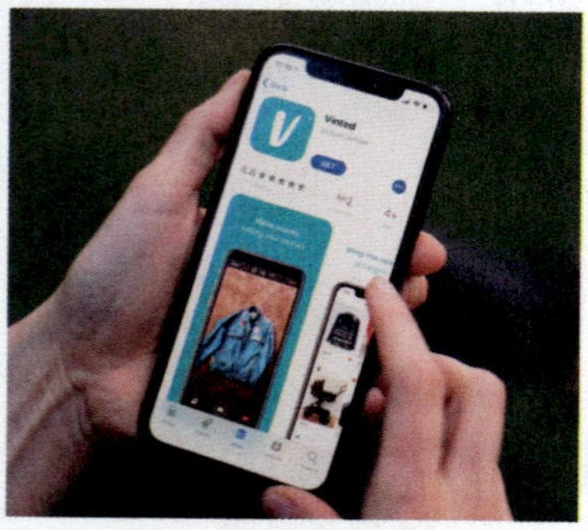

Face aux incertitudes économiques et surtout grâce à l'arrivée des nouvelles technologies, de nouveaux concepts sont apparus sur le marché du prêt-à-porter pour enfants. Parmi les grandes tendances, le segment de l'occasion, de l'échange et du partage est en train de bouleverser le paradigme avec l'apport du digital et du mobile. Les consommateurs étant très sensibles aux prix et à la rapide obsolescence des vêtements pour enfants, de nombreux acteurs se sont alors positionnés sur ce marché comme les *marketplaces* et les plateformes de consommation collaboratives.

www.aliznet.fr

ANNEXE 1 Nombre de ménages réalisant leurs dépenses dans la zone

	Nombre de ménages	Évasion	Nombre de ménages après évasion
Z1	7 232	–18	7 232 × 0,18 = 1 302 7 232 – 1302 = 5 930
Z2	4 761	.... %	....
Z3	2 764	.... %	....
Total			....

(Arrondir à l'entier le plus proche.)

ANNEXE 2 Calcul du chiffre d'affaires prévisionnel

Nombre de ménages après évasion	11 428
Nombre de ménages après attraction	....
Dépenses commercialisables sur la zone en vêtements enfant	....
Part de la concurrence	....
CA prévisionnel annuel	....
Conclusion (atteinte des objectifs du point de vente)	....

x 92 %

À VOUS DE JOUER !

Flashez le QR Code et répondez aux questions à l'aide de la vidéo « Chiffre d'affaires prévisionnel ».

liennathan.fr/58aan3

Évaluez votre réussite du dossier P. 9

SYNTHÈSE

liennathan.fr/1b5s73

1 Situer le point de vente sur son marché

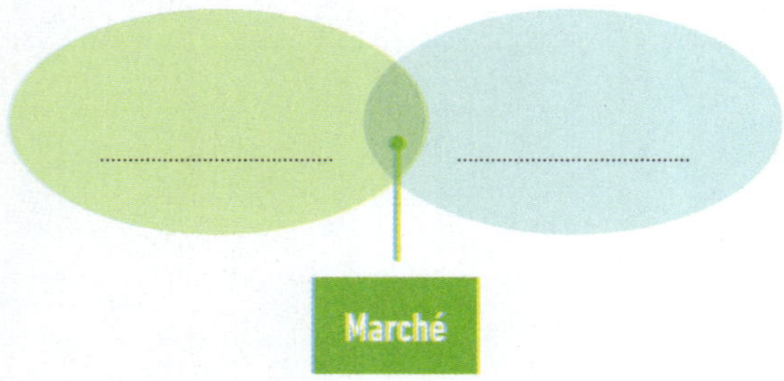

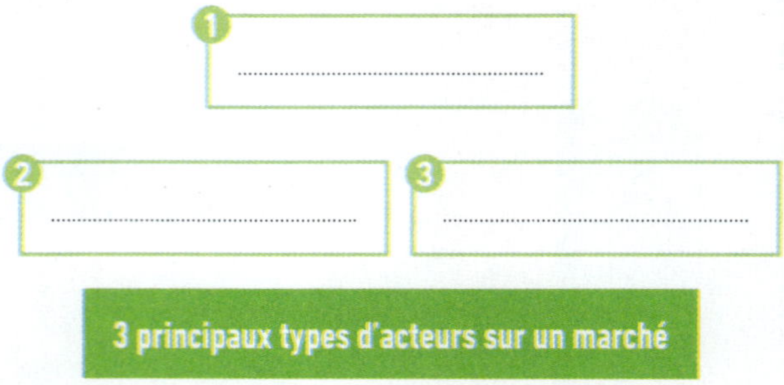

2 Déterminer la zone de chalandise

Les zones de chalandise isométriques sont réalisées sur la base d'une distance métrique, alors que les zones isochrones sont élaborées en fonction du temps de trajet nécessaire pour rejoindre le point de vente.

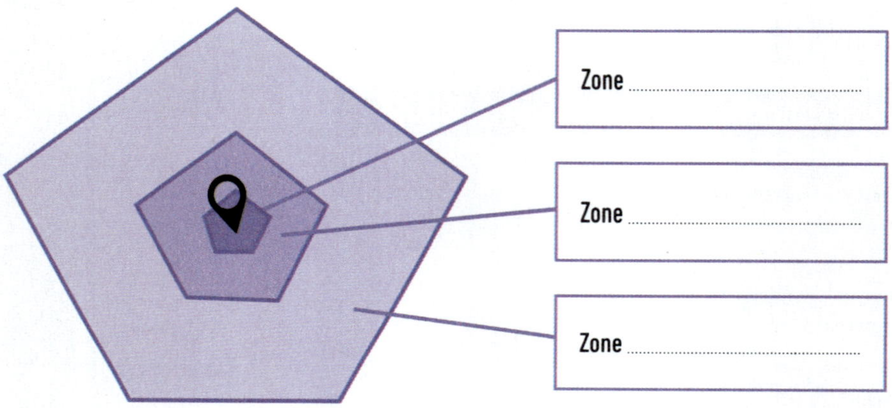

3 Calculer le chiffre d'affaires prévisionnel

Montant des dépenses commerciales de la zone

− .... (dépenses réalisées à l'extérieur de la zone de chalandise)

\+ .... (dépenses réalisées dans la zone de la chalandise par des clients habitant à l'extérieur)

− Part des dépenses captées par les concurrents de la zone

= **CA prévisionnel**

MOTS-CLÉS

Cœur de cible • leader • challenger • part de marché • comportement d'achat

QUIZ ☑ liennathan.fr/rt2j24 SCORE ....

APPLICATION ★

1 Déterminer et tracer la zone de chalandise

Néocopie est une entreprise spécialisée dans les solutions d'impression et plus précisément la reprographie de documents pour particuliers et professionnels. Le directeur, Valdo Vaz, souhaite implanter un nouveau local commercial à Amiens (80000), au 12 chaussée Jules-Ferry.
Il vous demande de délimiter la zone de chalandise pour sa clientèle de particuliers et d'évaluer ses besoins en flyers pour annoncer l'ouverture du point de vente ; il souhaite toucher la moitié des ménages.

1 **À l'aide du document, identifiez la zone de chalandise en traçant une courbe isométrique de 4 km sur l'application géomarketing www.oalley.fr.**

2 **Une fois la courbe tracée, recensez les communes et trouvez leur nombre d'habitants sur Wikipédia.**

Communes	Nombre d'habitants	Nombre de ménages (taille moyenne 2,7 h)	Besoins en flyers Couverture 50 %
....	....	....	....
....	....	....	....
....	....	....	....
....	....	....	....
....	....	....	....
Total	....	....	....

DOC. Tracer une zone de chalandise sur l'application Oalley

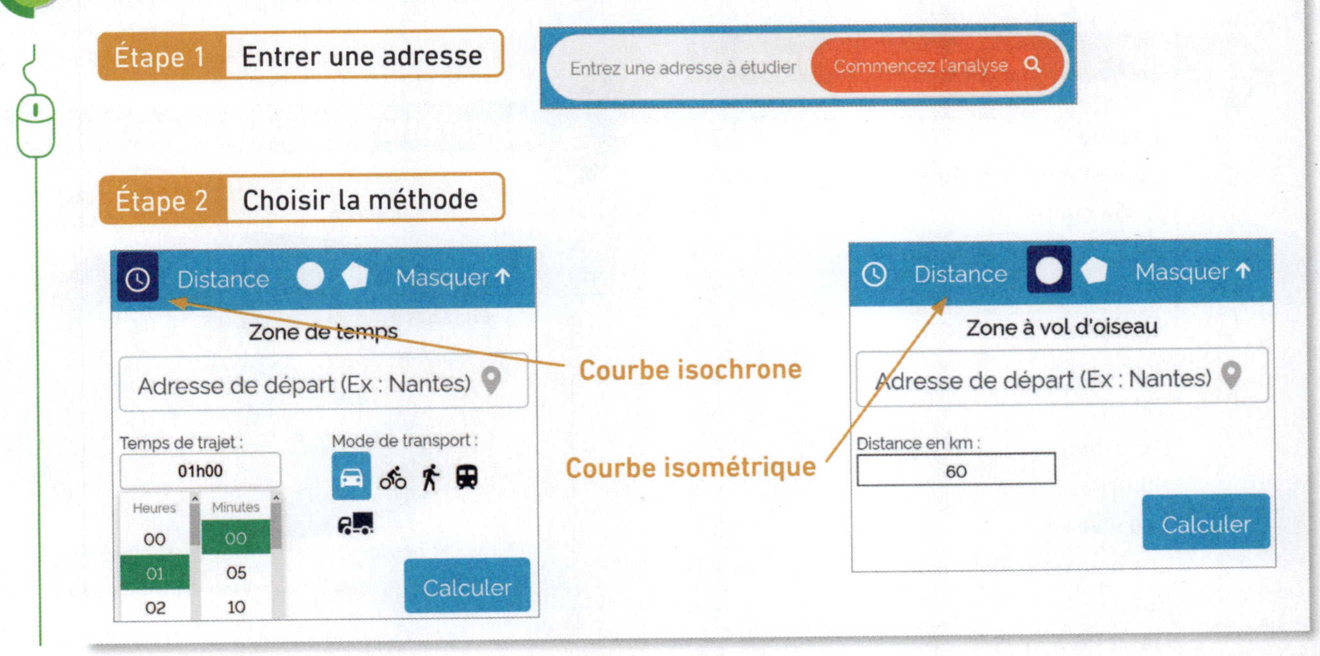

2 Situer le magasin sur son marché

Vous réalisez votre PFMP au sein du magasin Naturalia de Compiègne (60200). Cette franchise défend une approche originale du bio, gourmande et joyeuse, et s'adresse à la fois aux inconditionnels des produits biologiques et naturels, mais aussi aux nouveaux convertis soucieux de la qualité de leur alimentation et de l'environnement. Sylvain Morel, votre tuteur, vous demande de vous familiariser avec ce nouveau marché.

- **Sur le support informatique de votre choix, proposez par groupe de deux ou trois élèves une étude du marché alimentaire bio en suivant le plan du doc. 6.**

DOC. 1 Chiffre d'affaires des produits alimentaires bio par circuit de 2019 à 2021

En millions d'euros	Chiffres d'affaires TTC (M€)			Croissances		Parts de marché		
	2019	2020	2021	2019/2020	2020/2021	2019	2020	2021
Distribution généraliste	6 198	6 936	6 668	+7,6 %	−3,9 %	51 %	52 %	50 %
Distribution spécialisée bio en réseau	2 723	3 161	3 110	−6,6 %	−3,4 %	4 %	3 %	3 %
Distribution spécialisée bio indépendante	473	457	442					
Total Distribution spécialisée bio	**3 197**	**3 618**	**3 552**	**+11,1 %** **+14,2 %**	**−1,8 %** **−1,6 %**	**27 %** **23 %**	**27 %** **24 %**	**27 %** **23 %**
Artisans-commerçants	778	906	959	+23,3 %	+5,8 %	6 %	7 %	7 %
Vente directe	1 228	1 371	1 480	+20,5 %	+7,9 %	10 %	10 %	11 %
TOTAL	12 040	13 336	13 268	+10,2 %	−0,5 %	100 %	100 %	100 %
Consommation alimentaire des ménages *	188 849	195 315	190 862	+1,1 %	−2,3 %	-	-	-
Part de l'alimentation biologique	6 %	6,57 %	6,63 %	-	-	-	-	-

Agence BIO - AND - International 2022
*Source : INSEE 2022

DOC. 2 Parts de marché des enseignes

Biocoop	33 %
Inopt et autres groupements	12 %
La Vie claire	7 %
Les Comptoirs de la bio	7 %
Biomonde	7 %
Naturalia	7 %
Accord bio	6 %
Satoriz	5 %
Bio c' bon	5 %
Naturéo	4 %
Eau vive	3 %
Les nouveaux Robinson	2 %
Botanic	2 %
Marcel & Fils	2 %

DOC. 3 Répartition des ventes par familles

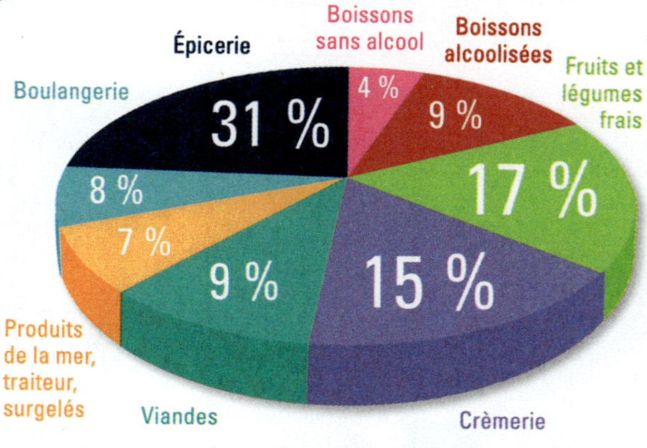

Source : Agence BIO – AND – International 2021

DOC. 4 Définition d'un produit bio

Produit biologique. C'est un produit issu de l'agriculture biologique, autrement dit qui revendique la non-utilisation totale de produits chimiques. En France, il doit contenir au moins 95 % d'ingrédients issus d'un mode de production biologique « mettant en œuvre des pratiques agronomiques et d'élevage respectueuses des équilibres naturels de l'environnement et du bien-être animal ». Il ne peut contenir aucun organisme génétiquement modifié (OGM).

DOC. 5 Comportement d'achat chez les consommateurs de produits bio

OBJECTIF : définir le profil de l'acheteur régulier pour aider les marques et les distributeurs à communiquer auprès d'eux. Ainsi, le bio addict est majoritairement une femme (57 %) âgée de 35 à 64 ans, et deux tiers n'ont pas d'enfants (73 %). La moitié vit dans un foyer composé de deux personnes (43 %). Environ 37 % des bio addict consacrent 20 à 40 % de leur budget de consommation courante aux produits bio (25 % y consacrent 40 %). Dans leur panier moyen, on y trouve majoritairement des fruits et légumes, de la crémerie et de l'épicerie. Pour leurs achats, ils sont 79 % à fréquenter les enseignes de la GMS et 62 % les magasins spécialisés. Ainsi, si ces consommateurs représentent une poche de croissance importante pour les marques, ils ne sont que 17 % à se déclarer satisfaits des informations disponibles et délivrées par les industriels et distributeurs.

www.lsa-conso.fr

Le sac de courses du bio addict

- fruits et légumes
- crèmerie
- yaourts et desserts frais
- épicerie salée : huile, condiments…
- épicerie sucrée : pain, céréales…

Lieux d'achat fréquentés

- grandes et moyennes surfaces : 79 %
- magasins spécialisés : 62 %
- marchés : 35 %
- vente directe : 32 %

DOC. 6 Plan : étude du marché de l'alimentaire bio

1. OFFRE

- Produits
- Enseignes
- Leader
- Distribution
- Concurrence locale (informations à rechercher sur Internet)

2. DEMANDE

- Marché en valeur
- Comportement d'achat

3 Calculer le chiffre d'affaires prévisionnel

Vous réalisez votre PFMP au sein du magasin Sajou de Neufchâtel-en-Bray. M. Caron, franchisé, souhaite ouvrir un point de vente à Abbeville (80100). Il vous charge d'étudier la faisabilité du projet sachant qu'il faut atteindre un chiffre d'affaires de 1 100 000 € pour être rentable. Il vous remet quelques indicateurs issus de l'étude de marché (doc.).

1 Effectuez les calculs intermédiaires pour estimer le chiffre d'affaires prévisionnel de la zone de chalandise.

Indicateurs de la zone de chalandise	Détail des calculs	Résultats
Nombre d'habitants de la zone		
Nombre moyen d'habitants par ménage		
Nombre de ménages		
Nombre moyen d'enfants par ménage		
Nombre d'enfants de la zone		
Dépenses moyennes commercialisables en jouets par enfant		
Dépenses commercialisables en jouets		
Taux d'évasion		
Évasion		
Taux d'attraction des dépenses		
Montant des dépenses captées		
Dépenses sur la zone		
Taux de dépenses vers la concurrence		
Montant des dépenses vers la concurrence		
CA prévisionnel		

2 Concluez sur la faisabilité du projet.

DOC.

Les indicateurs de la zone de chalandise

Population de la zone de chalandise : 70 000 habitants
Nombre d'habitants par ménage : 2,8
Nombre d'enfants par ménage : 1,2
Dépenses commercialisables en jouets par enfant : 240 €
Évasion commerciale ou dépenses captées : 12 % des dépenses commercialisables
Attraction commerciale : 5 % des dépenses commercialisables
Part de la concurrence : 85 %

DOSSIER 2

Intégrer l'omnicanal dans le processus de vente

COMPÉTENCES

Réaliser la vente dans un cadre omnicanal

- Prendre contact avec le client
- S'adapter au contexte commercial et au comportement du client

RÉSULTATS ATTENDUS

- Un contact positif est établi, et un climat de confiance est instauré

L'application Fnac
liennathan.fr/2dh0u3

- Quelles sont les fonctionnalités de l'application Fnac ?

Contexte professionnel

Vous effectuez votre PFMP en tant que vendeur(se) dans le magasin Fnac de Clermont-Ferrand. La Fnac est une chaîne de magasins spécialisée dans la vente de biens culturels, de loisirs, de matériel électronique et électroménager. Elle fait partie du groupe Fnac Darty depuis 2016.

Mme Tran, directrice du magasin et votre tutrice, souhaite vous sensibiliser aux différents canaux de vente physiques (magasins) et virtuels (site Web Fnac, application mobile Fnac) utilisés par l'enseigne pour mieux répondre aux attentes des clients et développer les ventes.

Fiche d'identité de l'entreprise

Raison sociale	Fnac Darty (depuis 2016)
Activité	....
Type de commerce	....
Localisation	....
Concurrents	....

1 Citez trois canaux de vente possibles pour commercialiser les produits et/ou services d'une entreprise.

2 Comment les clients peuvent-ils se renseigner avant d'acheter un produit Fnac ?

MISSION 1

Distinguer les différentes méthodes de vente

Pour acheter nos produits, les clients peuvent soit se rendre dans notre magasin, soit acheter directement sur le site Fnac ou par le biais de l'application mobile Fnac. En magasin, ils peuvent être conseillés par un de nos vendeurs, mais ils peuvent également, grâce à la digitalisation de notre magasin, effectuer seuls l'ensemble de leur parcours d'achat. Prenez connaissance de la documentation sur les différentes méthodes et types de vente (doc.), puis, pour chacune des situations, retrouvez la méthode et le type de vente le mieux adaptés pour répondre aux besoins des clients (annexe).

ÉCO-DROIT
MODULE 1
liennathan.fr/k5i7sq

DOC. Les différentes méthodes et les différents types de vente

Méthode de vente	Type de vente	Description
Vente de contact	– En magasin – Sur stand (salons) – En réunion – Par téléphone – Par un représentant	Le client passe par un vendeur qui le renseigne et le conseille.
Vente visuelle	Vente en libre-service, en libre-service assisté, par distributeur automatique	Le client peut choisir seul son produit ou peut se faire aider d'un vendeur.
Vente à distance	– E-commerce – Drive – Click & collect – Télé-achat	Le client achète seul et à distance (pas de contact direct avec le vendeur ni avec le produit).

ANNEXE Parcours clients

Situations	Méthode de vente	Type de vente
« J'ai consulté le site de la Fnac pour acheter un appareil photo : comme je n'arrivais pas à me décider, je me suis rendue en magasin pour avoir le conseil d'un vendeur. »	☐ Vente de contact ☐ Vente visuelle ☐ Vente à distance	....
« J'ai repéré en rayon plusieurs modèles de tablettes tactiles, mais celui que j'ai choisi n'est pas en stock ; je vais la commander en ligne sur votre site et me faire livrer à domicile. »	☐ Vente de contact ☐ Vente visuelle ☐ Vente à distance	....
« Je viens en magasin pour acheter un GPS, j'ai déjà sélectionné le modèle en ligne, je n'ai pas besoin d'être conseillée. Je préfère payer directement avec mon smartphone pour éviter l'attente en caisse. »	☐ Vente de contact ☐ Vente visuelle ☐ Vente à distance	....
« Je préfère commander cette console depuis mon smartphone, ça me laissera le temps de réfléchir. J'habite tout près : je viendrai la retirer en magasin. »	☐ Vente de contact ☐ Vente visuelle ☐ Vente à distance	....
« Je cherche la billetterie : je voudrais acheter deux places pour le concert de Jean-Louis Aubert. »	☐ Vente de contact ☐ Vente visuelle ☐ Vente à distance	....

MISSION 2

Identifier le circuit et les canaux de distribution

Bonjour,
Pour approvisionner notre magasin en produits électroniques, nous passons par une centrale d'achat commune aux enseignes Fnac, Darty et Carrefour.
Retrouvez les différents intermédiaires du canal de distribution utilisé pour cette catégorie de produits, ainsi que son principal avantage (annexe), en vous aidant de la documentation (doc. 1 et 2) que j'ai laissée à votre disposition.
Mme Tran

DOC. 1 Distinction entre canal de distribution et circuit de distribution

Le **canal de distribution** est le chemin suivi par un produit, du producteur au consommateur. Il est composé de tous les intermédiaires compris entre le producteur (ou fournisseur) et le consommateur final. Le canal peut être court, direct ou long.
Le **circuit de distribution** représente l'ensemble des canaux utilisés pour commercialiser le produit.

DOC. 2 Principaux avantages des différents canaux pour les clients

Le **canal direct** (sans intermédiaire) permet au client de maîtriser l'origine des produits achetés et de bénéficier du conseil grâce au contact direct avec le producteur.
Le **canal court** (un seul intermédiaire) permet au client de maîtriser l'origine des produits achetés.
Le **canal long** (plusieurs intermédiaires) permet au client de bénéficier de prix intéressants grâce aux gros volumes achetés et aux prix négociés par les intermédiaires (grossistes, centrales d'achat).

ANNEXE Canal de distribution des produits électroniques

.... ▶ .... ▶ .... ▶ Client

Type de canal de distribution utilisé pour les produits électroniques (justifier) :	....
Principal avantage pour le client :	....

À VOUS DE JOUER !
Flashez le QR Code et répondez au quiz sur le circuit et les canaux de distribution.
liennathan.fr/snofw2

MISSION 3

Identifier les parcours clients

De : tran@fnac.com
À : stagiaire@fnac.com
Objet : Parcours clients

Bonjour,
Je suis absente pour la matinée.
La Fnac multiplie les points de contact pour mieux répondre aux attentes des clients et booster ses ventes. Les clients ont donc le choix entre différents supports pour se renseigner et acheter.
En mon absence, vous allez prendre en charge les clients. Il est important de bien situer le client dans son parcours d'achat pour le conseiller et l'orienter (doc. 1). Je vous demande de repérer, pour chaque situation de vente, le parcours d'achat du client (annexe 1).
Mme Tran

DOC. 1 Les différents types de pratiques des clients

L'expression ***Web-to-store*** désigne le comportement d'achat par lequel le consommateur effectue une recherche d'informations sur Internet avant d'aller effectuer son achat en point de vente.

Le ***Store-to-Web*** est l'ensemble des pratiques qui visent à rediriger le client d'une enseigne vers le site marchand pour l'achat d'un produit qui n'est pas ou plus disponible dans le point de vente.

ANNEXE 1 Parcours clients

Situations de vente en magasin	Type de pratique
« Après avoir discuté avec des amis, j'ai cherché des mangas sur mon smartphone : je viens les acheter dans votre magasin Fnac. »	☐ Web-to-store ☐ Store-to-Web
« Comme vous n'avez pas en stock le Samsung Galaxy S22 que je voulais, je le commanderai sur le site de la Fnac. »	☐ Web-to-store ☐ Store-to-Web
« J'ai commencé à me renseigner pour un nouveau téléviseur sur le site Fnac, mais je viens quand même vous voir pour m'aider à finaliser mon achat. »	☐ Web-to-store ☐ Store-to-Web
« Grâce à vos conseils, je vais prendre cette montre connectée Fitbit Sense qui est en rupture de stock. Je la commanderai plus tard de chez moi. »	☐ Web-to-store ☐ Store-to-Web
« J'ai acheté un home cinéma sur le site Fnac après plusieurs recherches en ligne et je viens le retirer en magasin. »	☐ Web-to-store ☐ Store-to-Web

Pour rendre le parcours d'achat du client plus fluide, la Fnac combine ses différents canaux de vente physiques et digitaux, pour offrir au client une expérience d'achat globale.
Je vous invite à prendre connaissance des différentes stratégies de vente (doc. 2) et de celle de notre enseigne (doc. 3). Vous rédigerez une note montrant en quoi la Fnac utilise une stratégie omnicanale (annexe 2).

DOC. 2 Les différentes stratégies de vente

Le **multicanal** cherche à multiplier les canaux de vente avec le client, mais ces canaux restent indépendants les uns des autres.
Le **cross-canal** cherche à créer une complémentarité entre les canaux de vente (service de Drive...).
L'**omnicanal** crée une synergie, une interconnexion entre ces différents canaux de vente pour faciliter le parcours d'achat du client et lui offrir une expérience d'achat globale. Tous les services proposés en magasin sont disponibles en ligne. Un vendeur en magasin doit pouvoir consulter l'historique Web d'un client pour mieux le conseiller. Le client peut consulter les stocks des magasins.

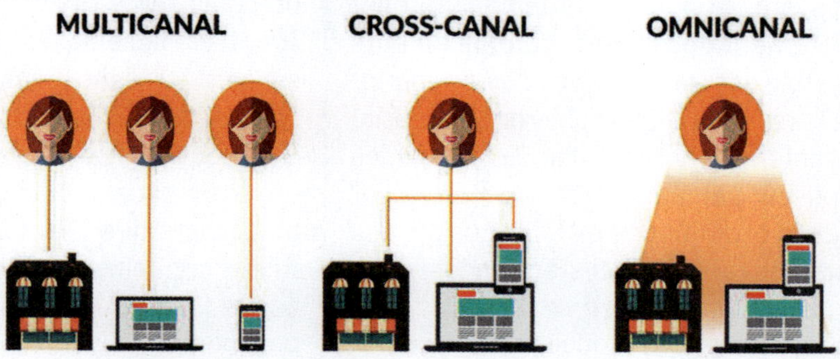

DOC. 3 La stratégie de vente de la Fnac

Nos clients doivent pouvoir trouver leurs produits quel que soit le canal et nous leur proposons un panel complet de parcours flexibles et transversaux : achat sur Internet et retrait en magasin ou encore achat sur Internet d'un produit absent en magasin et livraison au choix du client.

Cette stratégie repose sur trois piliers complémentaires :
– une forte présence sur Internet,
– des services de livraison aux meilleurs standards du marché,
– un réseau de magasin en constante expansion.

Source : www.fnacdarty.com

ANNEXE 2 Votre note à Mme Tran

....

....

....

....

....

....

....

MISSION 4

Intégrer les outils digitaux dans l'approche du client

Les clients s'informent de plus en plus par eux-mêmes et utilisent de plus en plus les outils digitaux. Vous allez devoir intégrer ces outils digitaux dans votre processus de vente pour apporter une plus-value aux clients en termes de conseil et les accompagner dans leurs parcours d'achat. Je vous demande de vous renseigner sur l'évolution du rôle des vendeurs en magasin (doc. 1) et sur les différents outils digitaux sur lesquels le vendeur peut s'appuyer (doc. 2). Puis, vous prendrez en charge les clients en utilisant les outils digitaux adaptés (annexe).

DOC. 1 L'évolution du rôle des vendeurs en magasin

Avec l'arrivée des outils digitaux (tablettes, bornes interactives, smartphones...) et le changement de comportement des clients, de plus en plus informés, le rôle des vendeurs a évolué. Ils doivent désormais faire le lien entre le physique (magasin) et le digital (Internet, mobiles) et accompagner les clients dans leur parcours d'achat.

Grâce à leurs ordinateurs et tablettes, et aux bornes interactives présentes en magasin, les vendeurs peuvent accéder en un clic aux caractéristiques complètes des produits, y compris sur les produits non disponibles en magasin mais présents sur le site Web du magasin.

Avec leurs tablettes, ils peuvent savoir si le produit est en stock, dans le cas contraire le commander pour le faire livrer au magasin ou au domicile du client et même encaisser directement le client en rayon si celui-ci est pressé. En ayant accès au compte des clients, ils peuvent également mieux connaître leurs clients (produits favoris, points fidélité...) et ainsi les conseiller de façon plus personnalisée.

DOC. 2 Les outils digitaux du vendeur en magasin

Outils	Rôle
Ordinateur 	– Interroger la base de données clients ou produits – Saisir un contrat, une extension de garantie – Visualiser les produits sur le site Internet de l'entreprise
Tablette tactile ou smartphone 	– Visualiser les caractéristiques des produits – Accéder au programme de fidélité client – Gérer les stocks (consulter les stocks, commander) – Encaisser les clients
Borne interactive 	– Orienter les clients dans le magasin – Fournir des informations sur les produits (caractéristiques, prix, avis clients) – Présenter des vidéos de démonstration des produits – Mettre en évidence des événements ou offres spéciales

ANNEXE Prise en charge des clients

Clients	Prise en charge	Outil(s) digital(aux) utilisé(s)
« Je me suis renseignée sur l'application mobile Fnac avant de venir, mais j'hésite encore entre deux modèles de téléviseurs Samsung que vous avez en rayon... »	*– Donner des conseils supplémentaires en consultant les caractéristiques complètes des deux téléviseurs en s'appuyant sur sa tablette ou la borne interactive* *– Faire une démonstration en rayon pour comparer les deux téléviseurs*	☐ Ordinateur ☑ Tablette / Smartphone ☑ Borne interactive
« J'ai fait des recherches sur votre site et je sais exactement quel modèle d'enceintes je veux, mais je ne les trouve pas en rayon... »		☐ Ordinateur ☐ Tablette / Smartphone ☐ Borne interactive
« Je voudrais souscrire l'extension de garantie pour l'achat de mon téléviseur mais ce n'est pas possible depuis le site Internet. »		☐ Ordinateur ☐ Tablette / Smartphone ☐ Borne interactive
« J'achète souvent des mangas chez vous et je préférerais parfois les commander de chez moi, mais je ne sais pas utiliser l'application mobile sur mon smartphone... »		☐ Ordinateur ☐ Tablette / Smartphone ☐ Borne interactive
« Je voulais acheter une montre connectée Fitbit mais je n'en trouve pas en rayon. Je suis assez pressé et il y a du monde dans la file d'attente... »		☐ Ordinateur ☐ Tablette / Smartphone ☐ Borne interactive
« Je voudrais pouvoir consulter seule le détail des produits quand je viens en magasin, mais je ne sais pas comment m'y prendre... »		☐ Ordinateur ☐ Tablette / Smartphone ☐ Borne interactive

À VOUS DE JOUER !

Flashez le QR Code et réalisez un jeu de rôle pour simuler les situations présentées.

liennathan.fr/9yga2g

Évaluez votre réussite du dossier P. 9

SYNTHÈSE

liennathan.fr/99anwm

1 Distinguer les différentes méthodes de vente

Méthodes de vente	Types de vente
……	Vente traditionnelle en magasin, sur stand, en réunion, par téléphone, par représentant
……	Vente en libre-service, en libre-service assisté, par distributeur automatique
……	E-commerce, Drive, Click & collect, télé-achat

2 Identifier le circuit et les canaux de distribution

Le circuit de distribution représente l'ensemble des canaux de vente

Les canaux de distribution

- Direct : sans intermédiaire
- …… : ……
- Long : plusieurs intermédiaires

3 Identifier les parcours clients

Les différentes stratégies de vente		
1 Multicanal : canaux multiples mais indépendants	2 Cross-canal : canaux complémentaires	3 …… ……

4 Intégrer les outils digitaux dans l'approche du client

Outils digitaux pouvant être utilisés par le vendeur ou le client en magasin

- ……
- ……
- ……
- ……

MOTS-CLÉS

Canaux de distribution • canaux de vente • circuit de distribution • cross-canal • méthode de vente • multicanal • omnicanal • type de vente

QUIZ liennathan.fr/13220u SCORE ……

APPLICATION ★

1 Distinguer les différentes méthodes de vente

Vous travaillez comme vendeur(se) chez Auchan, enseigne de grande distribution en produits alimentaires et non alimentaires, à Toulouse. Pour s'adapter aux besoins des clients, l'enseigne s'appuie sur différentes méthodes et types de vente.

● **Retrouvez, en fonction de chaque situation, la méthode et le type de vente utilisés par les clients ainsi que les principaux avantages.**

Situations de vente	Méthode de vente	Type de vente	Principaux avantages pour le client
Mme Desprat : « J'ai demandé conseil à un vendeur du rayon multimédia, et j'ai finalement acheté un ordinateur portable pour ma fille. »	☐ Contact ☐ Visuelle ☐ À distance		
M. Merle : « Je préfère commander mes courses en ligne et me faire livrer à domicile. »	☐ Contact ☐ Visuelle ☐ À distance		
Mme Deltour : « J'ai choisi et commandé différents plats préparés au rayon traiteur pour l'anniversaire de mon conjoint la semaine prochaine. »	☐ Contact ☐ Visuelle ☐ À distance		
M. Gomez : « J'ai pris l'habitude de faire mes courses via l'application mobile Auchan et je récupère mes achats au Drive après mon travail. »	☐ Contact ☐ Visuelle ☐ À distance		
Mme Berleur : « Je viens chaque semaine faire mes courses seule au magasin. »	☐ Contact ☐ Visuelle ☐ À distance		
M. Ben Arfa : « J'ai acheté une cafetière à dosettes sur le site Auchan, mais je préfère la retirer en magasin le jour où je viendrai faire mes courses. »	☐ Contact ☐ Visuelle ☐ À distance		

APPLICATION ★

2 Identifier le circuit et les canaux de distribution

Vous venez d'être embauché(e) comme commercial(e) à Menton chez Pure Cosmetics, marque spécialisée dans les produits cosmétiques bio. Pour développer ses ventes et toucher un maximum de clients, l'entreprise utilise différents canaux de distribution.

● **Représentez le circuit de distribution et les différents canaux utilisés par l'entreprise pour commercialiser ses produits.**

Situation 1 : Pure Cosmetics vend 3,59 € son savon d'Alep sur le marché de Menton tous les samedis matin.	
Schéma du circuit	....
Canal	....
Principaux avantages pour les clients	....
Principaux avantages pour l'entreprise	....

Situation 2 : Pure Cosmetics vend 11,90 € son gel douche à l'Aloe Vera aux différents magasins bio de la ville de Menton.	
Schéma du circuit	....
Canal	....
Principaux avantages pour les clients	....
Principaux avantages pour l'entreprise	....

Situation 3 : Pure Cosmetics vend son lait démaquillant et nettoyant bio à 14,90 € à la centrale d'achats du groupe Casino, qui les redistribue dans les hypermarchés Géant du groupe afin de développer le rayon bio.	
Schéma du circuit	....
Canal	....
Principaux avantages pour les clients	....
Principaux avantages pour l'entreprise	....

3 Intégrer les différents canaux de vente et outils digitaux

Vous travaillez comme vendeur(se) chez Décathlon à Brest.
Pour mieux répondre aux attentes des clients, l'entreprise a mis en place une application mobile permettant d'effectuer l'ensemble du parcours d'achat depuis un mobile ou d'utiliser son mobile pour améliorer l'expérience d'achat en magasin.

● **Consultez la présentation de l'application pour smartphone Décathlon sur le site Internet de l'entreprise (doc.) et retrouvez les différentes fonctionnalités possibles.**

À distance	En magasin
....	....
....	....
....	....
....	....
....	....

DOC. L'application mobile Décathlon

Consultez les fonctionnalités de l'application Décathlon : liennathan.fr/88a6su

Suivez toute l'actualité de votre magasin préféré : Evénements, nouveautés, conseils sportifs, recommandations personnalisées...

Partagez votre expérience avec d'autres utilisateurs et déposez un avis en 3 clics.

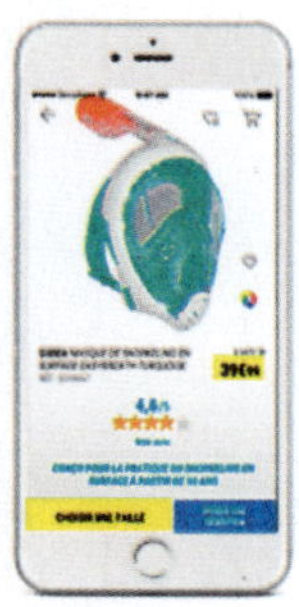

Commandez vos produits sur l'appli où que vous soyez et retirez les en 1 heure dans votre magasin préféré.

Vous pouvez également vous faire livrer en point relais ou à domicile.

Comparez les produits, trouvez un prix, consultez les avis, vérifez le stock dans les magasins alentour en 1 clic.

Application Decathlon
Tout l'univers de decathlon où que vous soyez

À VOUS DE JOUER !
Flashez le QR Code et réalisez un jeu de rôle pour simuler les situations présentées.
liennathan.fr/9zap56

1.1. Mener une recherche et une veille d'information
3.1. Développer des documents textuels

4 Identifier les différents canaux et stratégies de vente

Formez des groupes de deux ou trois élèves et choisissez une enseigne (vue en PFMP ou autre).

1 À l'aide d'une recherche Internet, analysez les méthodes de vente, le circuit de distribution et les canaux de vente de l'enseigne choisie, en complétant le tableau suivant.

Entreprise choisie : ....

Caractéristiques de l'enseigne	Description
Produits et/ou services vendus	....
Méthodes de vente utilisées (et justification)	....
Types de vente utilisés (et justification)	....
Canaux de vente possibles	....
Nombre de magasins (France et étranger)	....
Outils digitaux utilisés en magasin	....
Stratégie de vente mise en place (et justification)	....

2 Réalisez un diaporama que vous présenterez à l'oral (une diapositive par caractéristique).

DOSSIER 3

Caractériser les produits

COMPÉTENCES

Assurer la veille commerciale

- Maîtriser la technologie des produits

RÉSULTATS ATTENDUS

- Les produits commercialisés sont connus et leurs caractéristiques techniques sont maîtrisées

Le groupe Casino en 2022
liennathan.fr/8ev2f3

- Quels sont les univers produits présentés ?
- Casino et Monoprix sont-ils concurrents selon vous ?

Contexte professionnel

Implantée au cœur des villes ou en milieu rural, l'enseigne Casino Supermarchés propose une offre complète et compétitive de produits alimentaires, avec en moyenne 13 000 références, une forte présence de produits de marque Casino et de produits frais, ainsi qu'une sélection de produits locaux. Le positionnement de l'enseigne se définit par un triple engagement : des prix bas, une qualité assurée, une vie facile.

Les commerces de proximité sont de nouveau fréquentés par les clients, ce qui incite la grande distribution à multiplier l'ouverture d'enseignes dans les centres-villes.

Vous êtes en période de formation au supermarché Casino proche de chez vous. Votre tuteur, M. André, vous présente le point de vente pour vous faire découvrir l'enseigne et les différents produits proposés.

Fiche d'identité de l'entreprise

Raison sociale	....
Type de commerce	....
Statut juridique	SAS (Société par actions simplifiée)
Offre produits	....
Positionnement concurrentiel	Prix bas
Implantation	....

1. **Citez d'autres enseignes de proximité implantées en centre-ville.**
2. **Citez des services proposés par Casino.**

MISSION 1 Distinguer les produits et services

De :	arthur.andre@supermarchescasino.fr
À :	stagiaire@supermarchescasino.fr
Objet :	Votre premier jour de PFMP
PJ :	Définition du bien ; Définition du service

Bonjour,
Ce matin, vous êtes affecté(e) à l'accueil du magasin où vous allez gérer les retours produits et les réclamations clients. Cela vous permettra de vous familiariser avec les produits et services du magasin et les différents types d'achats. À l'aide des doc. 1 et 2 (en pièces jointes), caractérisez les biens et services (annexe).
À plus tard,
Arthur

DOC. 1 Définition du bien (pièce jointe)

Un bien est matériel : on peut le toucher, le stocker.

Classement des biens selon la fréquence d'achat	
Un **bien banal** est un bien de consommation courante dont l'achat est fréquent. Il a une faible valeur marchande. Il peut être alimentaire (ex. : une pomme) ou non alimentaire (**ex. :** un tube de dentifrice).	Un **bien anomal** est un bien dont l'achat est exceptionnel et réfléchi. Son prix est généralement élevé. **Ex. :** un véhicule automobile.

Classement des biens selon la durée de vie du produit	
Un **bien non durable ou périssable** est un bien qui est détruit du fait de sa consommation. **Ex. :** un produit alimentaire.	Un **bien durable** est un bien qui n'est pas détruit du fait de son utilisation et dont l'usure se fait généralement sur le long terme. **Ex. :** un smartphone.

DOC. 2 Définition du service (pièce jointe)

Le service se distingue du bien par son caractère immatériel et par l'impossibilité de stockage.

Types de services
Le **service de base ou principal** est la prestation rendue, payée par le client. **Ex. :** un service de transport.
Le **service secondaire** correspond aux prestations proposées en complément du service de base, qui viennent compléter l'offre. Il n'est pas payé par le client. **Ex. :** le parking gratuit d'un supermarché.

ANNEXE Classement des produits et services

Retours/Réclamations	Type de bien		Type de service
	Banal ou anomal	Durable ou périssable	
Un client demande le remboursement de sa cafetière électrique, défectueuse.	☐ Banal ☐ Anomal	☐ Durable ☐ Périssable	....
Le service traiteur a commis une erreur de prix sur le ticket d'une cliente.	☐ Banal ☐ Anomal	☐ Durable ☐ Périssable	....
Une cliente rapporte un bloc de foie gras acheté la veille.	☐ Banal ☐ Anomal	☐ Durable ☐ Périssable	....
Un client n'a pas pu retirer d'argent au distributeur Casino.	☐ Banal ☐ Anomal	☐ Durable ☐ Périssable	....
Une cliente rapporte deux boîtes de chocolats : 1 achetée, la 2e à –50 %.	☐ Banal ☐ Anomal	☐ Durable ☐ Périssable	....
Un client souhaite se renseigner sur la livraison gratuite à domicile.	☐ Banal ☐ Anomal	☐ Durable ☐ Périssable	....
Une cliente rapporte un lot de serviettes de toilette.	☐ Banal ☐ Anomal	☐ Durable ☐ Périssable	....
La carte de fidélité d'un client n'est plus valable.	☐ Banal ☐ Anomal	☐ Durable ☐ Périssable	....

MISSION 2

Situer le produit dans son cycle de vie

Je m'interroge sur l'intérêt de mettre en valeur les produits qui connaissent une baisse des ventes. Je souhaite identifier ces produits et accorder plus de place dans les rayons aux produits qui se vendent le mieux. À partir des doc. 1 et 2 sur le cycle de vie des produits et du doc. 3 sur l'évolution des ventes, indiquez dans l'annexe les décisions à prendre concernant les produits présentés.

DOC. 1 Cycle de vie d'un produit

Le cycle de vie d'un produit est composé de quatre phases.

Phase 1 – lancement : il s'agit de la mise sur le marché du produit. Les ventes croissent lentement.

Phase 2 – croissance : c'est la phase d'expansion. Les ventes augmentent fortement. Le produit connaît un succès et peu de concurrence.

Phase 3 – maturité : les ventes évoluent peu car le marché devient concurrentiel.

Phase 4 – déclin : les ventes baissent car les produits de substitution ou des concurrents apparaissent.

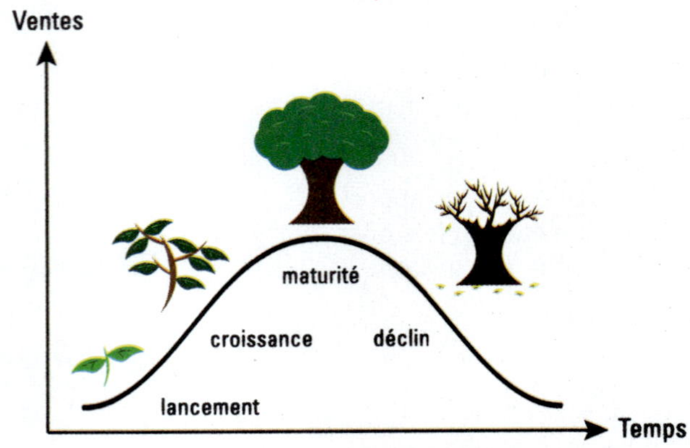

DOC. 2 Cycle de vie et gestion des produits en hypermarché

Les produits ont une vie. Ils naissent, leurs ventes augmentent puis stagnent avant de disparaître. Qui se souvient du « walkman », produit phare des années 80, aujourd'hui complètement disparu…
Le cycle de vie des produits concerne les biens comme les services. Pour les biens, il s'agit plutôt de produits durables. Les fabricants suivent le cycle de vie de leurs produits afin d'anticiper leur remplacement. Pour un hypermarché, il est important de suivre ces cycles de vie pour gérer au mieux ses espaces de vente et de stockage.
Connaître la position d'un produit dans son cycle de vie permet d'anticiper les décisions à prendre. Ainsi, un produit dont les ventes baissent régulièrement est un produit qu'il faudra retirer des rayons à terme. Connaître le taux de croissance des ventes d'une période sur l'autre permet aussi d'ajuster les commandes.

DOC. 3 Évolution des ventes

Produits	N–3	N–1	N	Taux de croissance N/N-3
Cafetière à filtre	120	80	20	– 83 %
Machine Nespresso	160	170	200	+ 25 %
Robot pâtissier	150	350	750	+ 400 %
Centrale vapeur	98	150	250	+ 155 %
Fer à repasser	87	65	35	– 59 %
Enceinte nomade	150	750	1 200	+ 700 %
Écouteurs Bluetooth	256	675	2 798	+ 992 %
Aspirateur filaire	234	178	120	– 48 %

ANNEXE Liste des produits

Produit	Phase de son cycle de vie	Place à accorder en rayon ou en réserve	Justification
Cafetière à filtre	☐ lancement ☐ croissance ☐ maturité ☐ déclin	☐ réduire la place ☐ maintenir la place ☐ agrandir la place	
Machine Nespresso	☐ lancement ☐ croissance ☐ maturité ☐ déclin	☐ réduire la place ☐ maintenir la place ☐ agrandir la place	
Robot pâtissier	☐ lancement ☐ croissance ☐ maturité ☐ déclin	☐ réduire la place ☐ maintenir la place ☐ agrandir la place	
Centrale vapeur	☐ lancement ☐ croissance ☐ maturité ☐ déclin	☐ réduire la place ☐ maintenir la place ☐ agrandir la place	
Fer à repasser	☐ lancement ☐ croissance ☐ maturité ☐ déclin	☐ réduire la place ☐ maintenir la place ☐ agrandir la place	
Enceinte nomade	☐ lancement ☐ croissance ☐ maturité ☐ déclin	☐ réduire la place ☐ maintenir la place ☐ agrandir la place	
Écouteurs Bluetooth	☐ lancement ☐ croissance ☐ maturité ☐ déclin	☐ réduire la place ☐ maintenir la place ☐ agrandir la place	
Aspirateur filaire	☐ lancement ☐ croissance ☐ maturité ☐ déclin	☐ réduire la place ☐ maintenir la place ☐ agrandir la place	

À VOUS DE JOUER !

Flashez le QR Code et, à l'aide de la vidéo, répondez à la question suivante : un fabricant a-t-il intérêt à faire durer ses produits ?

liennathan.fr/wi458n

MISSION 3

Caractériser l'assortiment du point de vente

Je souhaite à présent vous faire découvrir l'assortiment produits du magasin. Il est important de le connaître pour associer rapidement les produits avec les rayons (doc. 1). Dans un premier temps, vous allez classer dans l'annexe 1 les produits qui viennent d'être livrés (par famille de produits selon la nomenclature IFLS, doc. 2). Dans un second temps, à l'aide du doc. 3, vous analyserez les caractéristiques de notre assortiment (annexe 2).

DOC. 1 Définition de l'assortiment

L'assortiment est constitué de l'ensemble des produits proposés à la vente dans un magasin.

DOC. 2 La nomenclature IFLS

La nomenclature IFLS (Institut Français du Libre-Service) est la liste des produits vendus en magasin. Ils sont divisés en 7 groupes de familles. La signalétique des rayons d'un magasin reprend ce classement.

Groupes de familles	Nbre total de familles	Exemples
I- Épicerie	26	Confiserie, chocolat ; pâtes alimentaires, sels ; huiles ; fruits et légumes secs ; produits animaux ; petit-déjeuner.
II- Boissons	9	Eaux minérales ; limonades ; sodas, jus de fruits, sirops ; apéritifs ; vins fins et supérieurs, vins courants, champagne.
III- Produits frais	13	Fromages ; charcuterie ; fleurs et plantes ; fruits frais ; légumes ; volaille ; glaces et crèmes glacées ; traiteur, boucherie, poissonnerie.
IV- DHP*	10	Lavage ; entretien ; droguerie ; soin et beauté cheveu ; puériculture ; soins du corps ; soins pour bébé ; parapharmacie.
V- Équipement de la maison	16	Mobilier ; jardinage ; gros électroménager ; petit électroménager ; vaisselle ; outillage, quincaillerie, électricité.
VI- Bien-être de la personne	22	Services ; bijoux ; sport ; jeux, jouets ; librairie ; dessin et loisirs ; carterie ; image et son ; produits automobiles ; micro-informatique.
VII- Habillement	26	Chaussures ; manteau, blouson ; robes, jupes ; chemises ; survêtement ; collants ; vêtements de travail ; costumes ; maillots de bain ; tissu au mètre.

* Droguerie/ Hygiène-Beauté/ Parfumerie.

DOC. 3 Caractéristiques d'un assortiment

L'ampleur **se caractérise par le nombre de groupes de familles.**	L'assortiment est ample s'il compte les 7 groupes de familles de l'IFLS.
	L'assortiment est restreint s'il compte seulement 2 groupes de familles de l'IFLS.
La largeur **se caractérise par le nombre de familles dans chaque groupe.**	L'assortiment est large s'il comprend la plupart des familles de produits.
	L'assortiment est étroit si chaque groupe compte seulement 2 ou 3 familles de produits.
La profondeur **se caractérise par le nombre de références dans chaque famille de produits.**	L'assortiment est profond si toutes les références de la famille sont présentes en magasin.
	L'assortiment est superficiel si seulement 2 ou 3 références par famille sont présentes en magasin.

ANNEXE 1 Classement des produits livrés

Produits alimentaires			Produits non alimentaires		
Produits	Groupes	Familles	Produits	Groupes	Familles
Pot de confiture	....	....	Chaussures	....	....
Fromage emmental	....	....	Bidons de lessive	....	....
Bouteilles de vin rouge	....	....	Crèmes soin bébé	....	....
Sodas	....	....	Jeux pour enfants	....	....
Pâtes	....	....	Robot mixeur	....	....
Bananes	....	....	Pantalons	....	....
Steaks hachés	....	....	Shampooings	....	....

Quel est l'intérêt pour un magasin de connaître et de respecter le classement IFLS ?

....

....

....

ANNEXE 2 Analyse de l'assortiment des marques du groupe Casino

Type de magasin	Nbre groupes de familles	Nbre de familles	Nbre de références	Assortiment	
Supérette Casino	3	24	375	☐ Restreint ☐ Étroit ☐ Superficiel	☐ Ample ☐ Large ☐ Profond
Supermarché Casino	7	65	8 000	☐ Restreint ☐ Étroit ☐ Superficiel	☐ Ample ☐ Large ☐ Profond
Hypermarché Géant	7	122	72 000	☐ Restreint ☐ Étroit ☐ Superficiel	☐ Ample ☐ Large ☐ Profond

À VOUS DE JOUER !

Flashez le QR Code et répondez à la question sur le parcours client en magasin.

liennathan.fr/k9p2s3

MISSION

4 Distinguer emballage et conditionnement

Je souhaite engager une politique de développement durable comme le préconise le groupe Casino (doc. 1). Je m'interroge sur l'utilité de ces différents emballages et conditionnements qui encombrent ma réserve. Je vous ai laissé un mémo à ce sujet (doc. 2).
Pour chacun des produits sélectionnés, précisez les éléments qui relèvent du conditionnement et ceux qui relèvent de l'emballage (annexe 1). Puis, dans notre objectif de favoriser le recyclage (doc. 3), identifiez les symboles qui doivent figurer sur les produits de l'annexe 2.

DOC. 1 Les préconisations du groupe Casino

www

Le groupe Casino renforce sa politique d'emballage pour répondre aux enjeux de réduction et d'amélioration de leur recyclabilité tout en garantissant la qualité sanitaire des produits.

Le groupe Casino a établi un cahier des charges pour les produits de sa propre marque. Il réduit les épaisseurs de plastique dans les emballages et y incorpore des matières recyclées. Son objectif est d'atteindre 25 % de matières recyclées dans les bouteilles en plastique d'ici à janvier 2023. Le groupe supprime les suremballages des produits Casino. Le plus possible, il propose une fin de vie des emballages autres que l'incinération, sans pollution. Il se lance même dans la vente « en vrac ».

DOC. 2 Conditionnement et emballage – mémo

Le conditionnement est au contact direct du produit (ex. : le flacon d'un parfum). Il protège le produit.

L'emballage correspond à l'ensemble des éléments vendus avec le produit pour assurer sa présentation, sa conservation ou son transport (ex. : la boîte en carton d'un parfum).

Le packaging désigne de façon plus large l'aspect extérieur du produit (*design*, forme…). Il met en valeur le produit.

DOC. 3 Les symboles liés au recyclage

- Participe au financement d'un système de gestion des déchets d'emballages
- Contient des matériaux recyclés
- PRÉSERVE LA COUCHE D'OZONE — Ne porte pas atteinte à la couche d'ozone
- 1 PETE — Plastique recyclé
- Produit récupérable pour le recyclage
- Verre recyclable
- alu — Aluminium recyclé

ANNEXE 1 Conditionnement et emballage

Produits	Éléments qui relèvent de l'emballage/du conditionnement	Fonction par rapport au produit
X-TRA est une marque déposée par les sociétés Henkel France, France / Henkel AG & Co. KGaA, Allemagne.  Lot de 2 bidons de lessive		
 Pack de 6 canettes 33 cl		
 Brique de lait 1 L		

ANNEXE 2 Sélection de produits respectueux de l'environnement

Bouteille de bière en verre recyclé	☐	☐	☐	☐	☐	☐
Déodorant spray	☐	☐	☐	☐	☐	☐
Pack de bouteilles d'eau minérale	☐	☐	☐	☐	☐	☐
Canette de soda	☐	☐	☐	☐	☐	☐
Pot de sauce tomate	☐	☐	☐	☐	☐	☐

MISSION 5

Connaître les signes de qualité

Bonjour,
Nous avons programmé une animation pour la semaine prochaine, qui vise à mettre en avant les produits issus de la tradition et du savoir-faire français. À l'aide de la liste des signes de qualité (doc.), sélectionnez les produits qu'il conviendrait d'ajouter à la sélection à présenter aux clients (annexe 1). Puis, afin de vous préparer aux questions des clients, listez les points forts de ces trois produits retenus pour l'animation (annexe 2).
Merci,
Arthur

DOC. Liste des signes de qualité

Sigles	Caractéristiques
Label Rouge	Label rouge : distingue le produit qui, par ses conditions de production ou de fabrication, a un niveau de qualité supérieur aux autres produits similaires.
FAIRTRADE	*Fair trade* Max Havelaar : garantit que la marchandise est issue du commerce équitable, c'est-à-dire que le producteur perçoit une juste rémunération de son travail dans un cadre social et environnemental préservé (interdiction de faire travailler les enfants, de surexploiter les sols...).
AB AGRICULTURE BIOLOGIQUE	Certifié AB (Agriculture Biologique) : certifie que le mode de production allie le respect de la biodiversité et la préservation des ressources naturelles.
	Label bio de l'Union européenne : garantit que le produit respecte la réglementation de l'Union européenne sur l'agriculture biologique.
Indication géographique protégée	IGP (Indication Géographique Protégée) : identifie un produit agricole dont la qualité, la réputation ou d'autres caractéristiques sont liées à son origine géographique.
Appellation d'origine protégée	AOP (Appellation d'Origine Protégée) : identifie un produit réalisé selon un savoir-faire reconnu dans une même aire géographique, qui lui donne ses caractéristiques et protège le nom du produit dans l'Union européenne.
AOC appellation d'origine contrôlée France	AOC (Appellation d'Origine Contrôlée) : désigne un produit répondant aux critères de l'AOP et protège le nom du produit sur le territoire français.
PÊCHE DURABLE MSC	« Conseil pour la bonne gestion des mers », abrégé « MSC » : garantit que les produits de la mer et de la pêche ont été pêchés durablement, en respectant les stocks de poissons et les écosystèmes marins.
CE	Marquage CE (Conformité européenne) : indique la conformité du produit aux législations de l'Union européenne.
SAVEUR DE L'ANNÉE 2022	Saveur de l'année : récompense remise chaque année à environ 160 produits agroalimentaires particulièrement appréciés des consommateurs.

ANNEXE 1 Sélection de produits pour l'animation

Produits	Sélection	Justification
Miel de Corse Agriculture biologique	☐ Oui ☐ Non	
Jouet en bois norme CE	☐ Oui ☐ Non	
Beurre de Charentes-Poitou AOP	☐ Oui ☐ Non	
Sauce tomate spéciale pizza Saveur de l'année	☐ Oui ☐ Non	

ANNEXE 2 Produits retenus

Produit	Points forts

À VOUS DE JOUER !

À l'aide de la vidéo, expliquez l'intérêt pour le client et le magasin de proposer des informations nutritionnelles *via* l'application Casino Max.

liennathan.fr/2xt5m2

MISSION 6

Identifier les marques

Je souhaite vous sensibiliser aux différentes marques présentes dans le magasin. Les marques nationales partagent les rayons avec les MDD (marques de distributeur). Prenez connaissance de la définition d'une marque (doc. 1) et de la place que prennent les MDD dans la grande distribution (doc. 2). Nous devons nous assurer que nous sommes en phase avec les nouvelles attentes des consommateurs. À l'aide des doc. 3 et 4, identifiez les types de MDD de l'enseigne Casino (annexe 1) et vérifiez que les données au niveau national correspondent aux prix relevés dans notre Casino (annexes 2 et 3).

DOC. 1 Définition de la marque

La marque est un signe distinctif qui permet au consommateur de distinguer le produit ou le service d'une entreprise de ceux proposés par la concurrence. Une marque peut être matérialisée par un nom propre, un mot, une expression ou un symbole.

DOC. 2 La place des MDD dans la grande distribution

Une MDD, marque de distributeur, est une marque propre à l'enseigne de distribution. Ces produits sont vendus à des prix inférieurs au prix des marques nationales. En termes de qualité, les MDD se sont améliorées ces dernières années. Elles représentent près de 33 % du chiffre d'affaires dans la grande distribution en 2022. La grande distribution propose des MDD de gamme pour être concurrentielle et s'adapter aux évolutions des attentes des consommateurs.

DOC. 3 Les différentes MDD

MDD premier prix	MDD cœur de gamme	MDD de gamme ou thématiques
Produit de qualité inférieure à la marque nationale avec un prix réduit de moitié. Ex. : Carrefour Discount.	Son objectif est de concurrencer la marque nationale en fixant un prix 20 à 30 % moins cher tout en assurant un bon niveau de qualité. Ex. : Carrefour.	Il s'agit d'affirmer sa différence en répondant aux attentes de cibles porteuses. Ex. : Carrefour bio, Carrefour Éco Planet.

DOC. 4 Les MDD de Casino

MDD Casino	Caractéristiques
Guichard Perrachon	Épicerie fine sucrée et salée
Casino Délices	Produits gourmands, raffinés et originaux
Casino ça vient d'ici	Spécialités de chaque terroir
Casino avenir	Produits d'entretien de la maison en faveur du développement durable, certifiés label écologique
Veggie Casino	Produits végétariens
Ysiance	Gamme de produits beauté, offre de formules bio
Tous les jours	Produits qui recouvrent l'ensemble des besoins essentiels du quotidien avec les prix les plus bas du rayon
Terre et Saveurs	Produits frais issus des meilleurs terroirs et modes de production ou d'élevage de qualité
Casino	Bon rapport qualité/prix
Casino bio	Produits issus de l'agriculture biologique

ANNEXE 1 Typologie des MDD de l'enseigne Casino

Types de MDD	MDD de l'enseigne Casino
MDD premier prix	....
MMD cœur de gamme	....
MDD de gamme ou thématique	....

ANNEXE 2 Part des MDD dans le chiffre d'affaires

Marques rayon épicerie 2022	CA en €	CA total en €	% du CA du rayon	Part au niveau national
Marques premier prix	75 123			
Marques cœur de gamme	114 765	....	....	33 %
Marques de gamme	133 947			
Marques nationales		551 396	....	....
Total	....		**100 %**	

ANNEXE 3 Relevé des prix

Prix marques nationales	Prix MMD	Écarts en valeur	Écarts en %	Écarts au niveau national en %
Pack de 12 yaourts aux fruits Danone **3,74 €**	Pack de 12 yaourts aux fruits Casino **2,40 €**	....	....	20 % (alimentaire)
Gel douche Sanex **3,60 €**	Gel douche Ysiance **2,50 €**	....	....	30 % (non-alimentaire)
Lessive liquide Skip **5,79 €**	Lessive liquide Casino **4,65 €**	....	....	30 % (non-alimentaire)

À VOUS DE JOUER !

Flashez le QR Code et répondez à la question sur les différences entre les marques et les MDD.

liennathan.fr/9d2n6c

Évaluez votre réussite du dossier P. 9

SYNTHÈSE

liennathan.fr/m26c5m

1 Distinguer les produits et services

Biens	Services
....	....
....	
....	....
....	

2 Situer le produit dans son cycle de vie

Les quatre phases du cycle de vie d'un produit :			
1	2	3	4 ....

3 Caractériser l'assortiment du point de vente

L'assortiment se caractérise par :

- ....
- ....
- ....

4 5 Distinguer emballage et conditionnement et connaître les signes de qualité

.... →

.... →

← ....

6 Identifier les marques

3 types de MDD :		
1	2	3 ....

MOTS-CLÉS

Bien • conditionnement • emballage • MDD • marque • packaging • service • signe de qualité

QUIZ liennathan.fr/jk58x6 SCORE ....

APPLICATION ★

1 Connaître les exigences liées au développement durable et à l'éthique

Vous travaillez dans une épicerie fine qui vend des spécialités locales haut de gamme. Votre clientèle est principalement constituée d'actifs qui travaillent ou habitent en centre-ville. Vous devez adapter votre offre à cette clientèle de plus en plus sensibilisée aux questions environnementales. L'emballage de vos produits doit répondre aux attentes des consommateurs en matière de recyclage des déchets.

● **À partir du document, réalisez un tableau comparatif des matériaux.**

Matériau	Points forts	Points faibles	Exemples de produits
Plastique			
Aluminium			
Verre			
Carton			

DOC. Les matériaux

Le plastique est composé de pétrole. Plus léger que le verre et plus abordable que d'autres matériaux, il est réputé pour sa praticité et sa polyvalence. Hygiénique et offrant une très bonne sécurité alimentaire, le plastique permet également une meilleure conservation des produits.

Le verre apporte une touche traditionnelle et qualitative au contenu. Il est transparent et offre un aperçu du produit. Cependant, en cas de casse, il reste fragile et dangereux. Le verre permet de conserver longtemps un produit. Il peut être recyclé et réutilisable.

L'aluminium est plus cher. Mais c'est un matériau léger. Il offre une grande protection et assure la sécurité du contenu. Il permet de réduire le poids de l'emballage total, limitant ainsi la consommation d'énergie lors du transport. Il empêche le consommateur de voir ce que contient le packaging.

Le carton est biodégradable, facilement recyclable ou réutilisable et peu coûteux. Il est moins résistant ou imperméable. Le carton supporte plusieurs méthodes d'impression : les couleurs, les motifs et les finitions ressortent très bien. Léger et peu encombrant, le carton peut être stocké à plat lors du transport.

APPLICATION

1.1. Mener une recherche et une veille d'information

2 Identifier les informations obligatoires

En période de formation professionnelle chez Carrefour, une cliente vous interpelle alors que vous approvisionnez le rayon Petit Déjeuner. Elle cherche pour ses enfants des céréales au chocolat qui leur apportent assez d'énergie pour tenir jusqu'au déjeuner, et pour elle, des céréales saines et équilibrées pour garder la ligne. Elle vous questionne sur la signification du logo Nutri-Score indiqué sur les paquets de céréales qu'elle a repérés. Vous vous documentez sur le Nutri-Score (doc. 1) afin de lui répondre.

1 **Réalisez une étude comparative de ces différents produits.**

Produits	Qualités nutritionnelles	Points faibles
Muesli bio Björg sans sucres ajoutés		
Corn Flakes de Kellogg's		
Céréales Fitness au chocolat noir de Nestlé		
Chocapic de Nestlé		
Trésor de Kellogg's		
Extra de Kellogg's		

2 **En binôme, formulez votre réponse argumentée à la cliente : que lui conseilleriez-vous d'acheter pour elle ? pour ses enfants ?**

DOC. 1 Le Nutri-Score : l'information nutritionnelle en un coup d'œil

www

Pour rendre plus lisible et compréhensible l'étiquetage nutritionnel, un logo peut désormais être apposé sur les emballages. Conçu dans le cadre du Programme National Nutrition Santé, le Nutri-Score fait ainsi progressivement son apparition dans les rayons. Obligatoire sur tous les aliments préemballés, le tableau des valeurs nutritionnelles est bien souvent difficile à décrypter pour les consommateurs. Valeur énergétique des produits, teneurs en graisses, acides gras saturés, glucides, sucres, protéines et sel pour 100 g ou 100 ml de produit : les informations y sont nombreuses. [...] Dans le cadre de la loi de Santé de 2016, le gouvernement français a recommandé la mise en place d'une information nutritionnelle claire, visible, et facile à comprendre pour tous. L'objectif : améliorer l'information nutritionnelle figurant sur les produits et ainsi aider les consommateurs à acheter des aliments de meilleure qualité nutritionnelle.

www.mangerbouger.fr

Le Nutri-Score
liennathan.fr/6so4k7

DOC. 2 Produits repérés par la cliente

Muesli bio Björg sans sucres ajoutés

Valeur nutritionnelle *pour 100 g*	
• Calories : 362 kcal	NUTRI-SCORE : A
• Protéines : 11,3 g	
• Glucides : 58,6 g	
• Lipides : 7,4 g	

Corn Flakesde Kellogg's

Valeur nutritionnelle *pour 100 g*	
• Calories : 372 kcal	NUTRI-SCORE : B
• Protéines : 7 g	
• Glucides : 84 g	
• Lipides : 0,9 g	

Céréales Fitness au chocolat noir de Nestlé

Valeur nutritionnelle *pour 100 g*	
• Calories : 386 kcal	NUTRI-SCORE : C
• Protéines : 7,8 g	
• Glucides : 74,6 g	
• Lipides : 6,3 g	

Chocapic de Nestlé

Valeur nutritionnelle *pour 100 g*	
• Calories : 376 kcal	NUTRI-SCORE : D
• Protéines : 7,3 g	
• Glucides : 75,8 g	
• Lipides : 4,8 g	

Trésor de Kellogg's

Valeur nutritionnelle *pour 100 g*	
• Calories : 450 kcal	NUTRI-SCORE : D
• Protéines : 8 g	
• Glucides : 67 g	
• Lipides : 16 g	

Extra de ‹Kellogg's

Valeur nutritionnelle *pour 100 g*	
• Calories : 566 kcal	NUTRI-SCORE : E
• Protéines : 16 g	
• Glucides : 64 g	
• Lipides : 26 g	

3 Analyser un packaging

Vous travaillez pour Active, une marque de cosmétiques composés uniquement d'ingrédients naturels, basée à Albi dans le Tarn. Active distribue ses soins et cosmétiques bio dans toute la France à des prix abordables. La PDG, Mme Reda, souhaite élargir sa clientèle et toucher une clientèle plus haut de gamme. Sa cible est la femme active. Elle s'est adressée à une agence de communication visuelle qui a conçu un projet de packaging pour sa nouvelle crème de jour.

PROJET DE PACKAGING

● **En binôme, analysez le projet de packaging par rapport à la cible visée.**

Couleur	Forme	Graphisme	Matériau
....	....	....	....

Propositions d'amélioration
....

DOC. Les messages véhiculés par le packaging

Le packaging est un support incontournable qui permet de positionner un produit sur le marché et par rapport à la concurrence. Il permet de communiquer sur l'aspect commercial du produit et sur l'image que peut renvoyer le produit. Le message à destination du client doit être clair : il se fait à travers les couleurs, les formes, la police de caractères, les visuels, les matériaux.

Couleur	Graphisme	Forme du produit	Matériau
Blanc : pureté, hygiène, neutralité **Bleu :** espace, liberté, hauteur, fraîcheur **Marron :** tradition, authenticité, maturité **Noir :** luxe, tristesse **Rouge :** chaleur, passion, amour **Vert :** nature, écologie, environnement	**Police épaisse :** masculinité, puissance, force, rigueur **Police fine ou arrondie :** féminité, légèreté	**Arrondie, courbée :** souplesse, douceur, féminité	**Bois :** tradition **Verre :** luxe, nature **Métal :** qualité

DOSSIER 4

Identifier les composantes du prix

COMPÉTENCE

Assurer la veille commerciale

- Rechercher, hiérarchiser, exploiter et actualiser en continu les informations sur l'entreprise et son marché

RÉSULTATS ATTENDUS

- L'information recueillie et sélectionnée est fiable, récente et utile
- Les produits commercialisés sont connus et leurs caractéristiques techniques sont maîtrisées

Prix : définition simple et traduction
liennathan.fr/z4rpua

- D'après la vidéo, que pensez-vous de « le prix n'a pas d'équivalent » ?
- Proposez un synonyme de *prix*.

Contexte professionnel

Les filles d'abord BOUTIQUE

Vous effectuez votre période de formation en milieu professionnel (PFMP) au sein de la SARL Les filles d'abord. Cette petite boutique de 60 mètres carrés située à Châtillon-sur-Seine (21) est spécialisée dans le prêt-à-porter féminin. La gérante, Catherine Blachet, propose également un site marchand et, depuis la crise du Covid, elle développe le système de ventes en live via les réseaux sociaux. Elle envoie maintenant des colis dans la France entière. Les client(e)s apprécient les prix attractifs, les conseils et la bonne humeur dans cette enseigne.

Votre tutrice s'est rendue la semaine dernière à Paris chez différents grossistes pour choisir sa nouvelle collection printemps-été. Elle réceptionne ce matin plusieurs colis et doit procéder à l'étiquetage des prix.

Fiche d'identité de l'entreprise

Raison sociale	....
Activité	Vente de prêt-à-porter
Type de commerce	....
Statut juridique	....
Produits vendus	Vêtements, bijoux, foulards, sacs à main
Localisation	....
Méthodes de vente	....

1 Citez deux éléments susceptibles d'influencer Mme Blachet pour fixer ses prix.

2 Quelle est l'importance du prix dans vos décisions d'achat ?

MISSION 1

Calculer le coût d'achat

Avant de fixer le prix d'un vêtement, je dois d'abord calculer son coût d'achat. Ce n'est pas simplement le prix auquel j'ai acheté cet article chez le grossiste. Il faut aussi prendre en compte d'autres frais comme les frais de transport par exemple.
À l'aide de la méthode de calcul (doc. 1) et de la fiche d'identité de la robe (doc. 2), je vous demande de déterminer le coût d'achat de la robe d'été que je viens de recevoir (annexe 1).

DOC. 1 Le coût d'achat

Le coût d'achat est la somme que le commerçant doit débourser pour acquérir la marchandise.
Il s'obtient à partir du prix d'achat augmenté des frais d'achat et diminué des éventuelles réductions obtenues.

Prix d'achat HT
(prix de la marchandise hors taxes)
–
Réductions
+
Frais d'achat
(frais de transport, frais d'emballage)
= Coût d'achat HT

DOC. 2 Fiche d'identité de la robe

Robe Flower
Prix d'achat HT : 6,90 €
Réduction obtenue : 0,90 € par robe
Frais de livraison : 9 € pour 1 carton de 15 robes
Coloris : jaune, orange, rouge, rose, bleu, vert
Taille unique
Grossiste : Au Bonheur des Femmes

ANNEXE 1 Calcul du coût d'achat de la robe Flower

Éléments du coût d'achat	Détail des calculs	Résultat
Prix d'achat HT		....
– Réduction		....
+ Frais d'achat	....	....
= Coût d'achat	....	....

Depuis 15 ans, je suis fidèle au grossiste Lavaud Distribution, qui m'accorde une réduction commerciale de 12 % sur chacune de mes commandes. Je viens de recevoir une commande de trois modèles de sacs.
À partir du doc. 3, déterminez le type de réduction dont je bénéficie et calculez le prix d'achat net des produits que je viens de recevoir (annexe 2).

DOC. 3 Les réductions commerciales : la règle des 3 R

Rabais	Réduction exceptionnelle accordée à un client liée à un défaut de qualité du produit ou à un retard de livraison. **Ex.** : 25 % de réduction si le vêtement présente un défaut ou si la commande arrive avec 7 jours de retard.
Remise	Réduction accordée de façon habituelle, liée à la qualité du client ou à l'importance des quantités achetées. **Ex.** : Une réduction de 10 % appliquée aux clients professionnels par rapport aux particuliers.
Ristourne	Réduction obtenue à la fin d'une période donnée (1 mois, 1 trimestre, 1 an...) et calculée sur le montant des sommes dépensées. **Ex.** : Une réduction de 10 % calculée sur le montant total des achats déjà réalisés au bout de 10 passages en caisse.

FORMULE

Montant de la réduction

$$= \frac{\text{Prix achat} \times \text{taux de réduction}}{100}$$

ANNEXE 2 Calcul du coût d'achat des produits

Nom du fournisseur	....		
Type de réduction	....		
Taux de réduction	....		
Produits	 **Sac raphia Volina**	 **Sac Pharaon**	 **Sac Tendance Mer**
Prix d'achat HT	15 €	11,50 €	13,50 €
Montant de la réduction	....	....	....
Prix achat net HT	....	....	....

À VOUS DE JOUER !
Flashez le QR Code et répondez au quiz sur les réductions commerciales.
liennathan.fr/mcmips

MISSION 2

Définir sa marge pour être rentable

De : c.blachet@lesfillesdabord.fr
À : stagiaire@lesfillesdabord.fr
Objet : Marge des T-shirts Fashion

Mon enseigne doit rester la plus compétitive possible tout en satisfaisant la clientèle. Pour être rentable et déterminer correctement mon prix de vente, je dois ajouter une marge à mon prix d'achat HT.
À partir du doc. 1, indiquez le montant de la marge à appliquer sur mes T-shirts (doc. 2) en complétant l'annexe 1.
Mme Blachet

DOC. 1 La marge

La marge est un indicateur indispensable au chef d'entreprise. Le prix de vente doit intégrer la marge.
La marge est la différence entre le prix de vente HT (PV HT) et le coût d'achat des marchandises.
Son calcul permet d'éviter les pertes.

La marge permet de couvrir de nombreux frais :
- les charges dites « de fonctionnement » (ex. : électricité, assurance, loyer, frais de communication...) ;
- les diverses rémunérations (salariés et chef d'entreprise) ;
- les différentes taxes (impôts, taxe foncière...).

DOC. 2 T-shirts Fashion

FORMULE

Marge commerciale = PV HT – Coût d'achat
PV HT = Coût d'achat + Marge commerciale

T-shirts Fashion

- Coût d'achat : 9 €
- Prix de vente HT = 15,75 €

ANNEXE 1 Calcul de la marge des T-shirts

Marge commerciale .... = Prix de vente HT .... – Coût d'achat ....

D'après vous, à quoi va servir la marge dans ma boutique ?

....

....

Le coefficient multiplicateur est un indicateur qui me facilite beaucoup la tâche pour l'étiquetage des produits ! Mon comptable M. Lires m'a envoyé ce matin un mail explicatif (doc. 3) pour m'aider à fixer mes prix. Prenez-en connaissance et référez-vous à la facture en pièce jointe (doc. 4) pour calculer le prix de vente unitaire des produits (annexe 2).

ÉCO-DROIT
MODULE 1
liennathan.fr/kyrqpa

DOC. 3 Mail de M. Lires

De : c.lires@cabinetcomptable.fr
À : c.blachet@lesfillesdabord.fr
Objet : coefficients multiplicateurs
PJ : facture.pdf

Mme Blachet,
Je viens d'étudier votre dossier et vos résultats pour l'année en cours. Afin de garantir la rentabilité de votre point de vente, je vous conseille d'appliquer un coefficient multiplicateur à votre coût d'achat pour fixer vos prix de vente. Vous gagnerez du temps et serez assurée de couvrir l'ensemble de vos charges ainsi que le montant de la TVA.
Nous avons calculé les coefficients multiplicateurs minimaux des produits que vous proposez :

T-shirts : 2,1
Robes, tuniques, chemises, pantalons : 2,4
Sacs à main et chaussures : 3
Foulards et écharpes : 2,5
Bijoux : 3

N'hésitez pas à contacter notre cabinet pour toute précision.
Cordialement,
Christophe Lires

FORMULES

PV TTC* = Coût d'achat HT × Coefficient multiplicateur

Coefficient multiplicateur = $\frac{\text{PV TTC*}}{\text{Coût d'achat HT}}$

(*PV TTC = prix de vente toutes taxes comprises)

DOC. 4 Pièce jointe : facture (extrait)

SARL Au Bonheur des Femmes
54 rue Saint-Bobain
Bat. 210
75011 PARIS

BLACHET Catherine
Place de la Ville-du-Puy
21400 CHÂTILLON-SUR-SEINE
France

Code client	3563
Mode règlement	Carte Bleue à distance
TVA CEE	

Références	Désignation	Qté	PU HT	% remise	PU HT rem	Montant HT	Code TVA
831927	T-shirt Fashion	8	9,00		9,00	72,00	3
831834	Robe street	15	7,50		7,50	112,50	3
832094	Sac cuir	3	17,50		17,50	52,50	3

ANNEXE 2 Calcul du prix de vente unitaire TTC

Produits	Coût d'achat	Coefficient multiplicateur	PV TTC
………………	………………	………………	………………
………………	………………	………………	………………
………………	………………	………………	………………

Vérification du coefficient multiplicateur sur le T-shirt Fashion :
……………………………………………………………………………………

MISSION 3

Intégrer la TVA au prix de vente HT

À présent que vous avez compris l'importance de calculer le coût d'achat, vous devez identifier un autre élément non négligeable : la TVA. Cette taxe est due à l'État, il est indispensable de la prendre en compte !
Pour vous aider à comprendre ce mécanisme, je vous invite à lire les doc. 1, 2 et 3. Puis, vous compléterez le tableau (annexe 1) pour déterminer le prix de vente TTC (toutes taxes comprises) des articles, sachant que le taux de TVA est de 20 % pour l'ensemble de mes produits.
J'organise aussi des soirées VIP avec buffet pour mes clientes fidèles : je m'approvisionne auprès de Coco épicerie fine, qui propose des produits raffinés de consommation courante. Vous déterminerez la TVA des produits que je peux acheter dans cette épicerie (annexe 2). Vous arrondirez vos calculs à deux décimales. Bon courage !

DOC. 1 La TVA

La taxe sur la valeur ajoutée (TVA) est un impôt indirect payé par le consommateur et collecté par les entreprises. Elle représente la différence entre le prix hors taxes (HT) et le prix toutes taxes comprises (TTC).

Ex. : si le prix est de 10 € avec un taux de TVA à 20 %, TVA = 10 × 20 ÷ 100 = 2 €.

FORMULES

TVA = Prix HT × Taux de TVA ÷ 100
Prix TTC = Prix HT + TVA

DOC. 2 Calcul du prix HT et du prix TTC à partir de la TVA

Le prix TTC est calculé ainsi :	Prix TTC = Prix HT × (1 + taux de TVA ÷ 100)
Pour une TVA à 20 % :	Prix TTC = Prix HT × 1,20
Pour une TVA à 10 % :	Prix TTC = Prix HT × 1,10
Pour une TVA à 5,5 % :	Prix TTC = Prix HT × 1,055
Pour une TVA à 2,1 % :	Prix TTC = Prix HT × 1,021
Le prix HT est calculé ainsi :	Prix HT = Prix TTC ÷ (1 + Taux de TVA ÷ 100)
Ex. : Si le Prix HT est de 10 € avec une TVA de 20 % : PV TTC = 10 × (1 + 20 ÷ 100) = 10 × 1,2 = 12 €.	

DOC. 3 Liste des taux de TVA applicables en France selon le type de biens

	Taux de TVA	Biens concernés
Taux normal de TVA	20 %	La majorité des biens : tous les produits non concernés par les autres taux
Taux réduit de TVA	10 %	L'hébergement, le transport, la restauration, les travaux de rénovation des logements, etc.
	5,5 %	Les produits de première nécessité tels que les produits alimentaires, les abonnements aux gaz et à l'électricité, les équipements et services pour personnes handicapées, etc.
	2,1 %	Les médicaments remboursés et la presse

www.economie.gouv.fr

ANNEXE 1 Calcul de la TVA et du PV TTC d'articles de la boutique Les filles d'abord

Articles	PV HT	Détail du calcul du montant de la TVA	Montant de la TVA	PV TTC
 Pantalon basique	36,00 €			
 Jupe jean	39,60 €			
 Robe Flower	18 €			
 T-shirt Fashion	18,90 €			

ANNEXE 2 Calcul de la TVA et du PV HT de produits de Coco épicerie fine

Produits	PV TTC	Taux de TVA applicable	Montant de la TVA	Détail du calcul du PV HT	PV HT*
Caviar d'aubergines 	3,32 €	5,5 %			
Oursons à la guimauve 	3,67 €	20 %			
Préparation pour thé glacé 	8,54 €	5,5 %			
Paquet de chips 	2,18 €	5,5 %			

* Arrondir les résultats à deux décimales.

À VOUS DE JOUER !

Flashez le QR Code et repérez l'étendue des prix du magasin (articles le plus cher et le moins cher). Calculez la TVA sur chacun des deux articles retenus.

liennathan.fr/5gcxoq

MISSION 4 — Tenir compte de la demande et de la concurrence

De :	c.blachet@lesfillesdabord.fr
À :	stagiaire@lesfillesdabord.fr
Objet :	Baisse des ventes sur les bijoux

Bonjour,

Je suis située en zone rurale : les clients se déplacent de moins en moins et achètent de plus en plus sur Internet. Face à la montée en puissance du e-commerce, j'ai créé ma boutique en ligne (doc. 1) en plus du magasin.

J'ai constaté que les clients se renseignaient sur les prix avant de se déplacer en magasin, notamment sur les sites comparateurs de prix (doc. 2). Ils sont devenus acteurs du processus d'achat : ils connaissent les prix pratiqués chez les concurrents, les réductions auxquelles ils peuvent prétendre…

J'ai constaté une baisse des ventes sur les bijoux. Je vous demande de vérifier mes prix par rapport à ceux de la concurrence sur le Web en complétant l'annexe.

Catherine Blachet

DOC. 1 Boutique en ligne Les filles d'abord

WWW

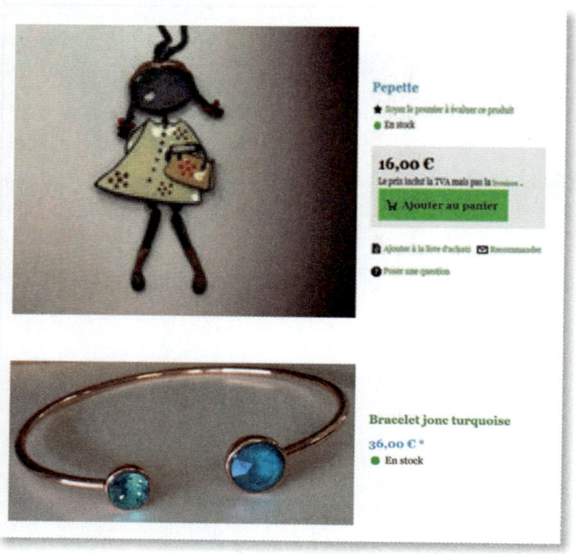

DOC. 2 Idealo, le site comparateur de prix

WWW

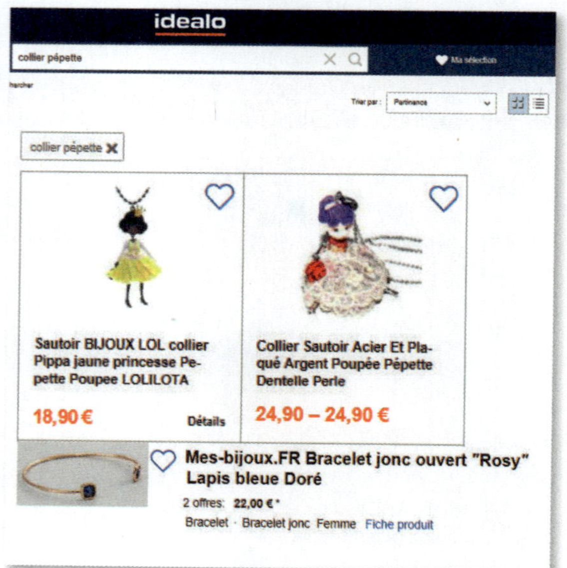

ANNEXE Comparaison des prix des bijoux

Bijoux	Prix *Les Filles d'abord*	Prix concurrence	Conclusion
Collier Pepette	....	....	....
Bracelet jonc	....	....	....

À VOUS DE JOUER !

Flashez le QR Code et répondez à la question à l'aide du site www.idealo.fr.

liennathan.fr/tv5rgh

MISSION 5

Respecter la réglementation

J'ai peu de contraintes réglementaires pour fixer mes prix dans ma boutique. C'est le principe de la liberté des prix. Néanmoins, les commerçants doivent respecter quelques principes de base, y compris pendant les périodes de promotions. Dans l'arrivage de ce matin, j'ai reçu des chemisiers et des vestes que j'ai étiquetés. À partir du doc. 1 et de la facture (doc. 2), complétez l'annexe pour vérifier que la réglementation est bien respectée.

DOC. 1 La liberté des prix

L'article 1er de l'ordonnance du 1er décembre 1986 pose le principe de la liberté des prix dans le commerce dans le respect de la libre concurrence. L'État n'intervient pas, sauf dans quelques situations particulières :

→ **La revente à perte**
Il est interdit de revendre un bien ou un service à un prix inférieur à son prix d'achat. Des exceptions sont toutefois prévues pour les produits périssables, saisonniers ou lors des périodes de soldes ou de liquidation.
Ex. : *Les produits alimentaires dont la date limite de consommation est très proche.*

→ **Les prix abusivement bas**
Ce sont des prix fixés intentionnellement très bas et qui ont pour but d'empêcher un concurrent ou l'un de ses produits d'accéder à un marché, c'est une entrave à la libre concurrence.
Ex. : *Une entreprise qui pourrait se permettre financièrement de vendre à prix coûtant, c'est-à-dire sans appliquer de marge, dans le but d'éliminer la concurrence.*

→ **Les prix encadrés**
L'État réglemente les prix dans certains secteurs afin de garantir la concurrence et de protéger les consommateurs d'une flambée des prix.
Ex. : *Le secteur de la santé, pour les médicaments remboursés par la Sécurité sociale ; le secteur de l'édition : la « loi Lang » a pour principe que l'éditeur impose un prix au revendeur, qui peut le réduire au maximum de 5 % (un livre affiché 10 € au dos pourra être revendu au minimum 9,95 €) ; celui du gaz et de l'électricité ; des taxis : tarif maximal du kilomètre par département.*

DOC. 2 Extrait de la facture du fournisseur

Réf.	Désignation	PU HT €	Qté	Montant HT €
CH102	Chemisier marron étoile	12	3	36
VE114	Veste jean noir	16	2	32

ANNEXE Contrôle du respect de la réglementation

Produit	Prix de vente	La réglementation est-elle respectée ?	Justification	Nouvelle proposition de prix
Chemisier	14 €	☐ Oui ☐ Non	....	....
Veste	18 €	☐ Oui ☐ Non	....	....

Sinon, quand Catherine Blachet peut-elle pratiquer ces prix ?

....

....

MISSION 6

Vérifier la rentabilité

Vous avez compris comment se composait un prix, il nous reste une dernière étape : vérifier si nous sommes rentables. J'utilise régulièrement deux ratios qui me permettent de faire des comparaisons dans le temps, entre concurrents ou entre produits. Vous allez m'aider à procéder à cette vérification.
Vous pouvez vous référer à la fiche technique (doc.).
Mon comptable, M. Lires, édite chaque année un tableau de bord grâce à un logiciel de gestion. Je peux alors visualiser l'ensemble de mes résultats et prendre avec lui les bonnes décisions pour améliorer ma rentabilité.
Vérifiez la rentabilité de mes articles en début de saison (annexe 1). Vous entourerez en vert le produit le plus rentable, et en rouge le produit le moins rentable.
En fin de saison, je profite des soldes pour écouler mon stock et faire place à la nouvelle collection. Je solde l'ensemble de mes produits au taux unique de 50 %.
La rentabilité n'est plus la même. La marge baisse si on diminue le prix de vente.
Calculez les nouveaux PV HT, les taux de marge et les taux de marque de ces mêmes produits, puis analysez leur rentabilité en fin de saison (annexe 2).
Vous me ferez part de votre constat (annexe 3).

DOC. Fiche technique

RAPPEL
Marge commerciale
= Prix de vente HT – Coût d'achat HT

Le taux de marge

Le taux de marge est l'indicateur le plus couramment utilisé par les entreprises car il représente son pouvoir de négociation envers ses fournisseurs.

$$\textbf{Taux de marge} = \frac{\text{Marge commerciale}}{\text{Coût d'achat HT}} \times 100$$

Il est exprimé en pourcentage pour faciliter les comparaisons. Plus le taux de marge est élevé, plus l'entreprise réussit à négocier des prix bas avec ses fournisseurs, et plus elle est rentable.

Exemple :
Pour une veste vendue 50 € et achetée 40 € :
Marge = 50 – 40 = 10 • Taux de marge = 10 / 40 × 100 = 25 %
La même veste vendue 50 € et négociée 30 € :
Marge = 50 – 30 = 20 • Taux de marge = 20 / 30 × 100 = 66,67 %

Le taux de marque

Le taux de marque exprime la performance, la rentabilité globale de l'entreprise.

$$\textbf{Taux de marque} = \frac{\text{Marge commerciale}}{\text{Prix de vente HT}} \times 100$$

Il est exprimé en pourcentage pour faciliter les comparaisons. Plus le taux est élevé, plus l'entreprise est performante. Il permet aussi de calculer le prix de vente HT d'un produit en fonction de la marge que l'entreprise souhaite réaliser.

Exemple :
Pour une veste vendue 50 € et achetée 40 € :
Marge = 50 – 40 = 10 • Taux de marque = 10 / 50 × 100 = 20 %
La même veste vendue 60 € et achetée 40 € :
Marge = 60 – 40 = 20 • Taux de marque = 20 / 60 × 100 = 33,33 %

ANNEXE 1 Vérification de la rentabilité des produits en début de saison

	Coût d'achat	PV HT	Marge en €*	Taux de marge en %*	Taux de marque en %*
 Pochette zèbre	15,00 €	37,50 €			
 Boucles d'oreilles Ethnik	4,60 €	11,50 €			
 Chemisier Holiday	15,30 €	32,00 €			

*Arrondir les résultats à deux décimales.

ANNEXE 2 La rentabilité des produits en fin de saison

	Coût d'achat	PV HT soldé	Marge en €*	Taux de marge en %*	Taux de marque en %*
 Pochette zèbre	15,00 €				
 Boucles d'oreilles Ethnik	4,60 €				
 Chemisier Holiday	15,30 €				

*Arrondir les résultats à deux décimales.

ANNEXE 3 Votre constat sur la rentabilité

Évaluez votre réussite du dossier P. 9

SYNTHÈSE

liennathan.fr/z8hwve

1 2 Calculer le coût d'achat et définir sa marge pour être rentable

.... − Réduction + ... = Coût d'achat

Réduction : .... / .... / ....

.... − .... = Marge commerciale

Le coefficient multiplicateur permet d'obtenir directement le prix de vente TTC à partir du coût d'achat :

.... × .... = PV TTC

3 Intégrer la TVA au prix de vente HT

Montant de la TVA = Prix vente HT × $\frac{\text{Taux de TVA}}{100}$

PV TTC = Prix vente HT + Montant de la TVA

Les différents taux de TVA : .... % / .... % / .... % / .... %

4 Tenir compte de la demande et de la concurrence

.... ▶ Fixation du prix ◀ ....

5 6 Respecter la réglementation et vérifier la rentabilité

Les prix sont fixés librement mais l'État peut intervenir en cas de :

.... / .... / ....

Taux de marge = $\frac{\text{Marge commerciale}}{\text{..........}} \times 100$

Taux de marque = $\frac{\text{Marge commerciale}}{\text{..........}} \times 100$

MOTS-CLÉS

Coefficient multiplicateur • coût d'achat • marge • taux de marge • taux de marque • TVA

QUIZ liennathan.fr/aa0e1a SCORE ....

APPLICATION ★ pix 1.2. Gérer des données 1.3. Traiter des données

1 Identifier les réductions et la TVA dans le prix de vente

Vous êtes en PFMP au sein de l'enseigne Sport 2000 ; le responsable du club de handball de la ville, Benoît Fleuret, est passé au magasin pour se renseigner sur les tarifs car il envisage une commande d'équipement pour les équipes Jeunes (doc. 1).
Votre tuteur, M. Carlos, vous informe qu'un partenariat a été mis en place avec les clubs de la ville, leur accordant une réduction de 5 % sur le montant hors taxes de l'ensemble des produits.
Vous consultez le catalogue Club&co (doc. 2).

1 **Identifiez le type de réduction accordée au club de handball.**

....

2 **Pour répondre à la demande du client, complétez le tableau fourni sous Excel (D04_appli1_sport2000.xls). Vous déterminerez le prix de vente net HT, le montant de la TVA et le prix de vente TTC. (Le taux de TVA est de 20 %.)**

DOC. 1 Demande du client

Bonjour, je suis à la recherche de matériel d'entraînement pour notre club de hand. Nous aurions besoin de buts gonflables, de disques pour délimiter le terrain, de cônes simples de 30 cm de hauteur, d'échelles de rythme simple de 8 mètres et de ballons taille 0. Quels tarifs me proposez-vous ?

DOC. 2 Extrait du catalogue (prix de vente HT)

APPLICATION ★

2 Affronter la concurrence par les prix

Vous réalisez votre PFMP à l'accueil du supermarché Carrefour de Brest. Une cliente se présente avec le ticket de caisse d'une bouilloire qu'elle a achetée hier dans votre magasin au prix de 24,90 € et le prospectus d'un concurrent trouvé dans sa boîte aux lettres présentant le même produit moins cher. Elle demande un remboursement, conformément à l'engagement de l'enseigne. Vous consultez la campagne de communication de l'enseigne Carrefour sur les prix imbattables (doc. 1) et le prospectus (doc. 2).

1 **Calculez le montant du remboursement à effectuer pour cette cliente.**

....

....

....

2 **Quelles autres enseignes d'autres secteurs proposant cette même stratégie connaissez-vous ?**

....

....

....

3 **Selon vous, quel est l'objectif recherché par Carrefour avec cette campagne de publicité ?**

....

....

....

4 **Selon vous, l'enseigne Carrefour risque-t-elle de perdre de l'argent en remboursant à ses clients deux fois la différence ? Justifiez votre réponse.**

....

....

....

DOC. 1 Extrait de la campagne de communication de Carrefour

DOC. 2 Extrait du catalogue de l'enseigne concurrente

APPLICATION ★★ pix 1.2. Gérer des données 1.3. Traiter des données

3 Apprécier la rentabilité

Vous êtes employé(e) en CDD pour les fêtes de Noël dans la boutique de jouets Rêves d'Enfants à Dijon. C'est la période la plus importante de l'année. Votre tutrice Béatrice Chardot vous demande de comparer les prix et les marges des produits pour identifier leur rentabilité.

1 **À partir de la facture reçue de L'Artisan du Jouet (doc. 1) et des prix affichés en rayon (doc. 2), définissez la rentabilité de chacun des jouets en complétant le tableau (D04_appli3_rentabilite.xls).**

2 **Quel produit est le plus rentable ? Comment l'expliquez-vous ?**

....

....

3 **Vous devez refaire l'implantation du rayon. Suite à vos calculs et à votre analyse, quels sont les produits à mettre en avant ?**

....

....

DOC. 1 Facture

L'Artisan du Jouet
84 rue Claude Bernard
39260 MOIRANS-EN-MONTAGNE

Total HT	489,50 €
TVA 20 %	97,90 €
Total de la facture	**587,40 €**

Facturé à :	**Envoyé à :**	**Facture n° : CS-021**
Rêves d'enfants 16 rue de la Jonquille 21000 DIJON	Rêves d'enfants 16 rue de la Jonquille 21000 DIJON	Date : 02/09/N Commande n° : 2140/2019 Échéance : 20/12/N

Référence	Quantité	Désignation	Prix unitaire HT	Montant HT
167218	3	Vache 33 cm	17,00 €	51,00 €
069575	5	Camion benne	37,00 €	185,00 €
802506	4	Robe princesse TU	41,00 €	164,00 €
724288	4	Poupée 31 cm	18,00 €	72,00 €
205600	5	Tirelire cochon céramique	3,50 €	17,50 €

DOC. 2 Produits en boutique

39,99 €

59,99 €

36,99 €

9,99 €

56,99 €

APPLICATION

1.1. Mener une recherche et une veille d'information

4 Connaître la réglementation sur les prix

Vous commencez votre PFMP au sein du département Jeunesse des éditions Nathan. Pour vous familiariser avec les spécificités du secteur, votre tutrice, Mme Kerhir, vous transmet un document sur la loi Lang (doc. 1) ainsi qu'un article concernant la loi « visant à conforter l'économie du livre » (doc. 2).

- **À l'aide des documents et de recherches sur Internet, rédigez en binôme une note structurée d'une vingtaine de lignes à l'attention de Mme Kerhir, mettant en avant :**
  - dans une introduction, un rappel sur la notion des prix encadrés ;
  - dans une première partie, le principe du prix unique selon la loi Lang ;
  - dans une seconde partie, les conditions de la nouvelle loi du 16 décembre 2021 ;
  - dans une conclusion, ce que ces lois apportent aux libraires face aux géants du web tel qu'Amazon.

DOC. 1 Le prix unique du livre

Promulguée le 10 août 1981, la loi sur le prix unique du livre (dite « loi Lang ») est entrée en vigueur le 1er janvier 1982 en instaurant le système du prix unique du livre en France : toute personne qui publie ou importe un livre est tenue de fixer pour ce livre un prix de vente au public. Quelle que soit la période de l'année, ce prix doit être respecté par tous les détaillants (grande surface spécialisée, hypermarché, maison de la presse, grossiste, librairie traditionnelle ou en ligne), qui n'ont la faculté d'accorder des rabais que s'ils sont limités à 5 % du prix déterminé par l'éditeur.

Syndicat national de l'édition

DOC. 2 Livres : vote de la loi de soutien aux libraires face à Amazon

Quarante ans après la loi Lang sur le prix unique du livre, votée en 1981, c'est une autre loi importante qui vient rassurer les professionnels du livre, toujours inquiets de la concurrence des grandes plateformes de vente en ligne. La loi « visant à conforter l'économie du livre et à renforcer l'équité et la confiance entre ses acteurs », portée par la sénatrice LR Laure Darcos, a été adoptée à l'unanimité au Sénat après sa deuxième lecture, jeudi 16 décembre, entérinant son vote par le Parlement.
Cette loi prévoit une protection accrue des libraires par l'obligation d'un prix plancher pour les livraisons de livres, interdisant la gratuité de ce service qui ne pourra plus « être offert par le détaillant à titre gratuit », et sera désormais facturé pour un « montant minimum ». Celui-ci doit être fixé prochainement par arrêté ministériel. Amazon s'en tenait jusqu'à présent au seuil légal de 1 centime de frais de port facturé à ses clients, impossible à suivre par les libraires. Le géant américain a déclaré que ce qu'il qualifie de « mesure sur le pouvoir d'achat s'élèverait à plus de 250 millions d'euros par an ». [...]
Le premier et le deuxième confinement, et les fermetures des librairies (finalement rouvertes le 28 novembre 2020), avaient notamment été l'occasion de rappeler la fragilité de ces commerces indépendants, pour grande partie florissants mais dont la marge est la plus basse de tous les commerces de détail. « On ne peut pas maintenir la disparité énorme de ce que coûtent les frais de port aux libraires indépendants – entre 7 et 8 € – et ce que facture Amazon – 0,01 euro », confiait alors à *La Croix* Guillaume Husson, délégué général du SLF.

Sabine Audrerie, www.La-croix.com, décembre 2021

DOSSIER 5

Préparer ses outils de vente

COMPÉTENCES

Assurer la veille commerciale

- Maîtriser la technologie des produits

Réaliser la vente dans un cadre omnicanal

- Intégrer l'omnicanal dans le processus de vente

RÉSULTATS ATTENDUS

- Les produits commercialisés sont connus et leurs caractéristiques techniques sont maîtrisées
- Un contact positif est établi, et un climat de confiance est instauré

Témoignage Alternance | Yann X Espace Culturel Leclerc
liennathan.fr/s8r24e

- Comment Yann prépare-t-il ses arguments de vente avant de prendre en charge les clients ?

Contexte professionnel

Vous effectuez votre période de formation professionnelle en tant que vendeur(se) à l'Espace culturel Leclerc d'Aurillac, dans le Cantal. Cette grande surface spécialisée vend des produits culturels (livres, CD, DVD, jeux multimédias, loisirs créatifs...). L'entreprise propose différents services à ses clients : *click and collect*, paiement en plusieurs fois, extensions de garantie… Vous êtes affecté(e) à l'univers Multimédia ; Mme Mallet, votre responsable et tutrice, vous explique que les clients étant de mieux en mieux informés sur les caractéristiques des produits et services avant de venir en magasin, les vendeurs doivent en savoir autant et même plus. Elle vous associe à la préparation des outils de vente utilisés par les vendeurs pour être plus efficaces lors des entretiens de vente.

Fiche d'identité de l'entreprise

Raison sociale	....
Activité	....
Type de commerce	Grande surface spécialisée
Produits vendus	....
Services proposés	....
Localisation	Aurillac (Cantal)
Métiers	....

1 Comment les clients s'informent-ils sur les caractéristiques des produits et services avant de venir en magasin ?

2 Les clients étant de mieux en mieux informés, quelle plus-value le vendeur peut-il apporter pendant l'entretien de vente ?

MISSION 1

Identifier les rubriques d'une fiche produit

Pour mieux connaître les produits et être performants lors des entretiens de vente, les vendeurs utilisent des fiches produits. Pour vous familiariser avec cet outil, prenez tout d'abord connaissance de la fiche produit du téléviseur X-43GX550E de Panasonic (doc. 1) réalisée par un vendeur de l'équipe, et surlignez les cinq principales rubriques.

DOC. 1 Fiche produit du téléviseur TX-43GX550E de Panasonic

Identification du produit

Dénomination : ***téléviseur TX-43GX550E***
Marque : ***Panasonic***

Caractéristiques techniques	**Avantages**
Écran (en pouces) *: 43*	*Grande dimension d'écran permettant de se plonger dans la beauté des paysages*
Norme UHD *: 4K*	*Image plus nette, plus réaliste, impression d'immersion dans l'écran*
Technologie HDR *: oui*	*Technologie offrant des images beaucoup plus contrastées*
Restitution sonore *: 20 watts*	*Très belle qualité sonore*
Port USB *: 2*	*Permet de brancher ses clés USB pour écouter sa musique, visualiser ses photos ou regarder ses vidéos*
Caractéristiques commerciales	**Avantages**
Prix : *399,99 € (soldé – 33 %)*	*Prix imbattable pour un téléviseur de marque avec cette technologie*
Caractéristiques psychologiques	
Mobile SONCAS : *argent* Frein à l'achat : *nombre insuffisant de ports USB*	

Bonjour,
Je dois m'absenter quelques heures.
La première étape dans la réalisation d'une fiche produit consiste à identifier les différentes caractéristiques du produit. Prenez connaissance de la documentation que je vous ai fournie (doc. 2) et retrouvez, pour chaque caractéristique indiquée, si elle est de nature technique, commerciale ou psychologique (annexe).
À tout à l'heure,
Mme Mallet

DOC. 2 Les différentes caractéristiques d'un produit

Les caractéristiques techniques :	Les caractéristiques commerciales :	Les caractéristiques psychologiques :
elles sont liées au produit → elles décrivent le produit et ne peuvent pas être modifiées par le point de vente (ex. : la taille, le poids…). Elles sont indiquées par le fabricant dans la fiche technique.	elles sont liées au point de vente → elles peuvent varier selon la politique commerciale du point de vente (ex. : le prix, les conditions de paiement…).	elles sont liées au client → elles concernent les mobiles d'achat (SONCAS) et les freins à l'achat.

ANNEXE L'identification des différentes caractéristiques d'un produit

Caractéristiques	Techniques	Commerciales	Psychologiques
Couleur	☐	☐	☐
Mode de paiement	☐	☐	☐
Dimensions, taille	☐	☐	☐
Composition, matière	☐	☐	☐
Service après-vente	☐	☐	☐
Conditions d'entretien, conditions d'utilisation	☐	☐	☐
Durée de disponibilité des pièces détachées	☐	☐	☐
Prix	☐	☐	☐
Garantie	☐	☐	☐
Frein à l'achat : le prix	☐	☐	☐
Conditions de livraison	☐	☐	☐
Description générale	☐	☐	☐
Puissance	☐	☐	☐
Mobile d'achat : orgueil	☐	☐	☐

À VOUS DE JOUER !
Flashez le QR Code et répondez au quiz sur les éléments d'une fiche produit.
liennathan.fr/nb345w

MISSION 2

Déterminer les avantages des caractéristiques du produit

De : alexia.mallet@leclerc.fr
À : stagiaire@leclerc.fr
Objet : fiche produit – 2e étape
PJ : Descriptif commercial de la console PS5 de Sony

Bonjour,
La deuxième étape de la réalisation d'une fiche produit consiste à transformer les caractéristiques techniques et commerciales en avantages (doc. 1), afin de convaincre le client d'acheter le produit.
Entraînez-vous à partir d'un des produits les plus vendus de notre univers : la console PS5 de Sony (doc. 2). Complétez sa fiche produit en retrouvant les principales caractéristiques techniques et commerciales ainsi que les avantages correspondants.
Merci d'avance.
Mme Mallet

DOC. 1 Caractéristiques et avantages du produit

La caractéristique est une description du produit. Par exemple, la caractéristique pour un t-shirt sera la matière (en coton).
L'avantage traduit cette description en élément positif destiné à mettre en avant le produit ; il explique ce que la caractéristique apporte au client. Il correspond à un point positif, à un point fort du produit. Par exemple, le coton est une matière agréable à porter (avantage correspondant à la caractéristique).

DOC. 2 Pièce jointe : descriptif commercial de la console PS5 de Sony

PS5 de Sony

Elle bénéficie d'une garantie constructeur de deux ans pour la faire réparer ou échanger en cas de problème.

** Possibilité de régler en 3 ou 4 fois sans frais par CB.*

Une console révolutionnaire entièrement centrée sur le joueur pour des expériences encore plus immersives et connectées avec vos jeux PS5 et PS4 rétro compatibles. La nouvelle PlayStation 5 de Sony est proposée à un prix de 549,99 €*. Elle se positionne comme la console la plus puissante du marché avec son processeur de troisième génération Ryzen à 8 cœurs, offrant un graphisme hors norme et une vitesse exceptionnelle.

Une mémoire vive de 16 Go GDDR6 (contre 8 Go GDDR5 pour la PS4) lui permet d'être extrêmement rapide et fluide.
Elle dispose d'une importante capacité de stockage de 825 Go sur le disque dur (contre 500 Go sur la PS4), pour les jeux, les démos téléchargeables, ainsi que le contenu multimédia (musique, vidéo, images).
Le lecteur Blu-Ray 4K UHD offre une expérience de visionnage unique, avec une image de très haute qualité.

ANNEXE **Fiche produit de la console PS5 de Sony**

Caractéristiques techniques	Avantages
....	....
....	....
....	....
....	....
Caractéristiques commerciales	**Avantages**
....	....
....	....

À VOUS DE JOUER !

Flashez le QR Code et répondez aux questions sur les astuces pour faire des fiches produits à l'aide de la vidéo.

liennathan.fr/kt45c7

MISSION 3

Réaliser un argumentaire produit

À présent que vous maîtrisez les éléments nécessaires à la conception d'une fiche produit, je souhaite que vous réalisiez l'argumentaire d'un produit incontournable dans notre univers : le téléphone Samsung Galaxy S22. Prenez connaissance de la fiche technique remise par le fabricant (doc. 1), du guide d'achat des téléphones mobiles (doc. 2) et du mémo que j'ai laissé (doc. 3), puis complétez l'argumentaire produit que j'ai préparé. Appuyez-vous sur la gamme des derniers smartphones proposés en magasin (doc. 4) pour mettre en avant les points forts de ce produit.

DOC. 1 Fiche technique du téléphone Samsung Galaxy S22

Prix	859,00 €
Garantie constructeur	24 mois
Référence	426G58G4
Couleurs	Rose, bleu ciel, gris, crème, vert, noir, violet, blanc
Taille de l'écran (diagonale)	6,1"
Définition de l'écran	2 340 × 1 080
Résolution de l'écran	425 ppp
Capacité de stockage	128 Go
Poids	167 g

DOC. 2 Guide d'achat des téléphones mobiles

Diagonale
Cantonné aux diagonales d'écran de moins de 5 pouces il y a quelques années, le marché des smartphones s'est peu à peu orienté vers des modèles offrant un écran plus généreux, entre 5 et 6 pouces. Il faut dire qu'une grande surface d'affichage améliore nettement le confort de l'appareil, dont on se sert désormais très fréquemment au quotidien, pour de multiples usages (navigation sur Internet, vidéo, photo, courriel, navigation GPS).

Définition et résolution d'écran
Les smartphones adoptent différentes définitions d'écran. Plus la définition est élevée, plus l'affichage est confortable pour la navigation, les photos, les vidéos. La définition représente le nombre total de pixels affichés à l'écran.
La résolution correspond à la densité de pixels, mesurée en pixels par pouce (ppp). Plus la résolution est élevée, plus l'affichage est fin.

Stockage
Installer des applications, prendre des photos, stocker des vidéos, de la musique… Vous allez avoir besoin de stockage interne ! Optez pour un smartphone intégrant 64 Go minimum.

Source : www.quechoisir.org

DOC. 3 Mémo : construction d'un argumentaire de vente

L'argumentaire de vente est constitué de l'ensemble des arguments destinés à convaincre le client d'acheter le produit. Il se construit en utilisant la méthode CAP :

ARGUMENT = Caractéristique + Avantage + Preuve

Le vendeur doit apporter la preuve de ce qu'il énonce au client : par une démonstration, un témoignage, la notice du fabricant, les conditions générales de vente…

DOC. 4 Extrait de la gamme des derniers smartphones proposés en magasin

	Huawai Mate 50 Pro	Samsung Galaxy S23+
Taille de l'écran (diagonale)	6''74	6''6
Définition de l'écran	1 212 × 2 616 pixels	2 340 × 1 080 pixels
Résolution de l'écran	428 ppp	394 ppp
Capacité de stockage	256 Go	256 Go
Poids	205 g	196 g
Prix	1 299,00 €	1 219,00 €

ANNEXE Argumentaire produit du téléphone Samsung Galaxy S22

Dénomination : ....

Marque : .... **Référence :** ....

Caractéristiques techniques	**Avantages**	**Preuves**
Couleurs :	....	....
Diagonale de l'écran :	....	....
Définition de l'écran :	....	....
Résolution de l'écran :	....	....
Capacité de stockage :	....	....
Poids :	....	....
Caractéristiques commerciales	**Avantages**	**Preuves**
Prix :	....	....
Garantie constructeur :	....	....
Caractéristiques psychologiques		
Mobiles SONCAS : nouveauté, orgueil, sympathie	***Freins à l'achat : prix***	

À VOUS DE JOUER !

En binôme, simulez un entretien de vente avec un client recherchant un Samsung Galaxy S22. Flashez le QR Code et évaluez votre prestation à l'aide de la grille fournie.

liennathan.fr/rx18wf

Évaluez votre réussite du dossier P. 9

SYNTHÈSE

liennathan.fr/67yvr9

1 Identifier les rubriques d'une fiche produit

Caractéristiques liées au point de vente	Caractéristiques liées au produit	Caractéristiques liées au client
....	....	....

Mieux connaître son produit et être plus efficace pour argumenter et répondre aux questions des clients

2 Déterminer les avantages des caractéristiques du produit

Caractéristique		Avantage
Ex. :	Traduit cette description en point fort →	Ex. : ....

3 Réaliser un argumentaire produit

Identification du produit ou service		
Caractéristiques techniques	Avantages	Preuves
Caractéristiques commerciales	Avantages	Preuves
Caractéristiques psychologiques		

Argument

=

C..................... + A..................... + P.....................

MOTS-CLÉS

Fiche produit • fiche service • caractéristique technique • caractéristique commerciale • caractéristique psychologique • avantage • preuve • argumentaire de vente

QUIZ
liennathan.fr/p534eg
SCORE ....

1 Réaliser une fiche produit

Vous venez d'intégrer le réseau Parenthèse Café, société de vente spécialisée en produits de café ou thé, en tant que vendeur(-se) indépendant(e). Votre mission consiste à vendre des machines à café, notamment l'expresso broyeur Kottea Espressima Silver.
Votre réseau vous a transmis la fiche technique du fabricant (doc. 1), un comparatif avec des machines de même gamme avec broyeur (doc. 2) ainsi que le guide d'achat (doc. 3).

- **Pour préparer vos futures réunions de vente à domicile, réalisez sur Word la fiche produit de la Kottea Espressima Silver.**

DOC. 1 Fiche technique de la Kottea Espressima Silver

La Kottea Espressima Silver avec son design argenté, sobre et élégant, est proposée au prix de 255,00 € avec une garantie de 3 ans.

Référence : Kottea Espressima Silver Maxi Pack

Type de café utilisable :	En grains et moulu	**Contenance du réservoir à grains :**	250 g
Alerte détartrage :	Oui	**Réservoir d'eau :**	1,2 L
Pression :	15 bars		

Service après-vente avec hotline Privilège en cas de panne

DOC. 2 Comparatif : expresso broyeurs de même gamme

	Philips Series 3200 EP3221/40	Melitta Caffeo Solo Perfect Milk Deluxe E957-305
Type de café utilisé	En grains et moulu	En grains
Alerte détartrage	Oui	Non
Pression	15 bars	15 bars
Contenance du réservoir à grains	275 g	125 g
Réservoir d'eau	1,8 L	1,2 L
Prix	389,99 €	449,00 €
Garantie	3 ans	2 ans
Hotline Privilège	Non	Non

DOC. 3 Guide d'achat pour les expresso broyeurs

- **Le bac à grains :**
Le bac à grains permet de protéger le grain de la lumière et de l'air. Une machine disposant d'un petit bac à grains (contenance 125 g) permettra une consommation de 17 cafés par jour.
- **La pression :**
À la suite du broyage, l'eau va être injectée à travers le café pour en extraire tous les arômes. La pression idéale pour un expresso est de 15 bars. Inutile de passer à une pression supérieure, cela n'aura aucune incidence sur la qualité de vos cafés.
- **L'entretien avec l'alerte détartrage :**
La fonction d'alerte automatique rappelle qu'il est temps de détartrer la machine. En effet, l'entretien est essentiel afin de prolonger la durée de vie de votre expresso broyeur et de ne pas altérer le résultat en tasse.

APPLICATION ★

2 Réaliser une fiche service

À l'issue de votre période de formation professionnelle au sein de l'Espace culturel Leclerc d'Aurillac, vous êtes embauché(e) en CDD pour travailler dans l'univers Multimédia. Mme Mallet, responsable de cet univers, vous explique que les smartphones proposés en magasin sont vendus seuls, mais que les clients peuvent aussi souscrire un des forfaits proposés par l'Espace culturel Leclerc.
Elle vous demande de réaliser la fiche service du forfait Réglo Mobile afin de préparer vos arguments et d'être plus convaincant auprès des clients.

● **En vous référant à la description de l'offre sur le site Internet du magasin (document), réalisez la fiche service du forfait Réglo Mobile (annexe).**

DOC. **Extrait du site Internet de l'Espace culturel Leclerc**

Offre commerciale Réglo Mobile : forfait « 14,95 € »

Toutes nos offres sont sans engagement.
Pas d'engagement, cela signifie que vous restez libre, et c'est réglo.
De plus, nous veillons à proposer une gamme très complète de forfaits à bas prix afin que vous puissiez adapter votre offre à vos besoins.
Vous avez ainsi la possibilité de passer d'une offre à l'autre, à tout moment et autant de fois que vous le souhaitez, afin de profiter de celle qui est la mieux adaptée à votre consommation.

Réglo Mobile s'appuie sur le réseau SFR et vous permet de bénéficier de l'une des meilleures couvertures réseau en France métropolitaine, avec plus de 99 % de la population sous couverture 2G/3G+ et 98 % sous couverture 4G. En choisissant Réglo Mobile, vous bénéficiez donc d'une couverture réseau optimale.

Appels [1]	SMS/MMS [2]	Internet [3]	Depuis Europe et DOM [4]	Prélèvement fixe mensuel
Illimités + 62 destinations [5]	Illimités	120 Go Débit réduit au-delà	1h 100 SMS [6] 10 MMS 8 GO	14, 95 €

ANNEXE **Fiche service**

Identification du service – Désignation :	
Caractéristiques techniques	**Avantages**
Appels :	....
SMS/MMS :	....
Internet :	....
Depuis Europe et DOM :	....
Durée de l'engagement :	....
Couverture réseau en France :	....
Caractéristiques commerciales	**Avantages**
Prix :	....
Conditions de paiement :	....
Caractéristiques psychologiques	
....	

3 Réaliser une fiche produit e-commerce

Vous travaillez comme vendeur(-se) conseil chez Darty à Chartres. Afin de déclencher des ventes en ligne, l'entreprise utilise des fiches produits e-commerce qui présentent les produits de l'enseigne sur le site Internet. Les fiches doivent fournir suffisamment d'informations sur les produits pour rassurer les clients et doivent être très visuelles pour donner envie d'acheter à distance.

1 Listez les points forts de la fiche produit e-commerce de la caméra sport GoPro Hero 10 noir (document) : visuel, informations-clés sur le produit, moyens utilisés pour rassurer le client et booster les ventes, etc.

2 Sur Word, créez une fiche produit e-commerce pour le téléphone Samsung Galaxy S22 en vous aidant de votre argumentaire de vente (réalisé dans la mission 3) et des principaux points forts dégagés.

DOC.

Fiche produit e-commerce de la caméra sport GoPro Hero10 Black

WWW

Caméra sport **GOPRO HERO10 BLACK**

★★★★★ 5/5 Lire les 3 avis

Les points forts

- Capteur 23 mégapixels
- Vidéo jusqu'à 5.3K 60 fps
- Robuste et étanche jusqu'à 10 mètres
- 3 microphones avec réduction avancée du bruit du vent

Voir la description du produit

Caractéristiques

Type de caméra	Cam sport / action cam
Définition	4K (UHD)
MegaPixels (Résolution du capteur)	23 mégapixels

Voir toutes les caractéristiques

Vendu et expédié par **Le-Manoir** ★ 4.53

État : **Neuf**
Pays d'expédition : **Netherlands**

BON PLAN - 27%

385,99 € ~~529,99 €~~

Vous économisez : 144 €

Voir toutes les offres neuves dès **385,99 €**

Version importée / Produit neuf / Livré sous 5-10 jours ouvrables / Garantie revendeur 24 mois

Livraison gratuite
Livré à partir du 10/02

Livraison à partir de 19,99 €
Livré à partir du 09/02

Voir toutes les options de livraison

AVIS CLIENTS

Charte de rédaction et de modération

NOTE MOYENNE

5/5

★★★★★

3 au total

Facilité d'utilisation (4,3/5) ★★★★☆

Rapport qualité / prix (4/5) ★★★★☆

67 % des acheteurs recommanderaient ce produit à un ami

5/5 ★★★★★

Avis posté le 04/07/2022 suite à un achat le 02/06/2022 auprès de Darty.com

Les performances de cette caméra sont monstrueuses. Il faut prévoir plusieurs batteries su...

Lire la suite »

5/5 ★★★★★

Avis posté le 25/05/2022 suite à un achat le 07/05/2022 auprès de Darty.com

Bien reçu un colis C'est impeccable bien cordialement

Lire la suite »

CARACTÉRISTIQUES

Type de caméra	**Cam sport / action cam**
Définition	**4K (UHD)**
MegaPixels (Résolution du capteur)	**23 mégapixels**
Résolution vidéo	**5.3K 60 fps**
Fonctionnalité de la caméra	**Etanche à 10m Détection des visages des sourires, des clignements d'yeux et des scènes Stabilisateur d'image HyperSmooth 4.0 avec maintien de l'horizon intégré à la caméra Streaming en direct 1080p Mode Photo 23 MP - Photo unique - Photo de nuit - LiveBurst - Rafale 25 ips - RAW**
Communications sans fil	**Bluetooth Wi-Fi**
Format de la carte mémoire	**Micro SD**
Formats d'enregistrement vidéo	**4K, 2,7K, Full HD 1080p MP4 H.265 (HEVC) et H.264 (AVC)**
Zoom optique	**2**
Mise au point	**Automatique (Préréglages et préréglages personnalisés)**
Modes d'exposition	**Outils avancés : HindSight, LiveBurst, Capture planifiée, Durée de capture**
Son	**Stéréo et RAW**
Type d'écran	**Ecran tactile 2,27 pouces avec zoom tactile**
Taille de l'écran	**5,08 cm**
Pack FNAC-DARTY	**Non**
Caractéristiques complémentaires	**Batterie rechargeable amovible 1 720 mAh Transfert automatique dans le cloud avec un abonnement GoPro**

PRODUITS COMPLÉMENTAIRES

- MOVINCAM HARNAIS COMPATIBLE TOUS MODÈLES — 27,99 €*
- SANDISK MSD 128GB ULTRA A1*** — 17,28 €*
- MOVINCAM BANDEAU TETE + CLIP COMPATIBLE TOUS — 14,99 €*
- SANDISK SANDISK - CARTE MÉMOIRE ULTRA ANDROID — 18,58 €*

NOS CLIENTS ONT AUSSI CONSULTÉ

- Caméra sport GOPRO HERO10 BLACK — 385,99 €*
- Caméra sport GOPRO HERO9 BLACK — 449,89 €*
- Accessoires pour caméra sport AKASO CAMÉRA SPORT ACCESSOIRES AKASO 14 EN 1 — 39,99 €*
- Caméra sport GOPRO HERO 8 BLACK — 354,10 €*

APPLICATION ★ pix 3.1. Développer des documents textuels

4 Réaliser un argumentaire de vente sur un produit

Vous travaillez comme conseiller(ère) clientèle dans une boutique Orange à Orléans. Une de vos principales activités est de vendre des produits et services répondant aux besoins des clients. Pour être plus efficace lors de vos entretiens clients, vous utilisez un argumentaire de vente.

- **Prenez connaissance de la fiche technique du bracelet connecté Samsung Galaxy Fit2 (document), puis réalisez sur Word l'argumentaire de vente de ce produit.**

DOC. Fiche technique du bracelet connecté Samsung Galaxy Fit2

À un prix de 62 €, très compact et facile à porter, le bracelet Samsung Galaxy Fit2 a été conçu avec des matériaux ultra-légers. Il vous accompagnera tout au long de vos journées et de vos séances de sport, avec un suivi de vos données en temps réel, tout en restant connecté à vos proches.

Dimensions (largeur, profondeur, hauteur) :	18,6 mm / 46,59 mm / 11,13 mm
Poids :	24 g
Fonctionnalités :	Notification des appels, SMS, réseaux sociaux sur l'écran
Protection :	Étanche jusqu'à 50 mètres (selon la norme ISO 22810:2010)
Composants intégrés :	Capteur de fréquence cardiaque
Données de suivi :	Distance parcourue Nombre de calories brûlées
Autonomie :	Jusqu'à 21 jours
Garantie constructeur :	24 mois

DOSSIER 6

Prendre contact avec le client, identifier ses besoins et présenter le produit

COMPÉTENCES

Réaliser la vente dans un cadre omnicanal

- Prendre contact avec le client
- S'adapter au contexte commercial et au comportement du client
- Découvrir, analyser et identifier le(s) besoin(s) du client, sa (ses) motivation(s) et ses freins éventuels
- Découvrir, analyser et reformuler les besoins du client
- Présenter l'entreprise et/ou ses produits et/ou ses services
- Conseiller le client
- Argumenter
- Réaliser une démonstration le cas échéant

RÉSULTATS ATTENDUS

- Un contact positif est établi, et un climat de confiance est instauré
- Le besoin du client, ses motivations et freins sont clairement identifiés et une proposition pertinente lui est faite
- Les produits et/ou services de l'entreprise sont présentés de façon pertinente

La marque Celio compte se relancer
liennathan.fr/ymx747

- À l'aide de la vidéo, déclinez la nouvelle identité de la marque Celio avec son slogan « Be normal ».

Contexte professionnel

celio* Vous effectuez votre période de formation professionnelle dans la boutique Celio de Colmar, en Alsace. Celio, enseigne de prêt-à-porter masculin leader en France, est présente dans plus de 50 pays avec plus de 1 100 magasins. La marque propose une mode urbaine « élégante et cool » à travers un large choix de vêtements et accessoires pour homme. Votre tutrice Mme Cazi, la responsable de la boutique, souhaite vous former à la vente-conseil dans un cadre omnicanal. Pour elle, la découverte du client et de ses besoins est fondamentale.

1 **Quelles missions votre tutrice souhaite-t-elle vous confier ?**

2 **Parmi les articles proposés par Celio, trouvez des exemples d'achat impulsif, d'achat routinier et d'achat réfléchi.**

Fiche d'identité de l'entreprise

Raison sociale	....
Localisation	Colmar (Alsace)
Activité	....
Couverture géographique	....
Nombre de magasins	....
Produits/services vendus	....

MISSION 1

Prendre contact avec le client et instaurer un climat de confiance

Pour réussir une vente, il faut respecter différentes étapes. La première est la prise de contact, elle est décisive : lorsqu'elle est réussie, elle permet d'instaurer un climat de confiance.
Dans un premier temps, je vous demande d'observer mes échanges avec les clients et d'identifier à l'aide du doc. 1 à quelles étapes de la vente correspondent les différentes situations (annexe 1).
Puis, à l'aide des doc. 2 et 3, je vous laisserai gérer différentes situations de prise de contact avec les clients (annexe 2).

DOC. 1 Les étapes de la vente

1. La préparation de la vente
2. L'accueil et la prise de contact
3. La découverte du client
4. La reformulation
5. La présentation et l'argumentation
6. Le traitement des objections
7. La conclusion
8. La prise de congé
9. Un retour réflexif sur la vente

DOC. 2 Les outils de prise de contact

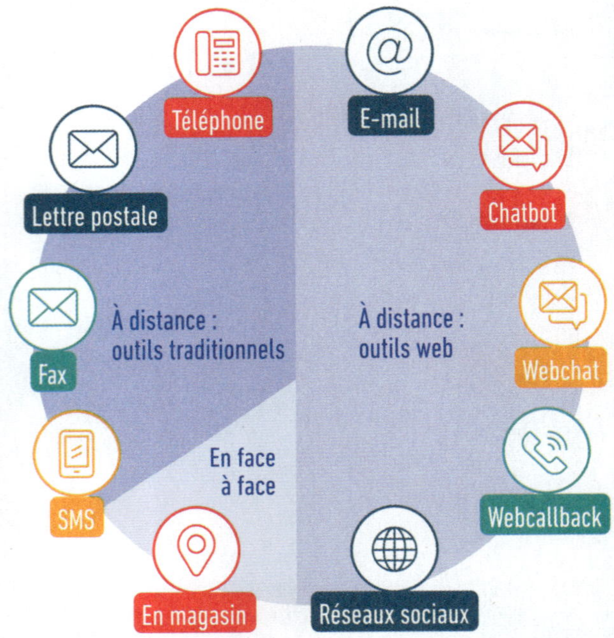

DOC. 3 La prise de contact

VOCABULAIRE
Courtois : aimable, poli

Adopter le bon état d'esprit
- Une attitude positive, respectueuse et courtoise
- Un mental confiant, enthousiaste, ouvert et à l'écoute

Soigner le paralangage
- Une tenue adaptée et une posture tonique
- Un regard franc et un visage souriant

Utiliser un langage verbal professionnel
- Un langage adapté au client et personnalisé (« bonjour monsieur » ou « bonjour monsieur Legrand » si vous connaissez votre client)
- Un ton clair, un débit adapté et des mots précis et positifs

Utiliser une phrase d'accroche
Votre phrase d'accroche est votre entrée en matière sur le plan verbal. Elle doit être percutante pour susciter l'intérêt de votre interlocuteur et lui donner envie d'en savoir plus (ex. : « Bonjour madame, nous venons de recevoir ces nouveaux manteaux. Ils sont vraiment très chauds, parfaits pour la saison ! »).

ANNEXE 1 Repérer les étapes de la vente

Situation 1	Situation 2	Situation 3	Situation 4
« C'est vrai, repasser une chemise n'est jamais un plaisir, mais celle-ci a l'avantage du repassage facile grâce au traitement anti-froissement. »	« Si j'ai bien compris, vous recherchez un costume complet, avec un pantalon, une chemise et une veste, c'est bien cela ? »	« Quel genre de costume recherchez-vous ? »	« Et voilà, je vous donne votre ticket. Le costume sera prêt mercredi prochain. Nous vous enverrons un message pour vous le confirmer. »
Numéro de l'étape			
....	....	....	....

ANNEXE 2 Gérer la prise de contact

Situation	Modalité de prise de contact	Votre phrase d'accroche
Une cliente entre dans la boutique et semble s'intéresser à un costume...	....	....
Vous devez appeler M. Nunes pour l'informer que son costume sur mesure est disponible.	....	....
Vous recevez un Tweet d'« Anna129 » sur le compte Twitter de la marque. Elle demande une information à propos d'un article.	....	....
Vous devez envoyer un message de promotion VIP à l'ensemble de vos clients fidèles.	....	....

MISSION 2

Découvrir le client

Plusieurs clients sont entrés dans la boutique. Toutes les informations que vous allez recueillir en observant leur comportement vous permettront de mieux cerner leur profil et de mieux les servir.
À l'aide des doc. 1 et 2, analysez le comportement de vos clients, déterminez l'attitude à adopter et adaptez votre questionnement en conséquence (annexe).

DOC. 1 Pratiquer l'écoute active

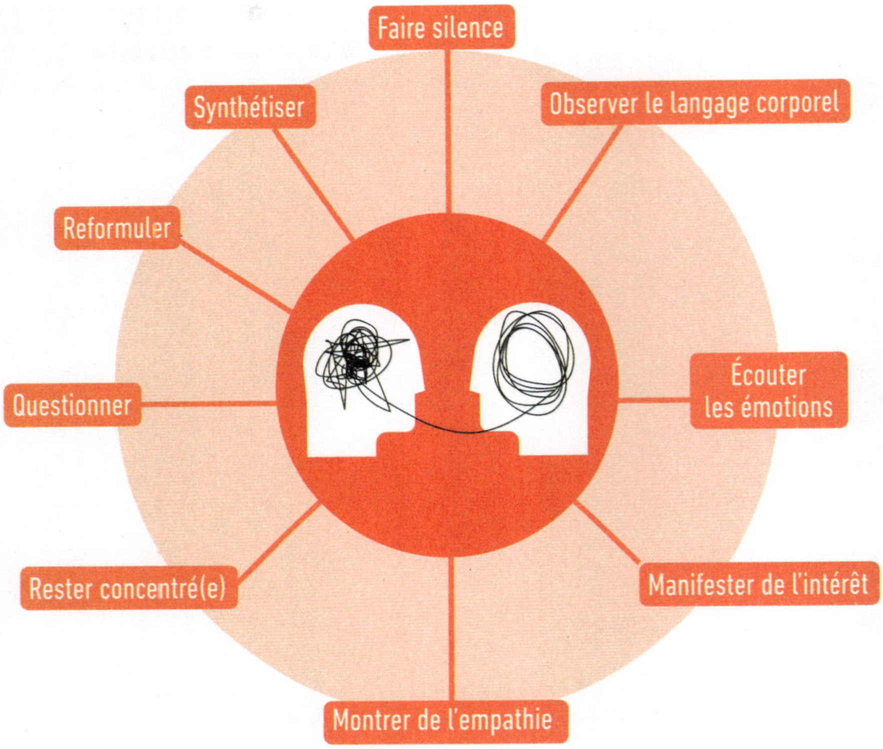

VOCABULAIRE

Empathie : reconnaissance et compréhension des sentiments et des émotions d'un autre individu.
Reformuler : formuler autrement, de manière plus claire (« Si je comprends bien, ... »).

DOC. 2 Le questionnement

Le vendeur doit questionner le client pour s'informer sur ses motivations, ses mobiles d'achat et ses freins éventuels.

La question ouverte	La question alternative	La question fermée
Elle permet au client de s'exprimer librement et au vendeur d'avoir un aperçu de ses motivations.	Elle permet au vendeur de connaître avec précision une des motivations du client. Elle laisse le choix au client tout en le guidant. Le principe est de lui proposer deux idées.	Elle renseigne le vendeur avec précision. Elle incite le client à répondre par un seul mot (« oui », « non », un chiffre…).
Ex. : « Que pensez-vous de... ? »	**Ex. :** « Vous préférez avec ou sans capuche ? »	**Ex. :** « Est-ce la bonne taille ? »

ANNEXE Découvrir les clients

	Ce que j'observe	Ce que je dois faire
 Une cliente regarde et compare plusieurs pull-overs depuis quelques minutes.	☐ de l'indisponibilité ☐ de la réflexion ☐ de la satisfaction ☐ du doute ☐ de la certitude	☐ montrer de l'intérêt ☐ faire silence Type de question à poser : .... Exemple : ....
 Une cliente se promène dans les rayons tout en téléphonant, très absorbée par sa conversation.	☐ de l'indisponibilité ☐ de la réflexion ☐ de la satisfaction ☐ du doute ☐ de la certitude	☐ montrer de l'intérêt ☐ faire silence Type de question à poser : .... Exemple : ....
 Une cliente tourne dans la boutique depuis 20 minutes sans avoir choisi un seul article.	☐ de l'indisponibilité ☐ de la réflexion ☐ de la satisfaction ☐ du doute ☐ de la certitude	☐ montrer de l'intérêt ☐ faire silence Type de question à poser : .... Exemple : ....
 Un client est entré d'un pas décidé dans la boutique et s'est dirigé directement vers vous.	☐ de l'indisponibilité ☐ de la réflexion ☐ de la satisfaction ☐ du doute ☐ de la certitude	☐ montrer de l'intérêt ☐ faire silence Type de question à poser : .... Exemple : ....
 Deux amies discutent dans la boutique : elles trouvent la nouvelle collection très belle.	☐ de l'indisponibilité ☐ de la réflexion ☐ de la satisfaction ☐ du doute ☐ de la certitude	☐ montrer de l'intérêt ☐ faire silence Type de question à poser : .... Exemple : ....
 Un client a repéré plusieurs articles qui lui plaisent. Il hésite à les prendre tous...	☐ de l'indisponibilité ☐ de la réflexion ☐ de la satisfaction ☐ du doute ☐ de la certitude	☐ montrer de l'intérêt ☐ faire silence Type de question à poser : .... Exemple : ....

À VOUS DE JOUER !

À l'aide de la vidéo, définissez le profil type d'un client Celio. Aidez-vous du site www.celio.com.

liennathan.fr/73x8qb

MISSION 3 Rechercher les besoins du client

Lors de votre échange avec le client, vous devez analyser ses besoins afin de lui proposer le bon produit. Tout d'abord, à l'aide du doc. 1, indiquez à quel besoin correspondent les différentes demandes de vos clients en complétant l'annexe 1. Puis, en vous aidant du doc. 2, analysez les motivations exprimées par chacun de vos clients (annexe 2). Enfin, en vous appuyant sur le doc. 3, retrouvez pour chaque situation vécue en magasin les mobiles d'achat de vos clients et formulez une réponse appropriée (annexe 3).

DOC. 1 La notion de besoin

La pyramide de Maslow hiérarchise les besoins d'un individu. Imaginée par le psychologue Abraham Maslow dans les années 1940, cette pyramide comporte cinq types de besoins. Un individu ne peut ressentir un besoin d'un niveau supérieur s'il n'a pas satisfait celui qui le précède.

- Accomplissement de soi : se surpasser, relever des défis
- Estime : être reconnu, respecté
- Appartenance : faire partie d'un groupe
- Sécurité : se soigner
- Besoins physiologiques : se nourrir

DOC. 2 Les motivations d'achat

Les motivations d'achat sont les raisons qui poussent un client à réaliser son acte d'achat.
On distingue trois types de motivations :
– les motivations personnelles ou hédonistes : achat pour se faire plaisir ;
– les motivations oblatives ou altruistes : achat pour faire plaisir aux autres ;
– les motivations d'autoexpression : achat pour s'affirmer auprès des autres.

DOC. 3 SONCASE – Les mobiles d'achat

Les mobiles d'achat sont les raisons qui vont pousser le client à choisir un produit plutôt qu'un autre.

« Qu'attendez-vous de ce produit ? » « Que recherchez-vous ? » « Que souhaitez-vous ? »

	Réponses possibles du client	Comportement à adopter face à ces réponses
Sécurité	Un produit solide • Un produit fiable • Un produit qui a fait ses preuves • Un produit sous garantie • Un produit à essayer	Rassurer • Preuve • Démonstrations • Garanties
Orgueil	Le produit le plus... • Le produit le mieux... • Un produit prestigieux • Un produit unique • Un produit exceptionnel	Valoriser • Impliquer
Nouveauté	Un produit original • Un produit nouveau • Un produit à la pointe • Un produit différent • Un produit novateur	Être créatif et imaginatif
Confort	Un produit pratique • Un produit simple • Un produit fonctionnel • Un produit avec une assistance	Assister
Argent	Un produit bon marché • Un produit économique • Un produit rentable • Un produit bien placé sur le marché	Comparer • Chiffrer
Sympathie	Un produit beau • Un produit agréable • Un produit convivial • Je vous fais confiance, conseillez-moi...	Être convivial • Disponible
Environnement	Un produit qui respecte les normes anti-pollution • Un produit qui respecte la nature • Un produit qui contribue au développement durable...	Montrer son attachement pour l'environnement

ANNEXE 1 Identification des catégories de besoins

Propos du client	Catégorie de besoins
« Il fait froid et je viens de loin. Auriez-vous un pull qui tient bien chaud ? »	
« J'achète ces costumes car ils ne se déforment pas avec le temps, ils conservent leur ligne. »	
« Je suis témoin pour un mariage, je recherche un beau costume. Je veux être le plus beau possible ! »	
« Peu importe le prix, il me faut cet ensemble et ces chaussures. »	

ANNEXE 2 Motivations des clients

Propos du client	Motivations
« Je souhaite faire un cadeau à une amie. Pouvez-vous m'aider à choisir ? »	
« J'ai envie de changer de style. Pouvez-vous me conseiller ? »	
« J'ai repéré ce costume depuis plusieurs semaines, je le trouve très beau. L'avez-vous en bleu ? »	

ANNEXE 3 La découverte des clients

Propos du client	Mobile(s) d'achat	Réponse
« Le tissu semble fragile, non ? Mon ami ne fait jamais attention à ses vêtements. Avez-vous quelque chose d'original et de résistant ? »		
« J'ai un petit budget et je cherche un costume pour un mariage. Avez-vous quelque chose à me proposer ? »		
« Je ne sais pas si cette couleur plairait à mon ami. C'est pour un cadeau, pouvez-vous me conseiller ? Je cherche quelque chose d'un peu exceptionnel... »		
« C'est pour mon fils qui va se marier. Je veux le plus beau modèle, peu importe le prix ! Il faut aussi qu'il soit confortable, la soirée va être longue ! »		

MISSION 4

Argumenter et présenter les produits au client

Vous venez d'accueillir un client qui recherche un costume (doc. 2). Prenez connaissance du doc. 1 et développez un argument complet correspondant à ses attentes. Complétez l'annexe 1.
Je vous laisse quelques conseils pour le cas où vous devez présenter plusieurs produits à la fois (doc. 3). Pour chaque situation de vente, indiquez dans l'annexe 2 quel conseil vous allez suivre. Vous préciserez pour chaque cas l'intérêt de la démarche suivie pour le client à l'aide du doc. 4.

DOC. 1 Argumenter avec la méthode CAP

Vous devez identifier les caractéristiques et les avantages de votre produit puis présenter les preuves de ces éléments.

▶ **Caractéristiques :** il s'agit des éléments descriptifs de votre produit, essentiellement d'un point de vue technique et factuel. Ici, vous présentez votre solution, de façon sobre et descriptive […].

▶ **Avantages :** il s'agit des résultats liés aux caractéristiques, traduits en éléments bénéfiques. Il s'agit des véritables « plus » qu'apporte votre solution, et qui vont « changer la vie » de votre prospect. Ici, votre client trouve quelque chose qui le séduit ; votre solution répond à ses besoins et ses enjeux les plus importants.

▶ **Preuves :** il s'agit de prouver ce que vous venez d'annoncer, de montrer que les caractéristiques et les avantages sont réels et concrets. Cela peut passer par une démonstration, une innovation déposée avec un brevet, des témoignages de références, un baromètre consommateurs, etc. Ces derniers arguments viennent définitivement convaincre votre prospect, qui est alors prêt à passer à l'acte d'achat.

www.les-grandes-techniques-de-vente.fr

DOC. 2 Fiche produit Veste DIAMOND

Veste DIAMOND micro dessins fantaisie lavable slim
RÉF. RUDIAMOND
119,90 €

Avec sa coupe slim, cette veste revisite le costume tailleur classique pour homme, alliant confort, respirabilité et qualité. La veste de costume se ferme avec deux boutons, a deux poches sur les côtés, une poche à la poitrine et quatre boutons en bas de manches. Le col est à revers avec une boutonnière. Toute l'élégance de ce vêtement se retrouve dans sa simplicité qui en fait une pièce facile à assortir, avec un pantalon habillé, une chemise ou encore un pull. Pour un total look cette veste est associable au pantalon du même modèle. Lavable en machine à 30°, elle sera à faire sécher sur cintre avant un repassage léger.

Doublure : 100 % Polyester
Matière principale :
83 % Polyester 15 % Viscose
2 % Elasthanne

www.celio.com

ANNEXE 1 Demande d'un client

Je cherche une veste de costume pour une soirée. Je veux quelque chose de chic et original mais que je pourrai facilement remettre dans d'autres occasions.

....
....
....
....
....
....

DOC. 3 Mémo – Conseils pour présenter les produits

- Présenter un seul produit à la fois pour ne pas perturber l'attention du client.
- Commencer par présenter le produit le plus cher pour faire accepter plus facilement le prix des autres produits.
- Mettre le produit en valeur pour susciter le regard du client.
- Permettre au client de toucher et éventuellement de manipuler le produit pour susciter l'instinct de possession.
- Évoquer les conditions d'utilisation si le produit ne peut pas être essayé.

DOC. 4 La démonstration du produit

Une règle est essentielle : il faut faire participer le client en lui faisant toucher ou essayer le produit et en procédant à une démonstration, si possible. Pendant la démonstration, le vendeur doit observer les réactions du client (mots, gestes et attitudes) pour mesurer l'accueil réservé au produit.

Intérêt pour le client
Meilleure compréhension de l'utilisation et de la qualité du produit.
Il peut faire plus facilement des comparaisons.
Il commence à croire que le produit lui appartient.
Il est heureux qu'on lui fasse confiance.

Intérêt pour le vendeur
Il explique plus efficacement l'utilisation du produit.
Il renforce ses arguments par des preuves.
Il augmente le désir d'achat du client.
Il peut se rendre compte de la conviction du client.

ANNEXE 2 Présentation du produit

Situation de vente	Méthode de présentation	Intérêt de la démarche pour le client
Un client souhaite acheter un ensemble costume complet, chemise, veste et pantalon. Il hésite entre trois modèles. Il a un petit budget.	....	....
Un client est très intéressé par un pull qu'il a vu sur un mannequin en vitrine. Il vous questionne sur le pull mais semble hésiter.	....	....
Un client souhaite acheter un jeans mais hésite sur la coupe. Il a vu trois modèles mais ne semble pas encore décidé.	....	....

Évaluez votre réussite du dossier P. 9

SYNTHÈSE

liennathan.fr/9b6v5c

1 Prendre contact avec le client et instaurer un climat de confiance

Soigner sa prise de contact

- ....
- ....
- ....

2 Découvrir le client

Pratiquer l'écoute active : observer, reformuler, questionner	
Question	Ex. : ....
Question	Ex. : ....
Question	Ex. : ....

3 Rechercher les besoins du client

La pyramide de Maslow hiérarchise les besoins des individus

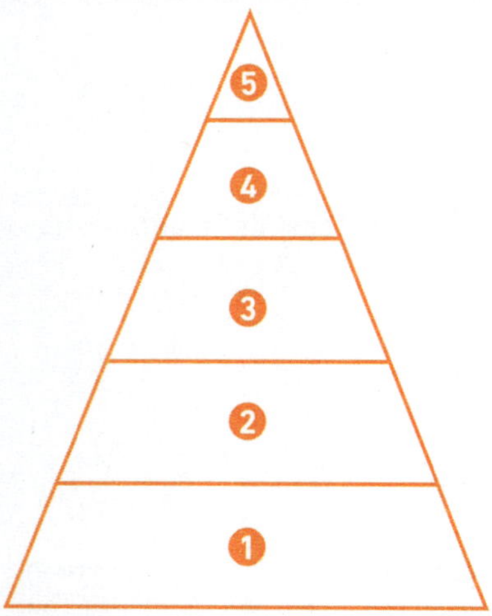

- 5 ....
- 4 ....
- 3 ....
- 2 ....
- 1 ....

Les mobiles d'achat
S ....
O ....
N ....
C ....
A ....
S ....
E ....

4 Argumenter et présenter les produits au client

Les méthodes de présentation du produit

- Présenter un seul produit à la fois
- Présenter en premier le produit le plus cher
- ....
- ....

MOTS-CLÉS

Accueil du client • découverte du client • écoute active • mobile d'achat • motivation d'achat • prise de contact

QUIZ liennathan.fr/998kwn SCORE ....

APPLICATION ★

1 Répondre aux besoins du client

Vous effectuez votre période de formation en milieu professionnel au sein de l'enseigne Boulanger à Puget-Sur-Argens, dans le sud de la France. Cyril, responsable du rayon Informatique et votre tuteur, souhaite que vous preniez en charge les clients afin de les guider dans leurs achats. Pour que vous soyez autonome le plus rapidement possible, vous l'accompagnez lors d'une vente pour analyser le client et repérer ses besoins (doc.).

1 Quelle est la raison qui pousse ce client à changer de téléviseur ?

....

....

2 Quels sont les principaux mobiles d'achat du client et pourquoi ?

....

....

3 Quels seront les éléments auxquels vous allez être attentif dans le choix des produits que vous allez proposer et pourquoi ?

....

....

4 Barrez les produits que vous éliminez et numérotez ceux que vous allez présenter au client, par ordre de pertinence.

....	....	....	....	....

TV LED Essentielb	TV LED Samsung	TV LED Sony Bravia	TV LED LG	TV LED Essentielb Kea
349,99 €	~~1 490,00 €~~ -33 % 990,00 €	~~4 290,00 €~~ -14 % 3 690,00 €	449,00 €	229,99 €

DOC. **Échange avec un client en magasin**

Cyril : « Bonjour et bienvenue dans votre magasin Boulanger. Je m'appelle Cyril, en quoi puis-je vous aider ? »

Client : « J'ai besoin d'un nouveau téléviseur. Le mien ne fonctionne plus, il a un problème d'affichage… »

Cyril : « Ah… c'était un vieux modèle ? »

Client : « Même pas, je l'avais depuis seulement trois ans ! Maintenant, je dois en acheter un autre et c'est une dépense que je n'avais pas prévue. J'ai un budget serré... »

APPLICATION

2 Répondre aux besoins d'un client à distance

Vous effectuez votre PFMP chez Cora à Metz. Lucie Weber, la responsable de l'univers culturel, est votre tutrice. Elle souhaite vous former à la gestion des appels téléphoniques. Elle vous demande de prendre les appels des clients et d'identifier leurs besoins. Vous prenez en charge un premier appel (doc.).

1 **Pourquoi devez-vous soigner le ton de votre voix ?**

....

....

....

2 **Quels sont les principaux mobiles d'achat de la cliente et pourquoi ?**

....

....

....

3 **Quels seront vos principaux arguments et pourquoi ?**

....

....

....

4 **Cochez les produits que vous pourriez proposer et présenter à cette cliente.**

☐ Carte cadeau 30,00 €

☐ Smartbox Pilotage et frissons 99,90 €

☐ Smartbox 3 jours de rêve en amoureux 119,90 €

☐ Smartbox 3 jours Voyage insolite 139,90 €

5 **Justifiez votre choix.**

....

....

....

....

....

....

....

6 **Par groupe de deux ou trois élèves (un vendeur, un client, un observateur), simulez la présentation du produit à la cliente.**

DOC.

Échange avec une cliente au téléphone

Vous : Bonjour, magasin Cora de Metz, je suis [votre nom], à votre écoute…

Cliente : Bonjour, pouvez-vous me renseigner s'il vous plaît ?

Vous : Bien sûr madame, que puis-je faire pour vous ?

Cliente, *voix hésitante* : Je vous entends très mal. Je vais essayer de vous répondre. Je suis une personne âgée et je ne peux pas me déplacer. Je souhaiterais offrir à ma fille et son conjoint un cadeau pour leur faire plaisir et les remercier de prendre soin de moi. Malheureusement, je n'ai aucune idée de ce dont ils auraient besoin. J'ai un budget de 100 €. Pouvez-vous m'aider ?

Vous : Bien sûr, madame. Pouvez-vous me parler un peu d'eux ? Est-ce qu'ils viennent de s'installer ? Ont-ils des passions ? des loisirs ?

Cliente : Oui, bien sûr. Ils sont très actifs et travaillent beaucoup. Ils aiment la nature, se promener et voyager. Malheureusement, le temps leur manque souvent. Je sais aussi que mon gendre aime bien les nouvelles technologies et que ma fille adore cuisiner.

Vous : Ces informations vont nous être très utiles. J'ai plusieurs idées, mais je vois principalement deux possibilités : une carte cadeau ou une Smartbox. De plus, je peux les commander pour vous et vous les faire livrer à votre domicile.

APPLICATION

3 Découvrir le client, argumenter et présenter le produit

Vous effectuez une période de formation en milieu professionnel dans la boutique Sony de Nantes. Votre tuteur, Marc, souhaite vous préparer aux situations de vente en magasin et vous invite à réaliser des simulations de vente afin de vérifier vos compétences en matière de découverte client. Il vous remet trois fiches produits à analyser.

Sony KD-55XF9005

D06_appli3_doc1.pdf

Sony KD-55XG8596

D06_appli3_doc2.pdf

Sony KD-L32WE610

D06_appli3_doc3.pdf

1 Formez deux groupes de travail :

Les vendeurs

En équipe, analysez les trois fiches produits et surlignez les informations à utiliser pendant la présentation des produits. Préparez la présentation afin de renseigner le client en complétant l'annexe 1.

Les clients

Chaque membre de l'équipe doit analyser les trois fiches produits et sélectionner un téléviseur parmi les trois modèles.
Définissez un profil client de votre choix adapté au produit sélectionné en complétant la fiche client (annexe 2). N'oubliez pas de varier les profils de clients au sein du groupe.

2 Procédez au jeu de rôles : un membre de chaque équipe est sélectionné pour réaliser une simulation de vente, présenter le produit, pratiquer une écoute active afin de bien repérer les besoins du client, et lui proposer le produit adapté.

ANNEXE 1 Fiche de présentation d'un produit

Référence du produit : ....

Dénomination : ....

Marque : ....

Caractéristiques techniques	Avantages	Preuves
....	....	....

SONCASE : ....

Présentation générale du produit : ....

ANNEXE 2 Fiche profil du client

<table>
<tr><td>Profil</td><td>☐ Homme
☐ Femme</td><td rowspan="2">Humeur</td><td rowspan="2">☐ Aimable
☐ Bavard(e)
☐ Impatient(e)
☐ Agacé(e)
☐ Méfiant(e)
☐ Blagueur(euse)
☐ Timide
☐ Enthousiaste</td></tr>
<tr><td>Âge</td><td>☐ 18-30 ans
☐ 30-50 ans
☐ Plus de 50 ans</td></tr>
<tr><td>Produit(s) recherché(s)</td><td colspan="3">……………………
……………………
……………………
……………………</td></tr>
<tr><td>Motivations</td><td colspan="3">☐ Personnelles ou hédonistes
☐ Oblatives ou altruistes
☐ D'autoexpression</td></tr>
<tr><td>Mobile(s) d'achat</td><td>☐ Sécurité
☐ Orgueil
☐ Nouveauté
☐ Confort
☐ Argent
☐ Sympathie
☐ Environnement</td><td colspan="2">Information(s) complémentaire(s)
……………………
……………………
……………………
……………………</td></tr>
<tr><td>Besoin(s)</td><td>☐ Accomplissement de soi
☐ Estime
☐ Appartenance et amour
☐ Argent
☐ Sécurité
☐ Environnement</td><td colspan="2">Information(s) complémentaire(s)
……………………
……………………
……………………
……………………</td></tr>
<tr><td>Budget</td><td colspan="3">……………………
……………………
……………………
……………………</td></tr>
<tr><td>Freins à l'achat possibles</td><td colspan="3">……………………
……………………
……………………
……………………</td></tr>
<tr><td>Informations complémentaires</td><td colspan="3">……………………
……………………
……………………
……………………</td></tr>
</table>

JEU de RÔLE 1

Présenter le produit adapté aux besoins du/de la client(e)

Mise en situation

Vous réalisez une PFMP en qualité de conseiller(ère) en vente dans la boutique Dressing Responsable. C'est un concept store de mode éthique pour hommes et femmes. Il commercialise des marques européennes proposant des vêtements éco-responsables et éthiques en matières biologiques, naturelles ou recyclées, fabriqués en Europe en petites quantités.

ACTEUR 1 — Conseiller(ère) de vente spécialisée

- Il/elle recherche, sélectionne et exploite les informations.
- Il/elle intègre l'omnicanal dans le processus de vente.
- Il/elle découvre, analyse et identifie les besoins du client, sa motivation.
- Il/elle présente l'entreprise et/ou ses produits et/ou services et argumente.

ACTEUR 2 — Nouveau client/Nouvelle cliente

- Il/elle veut des informations sur le concept du magasin.
- Il/elle souhaite avoir des informations sur les articles.
- Il/elle souhaite offrir un cadeau à son frère.

ACTEUR 2 Tirez au sort un billet d'humeur et une carte SONCASE à la fin du livre.

- Préparez votre prestation orale à l'aide des documents de la page suivante et de l'annexe téléchargeable *via* le QR Code ci-contre. Vous pouvez vous aider d'une recherche sur le site www.dressingresponsable.com.
- Par groupes, jouez le jeu de rôle.
- Observez-vous et évaluez-vous à l'aide de la grille téléchargeable *via* le QR Code ci-contre.

Annexe liennathan.fr/r7ykc6

Grille d'analyse liennathan.fr/70ftz5

DOC. 1 Le jogpant Gaston, produit éco-responsable

Jogpant Gaston – Marine ou kaki

135 €

Made in Portugal

Taille du 38 au 46

Composition : 80 % coton 20 % lin

Lavage en machine à 30 °C et repassage moyen.

Les pantalons ont une coupe légèrement fuselée qui convient à toutes les morphologies. En cas de doute, vous pouvez prendre une taille au-dessus de votre taille habituelle. Le Jogpant Gaston est une des créations de la marque française Monsieur Mimosa. Ce pantalon en coton et lin a un style décontracté qui vous suivra au quotidien. Il apporte une touche élégante ! Il dispose d'une ceinture à l'avant et peut être resserré avec le cordon. [...]

VOCABULAIRE

Concept store : magasin qui propose différents produits (mode, décoration...) sur une thématique bien précise.

Éco-responsable : qui cherche à réduire son impact sur l'environnement.

Commerce éthique : garantit de bonnes conditions de travail, dans le respect des droits de l'homme.

La marque : Monsieur Mimosa est une marque de mode éthique qui propose des pièces essentielles du vestiaire masculin, confectionnées à partir des matières naturelles par des ateliers européens au grand savoir-faire. Les ateliers de confection sont tous européens et cultivent leur savoir-faire de génération en génération au sein d'entreprises familiales. La démarche de Monsieur Mimosa s'inscrit dans une mode durable et responsable. La collection de cette marque éthique est fabriquée à partir de matières naturelles qui résistent dans le temps.

Notre charte éthique
liennathan.fr/ykrpm2

www.dressingresponsable.com

DOC. 2 Carte cadeau Dressing responsable

Carte cadeau 30 € 50 € 100 € 200 €
Vous ne savez pas quoi lui offrir ?
Pas de panique, offrez-lui une carte cadeau !

C'est l'occasion unique de lui faire plaisir sans vous tromper ! En plus, elle est valable un an et utilisable en une ou plusieurs fois, sur le site comme en boutique.

Fonctionnement : Vous recevrez dans les 24 h ouvrées suivant votre commande un fichier A4 à imprimer déjà complété (avec le petit mot que vous pouvez laisser dans le panier, dans la rubrique « veuillez laisser vos instructions particulières ici »).

Vous n'aurez plus qu'à imprimer et offrir votre carte cadeau (ou la glisser sous le sapin).

Comment l'utiliser ? C'est très simple ! Sa ou son destinataire recevra, avec sa carte, un code qu'il ou elle devra renseigner au moment de la finalisation de sa commande sur notre site Internet ou dans notre boutique parisienne !

Validité : La carte cadeau Dressing Responsable est valable pendant 1 an après son achat.

www.dressingresponsable.com

DOSSIER 7

Répondre aux objections du client, conclure la vente et proposer des ventes additionnelles

COMPÉTENCES

Réaliser la vente dans un cadre omnicanal

- Répondre aux objections du client
- Proposer les produits et/ou les services associés
- Détecter les opportunités de vente(s) additionnelle(s) et les concrétiser
- S'assurer de la disponibilité du produit

RÉSULTATS ATTENDUS

- Les objections sont traitées de façon efficace
- Les services associés à la vente sont parfaitement connus et proposés de façon systématique
- La proposition de services associés est adaptée au besoin du client et respecte les consignes et/ou les procédures de l'entreprise et la réglementation en vigueur
- Des produits et/ou des services additionnels adaptés sont proposés au client
- L'accord du client est formalisé

Le parcours client dans un magasin Décathlon liennathan.fr/9n2yk1

- Identifiez les différentes étapes de la vente d'un vélo.
- Quels autres produits ou services le vendeur peut-il conseiller au client qui achète un vélo ?

Contexte professionnel

DECATHLON Vous effectuez votre période de formation en milieu professionnel chez Décathlon, grande surface spécialisée dans les articles de sport. L'équipe du magasin, dirigée par Corentin Wakam, soigne particulièrement la mise en avant des produits. Aujourd'hui, le contact client est devenu primordial : les vendeurs sont particulièrement formés à la vente et au conseil. L'objectif est de satisfaire le client et de le fidéliser. M. Wakam, votre tuteur, souhaite vous former aux techniques de conclusion de vente pour que vous sachiez gérer les objections des clients et que vous réussissiez vos ventes. Lors de votre PFMP, il souhaite vous faire explorer les différents rayons du magasin.

Fiche d'identité de l'entreprise

Raison sociale	....
Activité	....
Type de commerce	....
Statut juridique	Société anonyme (SA)
Localisation	Caen - Mondeville 2
Concurrents	....

1 Rappelez les étapes qui précèdent la conclusion d'une vente.

2 Donnez un exemple d'objection.

MISSION 1

Identifier les objections du client

Afin de répondre au mieux aux attentes du client, il faut identifier les raisons qui pourraient freiner son achat, c'est-à-dire les objections qu'il émet.

Observez les vendeurs du rayon Vélos et complétez l'annexe sur les objections sincères et les objections prétextes des clients à l'aide du document.

DOC. Les objections

L'objection est une réaction du client face aux arguments du vendeur. Elle n'est pas forcément négative ; au contraire, elle montre l'intérêt que le client porte au produit ou au service. Ainsi, il faut y voir une demande d'information complémentaire ou le besoin d'être rassuré face à un achat. C'est pour cela qu'il est essentiel de distinguer les objections sincères des objections prétextes pour bien les traiter.

Objection sincère ou vraie	Objection prétexte ou fausse
Elle exprime un frein à l'achat et correspond véritablement au besoin du client. Il faut la traiter par une argumentation adaptée.	Elle est sans fondement logique et correspond à un désir de fuite ou de non-volonté d'achat. Elle correspond parfois à un besoin d'information complémentaire.

ANNEXE Distinguer les objections

	Situation professionnelle	Objection sincère	Objection prétexte
1	« Je ne pourrai pas attendre 3 jours, j'en ai besoin aujourd'hui ! »	☐	☐
2	« J'ai peur que ce produit ne plaise pas à mon fils… »	☐	☐
3	« Je n'ai pas le temps. Je préfère revenir avec ma fille, elle me conseillera. »	☐	☐
4	« Le coton est une matière difficile à entretenir. »	☐	☐
5	« Je vais réfléchir » ou « Je regarde juste. »	☐	☐
6	« Dommage que vous n'ayez pas cet antivol en rouge… »	☐	☐
7	« Ce short cycliste est trop moulant, ça fait bizarre sur moi… »	☐	☐

À VOUS DE JOUER !

Flashez le QR Code et relevez les techniques de réponse aux objections à l'aide de la vidéo « Comment réagir face aux objections commerciales d'un client ou d'un prospect ? ».

liennathan.fr/22ksp7

MISSION 2

Utiliser les techniques de réfutation

Vous savez désormais repérer les objections et devez les traiter. C'est ce que l'on appelle « réfuter ». Pour cela, vous pouvez utiliser différentes techniques pour lever les freins à l'achat. Entraînez-vous auprès des vendeurs de l'univers Fitness. Prenez connaissance du document et proposez pour chaque situation une réponse à l'objection (annexe).

DOC. Les techniques de réfutation des objections

Techniques de réfutation		Signification	Mots-clés
1	VALORISATION	Le vendeur accepte la remarque du client et y répond en apportant un argument.	– Il est vrai que… mais… – Oui… mais…
2	TÉMOIGNAGE	Le vendeur utilise le témoignage d'un autre client qui a déjà acheté le produit.	– Ce sont les mêmes que… – Je viens d'en vendre à…
3	REFORMULATION INTERROGATIVE	Le vendeur reformule l'objection à travers une question pour obtenir des précisions.	– Vous dites que… mais pouvez-vous préciser exactement… – Êtes-vous sûr qu'elles sont trop grandes…?
4	ANTICIPATION	Le vendeur devance l'objection.	– Je crois que ce qui vous gêne, c'est…
5	AFFAIBLISSEMENT	Le vendeur diminue l'importance de l'objection en apportant des arguments.	– Cet inconvénient n'est rien à côté de cet avantage…
6	L'ÉCRAN	Le vendeur indique au client qu'il a saisi l'objection et qu'il y répondra plus tard.	– Je comprends… mais j'y reviendrai plus tard. – Laissez-moi d'abord vous expliquer…

ANNEXE Réfuter les objections

Objection du client	Technique de réfutation	Formulation du vendeur
« Je n'aime pas porter la même chose que tout le monde… »	3/ Reformulation interrogative	…………………………
« J'adore cette veste mais elle est vraiment chère… »	1/ Valorisation	…………………………
« Quelle est la matière de ce sweat-shirt ? »	4/ Anticipation	…………………………
« Finalement, je me demande si je ne préfère pas l'autre veste… »	5/ Affaiblissement	…………………………
« J'hésite, j'ai peur d'avoir mal aux pieds… »	2/ Témoignage	…………………………
« Le problème, c'est que j'habite loin, je ne pourrai pas revenir chercher ma commande… »	6/ Écran	…………………………

À VOUS DE JOUER !
Flashez le QR Code et répondez au quiz « Les techniques de réfutation ».
liennathan.fr/85kr4n

MISSION 3

Traiter les objections prix

Au rayon Sports nautiques, vous constatez que l'annonce du prix peut susciter des réactions de la part du client. Afin d'y répondre au mieux, vous pouvez utiliser l'une des quatre techniques présentées dans le document. Retrouvez, pour chaque situation, la technique utilisée pour traiter l'objection prix (annexe 1) et répondez à l'objection du client intéressé par un paddle (annexe 2).

DOC. Les techniques pour traiter l'objection prix

+	**L'addition** Faire suivre le prix d'une succession d'avantages additionnés les uns aux autres.	×	**La multiplication** Développer les avantages procurés par l'achat d'un produit en les multipliant par la durée d'utilisation.
−	**La soustraction** Montrer au client les avantages qu'il perd s'il n'achète pas le produit.	÷	**La division** Diviser le prix du produit par sa durée d'utilisation (on divise le prix par année, mois, jour…).

ANNEXE 1 Techniques d'objection prix

Situation professionnelle	Technique utilisée
Client : « J'hésite vraiment à acheter ce maillot de bain… » **Vendeur :** « La promotion se termine ce soir, ce serait dommage de ne pas en profiter ! »	....
Client : « Tout cet équipement de plongée, ça va me coûter cher… » **Vendeur :** « C'est un bon investissement, ces articles sont très résistants, ils resteront en parfait état deux à trois saisons. »	....
Client : « Elles ne sont pas données quand même, ces palmes ! » **Vendeur :** « Elles sont idéales pour la pratique du snorkeling : elles sont souples, légères, confortables, polyvalentes, hydrodynamiques… »	....
Client : « Tous ces accessoires de pêche ça revient cher, je n'envisageais pas un tel budget ! » **Vendeur :** « Vous savez, pour seulement 30 € par mois, vous aurez le plaisir d'un équipement neuf et à la pointe de la technologie ! »	....

ANNEXE 2 Réfuter une objection prix

Offre	Objection	Réfutation
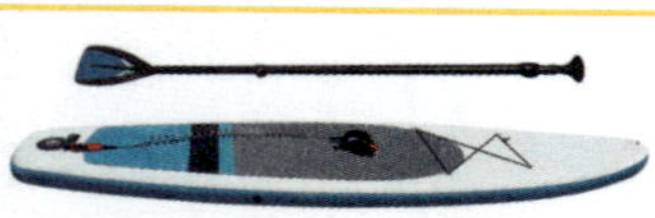 **PACK STAND UP PADDLE** GONFLABLE AERO YARRA JOBE + PAGAIE (offre valable sur ce modèle) **799 €** OFFRE LIMITÉE* *dans la limite des stocks disponibles	799 € pour un paddle, c'est cher ! Je ne pensais pas mettre autant.	+ .... − .... ÷ .... × ....

À VOUS DE JOUER !
Flashez le QR Code et réalisez un jeu de rôle pour simuler la situation présentée dans l'annexe 2.
liennathan.fr/bbh484

MISSION 4

Repérer les signaux d'achat

Bonjour,
Pour conclure la vente, il est essentiel de repérer les signaux d'achat émis par le client. Je vous ai remis une documentation à ce sujet (document). Repérez dans l'annexe les signaux d'achat émis par vos clients du rayon « Randonnée ».
Corentin

DOC. Les signaux d'achat

La conclusion de la vente intervient une fois la phase d'argumentation terminée et une fois les objections levées. Pour déterminer si le client est convaincu par l'achat, le vendeur doit repérer les signes d'achat, appelés « feux verts », pour amorcer la conclusion.

On distingue les signaux non verbaux et les signaux verbaux.

Signaux non verbaux	Signaux verbaux
• **Attitude corporelle :** – Relâchement du corps – Inclinaison du buste vers l'avant – Hochement de tête positif – Ouverture des mains et des bras – Manipulation du produit • **Visage :** – Traits du visage détendus – Sourire – Yeux brillants	• Le client adopte une attitude de propriétaire : « Cela irait bien chez moi avec mon canapé... » • Le client pose des questions sur des points de détail • Le client demande un avantage supplémentaire • Le client s'assure de certaines garanties (services, installation, entretien...)

ANNEXE Repérer les signaux d'achat

	Situation professionnelle	Verbal	Non verbal	Signal révélateur de l'achat ou feu vert
1	« Si je me décide aujourd'hui, m'accorderez-vous 10 % de remise supplémentaire ? »	☐	☐	....
2	« Pouvez-vous me marquer l'ourlet s'il vous plaît ? » *(la cliente se regarde dans le miroir et marque un hochement de tête positif)*	☐	☐	....
3	La cliente touche le produit et fait un grand sourire.	☐	☐	....
4	« Si le produit ne plaît pas à mon époux, puis-je l'échanger ? »	☐	☐	....
5	« Peut-on laver ce pull à la machine ou doit-on le laver à la main ? »	☐	☐	....

MISSION 5

Maîtriser les techniques de conclusion

Affecté(e) au rayon Sports d'hiver, vous avez repéré les signaux d'achat et devez désormais conclure la vente. À vous maintenant d'utiliser les techniques de conclusion qui vous permettront de déclencher l'achat définitif. Prenez connaissance du document et proposez pour chaque situation la technique de conclusion et la formulation adéquates (annexe).

DOC. Les techniques de conclusion

Techniques de conclusion		Définitions	Formulations possibles
OU	**L'alternative** Technique du « ou »	Le vendeur propose au client le choix entre deux propositions qui entraînent une décision positive.	« Vous préférez le bleu ou le vert ? »
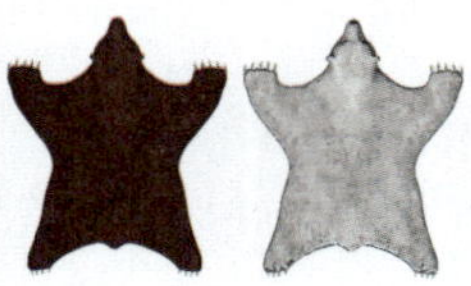	**L'anticipation** Technique de « la peau de l'ours »	Le vendeur se comporte comme si le client avait déjà donné son accord.	« Vous verrez, vous en serez très satisfait ! » « Ce sera idéal chez vous ! »
	**Le bilan** Technique de « la bobine »	Le vendeur récapitule tous les avantages annoncés et les réponses positives aux objections.	« Ce produit a vraiment tout : ....+......+..... » « Il a en plus... »
	**La décision immédiate** Technique du « regret »	Le vendeur rend la décision urgente en lui montrant qu'il perd un avantage s'il ne se décide pas de suite.	« Il est en promotion. » « C'est le dernier en stock. » « Cette offre est limitée dans le temps... »
	**L'argument choc** Technique du « crochet »	Le vendeur avance un dernier avantage qui n'avait pas été évoqué jusqu'alors.	« Il s'agit d'une édition limitée. » « C'est très facile d'entretien, ça passe à la machine. » « Il est sous garantie pendant deux ans. »
	**La conclusion directe**	Le vendeur demande au client si l'article lui plaît, lui convient, s'il le prend.	« Si ça vous convient, prenez-le ! »

ANNEXE Utiliser les techniques de conclusion

Client	Technique	Formulations possibles
La cliente essaie un bonnet rouge et un bonnet noir et se regarde dans la glace sans dire un mot.	....	....
Je suis très à l'aise dans ces après-ski et ils me plaisent bien.	....	....
Ce pull en polaire est vraiment confortable, est-il facile d'entretien ?	....	....
Je trouve ce pantalon de ski un peu long...	....	....
Finalement, je me demande si la combinaison de ski que j'ai essayée avant n'était pas mieux...	....	....
Ce manteau me plaît vraiment, mais je vais réfléchir encore un peu...	....	....

MISSION 6

Proposer une vente additionnelle

De : corentin.wakam@decathlon.fr
À : stagiaire@decathlon.fr
Objet : Vente additionnelle
PJ : La vente additionnelle

Bonjour,
Je suis absent pour la matinée.
Lorsque le client a pris sa décision d'achat, vous devez absolument lui proposer une vente additionnelle (doc. en pièce jointe). Non seulement elle contribue à l'augmentation de notre chiffre d'affaires, mais elle permet de répondre le plus précisément possible aux besoins de nos clients. Cette vente peut être amorcée à tout moment dans l'acte de vente, à partir du moment où cela semble judicieux.
Vous indiquerez le type de vente additionnelle dont il est question dans chacune des situations en précisant l'intérêt pour le vendeur de les proposer (annexe 1). Puis, vous proposerez la vente additionnelle qui vous semble correspondre le mieux à votre vente principale (annexe 2).
Merci,
Corentin

DOC. La vente additionnelle (pièce jointe)

Le client a pris sa décision d'achat, le vendeur peut lui proposer des services complémentaires et/ou supplémentaires qui vont permettre de valoriser le produit vendu. Ces services sont appelés « ventes additionnelles ». La vente additionnelle vient s'ajouter à la vente principale. Généralement effectuée après la conclusion de la vente principale, elle peut aussi intervenir à d'autres moments : lors du repérage des besoins, en réponse à une objection, lors de l'argumentation, lors de la conclusion de la vente.

Elle répond à plusieurs objectifs commerciaux :
- répondre aux besoins du client et donc le satisfaire ;
- apporter un service au client ;
- valoriser le produit vendu ;
- gonfler le panier moyen ;
- augmenter le chiffre d'affaires.

La vente complémentaire	La vente supplémentaire
Elle vient en complément du produit acheté et a pour objectif d'apporter une plus-value à ce dernier. Ex. : une console de jeux (vente principale) et un jeu vidéo	Elle correspond à une opportunité saisie par le vendeur en présence du client pour lui proposer un autre produit qui n'est pas forcément lié au premier. Ex. : une console de jeux (vente principale) et une coque de téléphone Attention, il faut veiller à ce que la vente de l'article principal soit conclue avant de proposer une vente supplémentaire.

ANNEXE 1 Vente complémentaire et vente supplémentaire

Situations professionnelles	Type de vente	Objectifs commerciaux de la situation
Après avoir vendu à Mme Guerra une paire de chaussures de running, vous lui présentez des semelles qui lui apporteront un confort optimal.	☐ Vente complémentaire ☐ Vente supplémentaire	....
M. Villa s'est décidé pour un modèle de raquette de tennis.Vous l'informez de la possibilité de la faire corder sur place.	☐ Vente complémentaire ☐ Vente supplémentaire	....
M. Berleur a opté pour un pantalon de jogging Adidas. Vous lui proposez le sweat assorti pour avoir la tenue complète.	☐ Vente complémentaire ☐ Vente supplémentaire	....
Après avoir choisi une nouvelle tenue de sport, Mme Marceau regarde un sac à dos de la nouvelle collection.	☐ Vente complémentaire ☐ Vente supplémentaire	....

ANNEXE 2 Proposer la vente additionnelle

Vente principale	Vente complémentaire	Vente supplémentaire
Mme Jeannot vient d'opter pour un maillot de natation.	....	....
M. Roupas a choisi sa raquette de ping-pong pour la nouvelle saison.	....	....
Mme Paris a trouvé sa paire de chaussures de running idéales pour la mi-saison.	....	....
M. Sarfati s'assure un hiver confortable avec cette veste pour grand froid.	....	....
Le petit Gabriel a trouvé sa trottinette.	....	....
Mme Sako a opté pour ce tapis adapté à la pratique du yoga.	....	....

À VOUS DE JOUER !
Flashez le QR Code et répondez au quiz sur « Les ventes additionnelles ».
liennathan.fr/d4in65

MISSION 7

S'adapter au parcours omnicanal du client

J'attire votre attention sur la nécessité de personnaliser l'expérience client et de faire le lien entre présence physique et numérique (doc. 1).

Vous passerez la journée au comptoir retrait. Je vous ai laissé un mémo sur l'attitude à adopter face aux clients au service Click & Collect (doc. 2). Le parcours du client et son acte d'achat diffèrent d'un achat en face à face.

Je vous demande de prendre en charge les clients qui ont effectué un achat en ligne (annexe).

DOC. 1 La relation client omnicanale chez Décathlon

STRATÉGIE STORE-TO-WEB

Le Store-to-Web est le fait de renvoyer les clients d'une enseigne physique vers le site e-commerce de l'enseigne, par exemple lorsque le produit n'est plus disponible en magasin. Le client peut également repérer des articles en magasin puis commander en ligne ou comparer les offres pour trouver le prix le plus bas.

STRATÉGIE WEB-TO-STORE

Le Web-to-store vise à diriger le client de votre site vers votre boutique physique pour acheter le produit consulté en ligne. Le Click & Collect permet notamment de commander en ligne, sans dépendre des horaires d'ouverture des boutiques physiques, puis de venir chercher le produit en magasin. Il permet de générer un trafic important, non seulement sur votre site, mais aussi dans votre boutique.

Livraison en magasin en 48h*

Si votre produit n'est pas disponible dans votre magasin

*Hors produits volumineux et pièces détachées où le délai est de 2 à 5 jours (matériel fitness, vélos, tables de tennis de table, cable de freins...).

Si vos produits ne sont pas disponibles en magasin, vous pouvez les commander sur decathlon.fr et les faire livrer gratuitement dans le magasin DECATHLON de votre choix (délai de livraison annoncé lors de la validation de la commande).

Si vous désirez faire retirer votre produit par un proche, vous pouvez l'indiquer lors du choix du magasin.

Comment procéder ?

1. Je commande sur www.decathlon.fr
2. Je suis avisée de la mise à disposition de ma commande en magasin
3. Je dispose de 14 jours pour aller retirer ma commande en magasin

DOC. 2 Prise en charge d'un client au Click & Collect : mémo

- S'assurer de la disponibilité du produit en magasin ou dans un autre magasin.
- Vérifier la commande.
- Permettre un test, un essayage.
- Faciliter l'échange en magasin ou dans le magasin de son choix / Proposer des solutions alternatives.
- Apporter les conseils nécessaires à la bonne utilisation du produit.
- Proposer des services ou des produits complémentaires.

ANNEXE Adopter la bonne démarche

Situation	Stratégie	Étapes de prise en charge du client	
		Ce que vous faites :	Ce que vous dites :
 Je viens récupérer les chaussures de tennis que j'ai commandées, j'ai reçu un SMS m'indiquant qu'elles étaient arrivées. J'ai lu les commentaires des clients qui ont acheté le même modèle, apparemment il taille petit…	☐ Web-to-store ☐ Store-to-Web		
		Ce que vous faites :	Ce que vous dites :
 On m'a dit que la planche de surf que je voulais était en rupture de stock… De toute façon, je ne vois pas comment j'aurais fait pour la rapporter chez moi, je n'ai pas de voiture…	☐ Web-to-store ☐ Store-to-Web		

À VOUS DE JOUER !

Flashez le QR Code et réalisez un jeu de rôle pour simuler les situations présentées dans l'annexe.

liennathan.fr/a12mvs

Évaluez votre réussite du dossier P. 9

SYNTHÈSE

liennathan.fr/5qpj62

1 2 3 Identifier les objections du client, utiliser les techniques de réfutation et traiter les objections prix

Deux types d'objection	Techniques de réfutation		Techniques de réfutation prix
• .... •	• .... • .... •	• .... • .... •	• .... • .... • .... • ....

4 Repérer les signaux d'achat

Signaux
....

Deux types de signaux d'achat

Signaux
....

5 Maîtriser les techniques de conclusion

Les techniques de conclusion

- .... « ou »
- L'anticipation ....
- .... « la bobine »
- La décision immédiate ....
- .... « crochet »
- ....

6 7 Proposer une vente additionnelle et s'adapter au parcours omnicanal du client

Vente additionnelle	
....	....
Une vente additionnelle d'un produit qui vient en complément d'un premier achat.	Une vente additionnelle d'un produit/service qui n'est pas lié au premier achat.

MOTS-CLÉS

Click & Collect • objection • réfuter • signaux d'achat • vente additionnelle • vente complémentaire • vente supplémentaire

QUIZ liennathan.fr/53tb3n SCORE ....

APPLICATION

1.1. Mener une recherche et une veille d'information

1 Présenter le Click & Collect

Vous êtes téléconseiller(ère) au service clients Darty, enseigne spécialisée dans l'électroménager et l'électronique. De nombreux clients appellent pour avoir des renseignements précis sur le service Click & Collect. Vous avez répertorié les questions qui reviennent le plus souvent. Vous préparez un document que vous partagerez avec vos collègues, pour informer au mieux les clients et les inciter à utiliser ce service.

Site Darty : la livraison en point retrait
liennathan.fr/65aam5

● **À l'aide du site Darty, répondez aux questions courantes des clients sur l'utilisation du service Click & Collect.**

Questions des clients	Réponses
« Puis-je choisir librement le magasin de retrait ? »	
« Au bout de combien de temps après la commande en ligne pourrai-je retirer mon produit ? »	
« Si le produit est indisponible, que puis-je faire ? »	
« Le paiement se fait-il obligatoirement en ligne lors de l'achat ? »	
« La réservation est-elle sécurisée ? »	
« Le service est-il payant ? »	

APPLICATION

2 Identifier les objections et conclure la vente dans une concession automobile

Vous êtes vendeur(se) dans la concession automobile Volkswagen. Vous recevez une cliente potentielle, fortement intéressée par le dernier modèle Crossover présenté dans votre showroom.

1 À partir du dialogue de vente (doc.), vous identifierez dans un premier temps les objections émises par la cliente et ses signaux d'achat, et mettrez en évidence les techniques de réfutation et de conclusion de la vente (closing) utilisées.

	Objection	Technique de réfutation utilisée	Signal d'achat	Technique de vente (closing) utilisée
1	☐ fondée ☐ non fondée	....	☐ verbal ☐ non verbal	....
3	☐ fondée ☐ non fondée	....	☐ verbal ☐ non verbal	....
5	☐ fondée ☐ non fondée	....	☐ verbal ☐ non verbal	....
7	☐ fondée ☐ non fondée	....	☐ verbal ☐ non verbal	....
9	☐ fondée ☐ non fondée	....	☐ verbal ☐ non verbal	....
11	☐ fondée ☐ non fondée	....	☐ verbal ☐ non verbal	....
13	☐ fondée ☐ non fondée	....	☐ verbal ☐ non verbal	....

2 Identifiez les ventes additionnelles que vous auriez pu proposer.

Vente additionnelle	Vente complémentaire	Vente supplémentaire
Housse de protection	☐	☐
Protège-coffre	☐	☐
Tapis de sol	☐	☐
Assurance automobile	☐	☐
GPS	☐	☐
Cintres adaptables sur fauteuil	☐	☐
Contrat de maintenance	☐	☐
Kit mains libres	☐	☐
Service location	☐	☐
Porte-vélos	☐	☐

DOC.

Dialogue de conclusion de la vente

1/ Cliente *(les mains sur la portière du véhicule)* : « Oui c'est vraiment un très beau modèle mais au départ, j'étais venue par curiosité ; en général, j'achète du Renault. »

2/ Vendeur : « Oui il est très beau, comme je vous le disais, c'est la dernière version du Crossover et son toit ouvrant en option habituellement est ici en série, c'est une exclusivité. »

3/ Cliente *(fait la moue et se gratte le menton)* : « J'avoue que l'autre modèle n'a pas cet avantage, mais les délais de livraison sont longs… Et si je souhaite une couleur spécifique ? »

4/ Vendeur : « Regardons ensemble, quelle est la couleur dont vous rêvez ?… »

5/ Cliente : « Je me vois bien dans un modèle assez sobre, comme du noir… mais c'est peut-être un peu courant… »

6/ Vendeur : « Je suis entièrement d'accord avec vous, mais le noir est très élégant et c'est une couleur disponible de suite, en noir mat ou métallisé, nous en avons en stock actuellement. »

7/ Cliente *(fait la moue)* : « C'est plus cher avec cette option certainement, je dois réfléchir… »

8/ Vendeur : « Le noir mat ou métallisé est au même prix en ce moment, c'est l'offre actuelle à l'occasion de la sortie de ce modèle, c'est le dernier jour aujourd'hui. »

9/ Cliente *(regarde en l'air)* : « En effet, il faut que je me décide vite, alors ! »

10/ Vendeur : « Je vous fais une simulation de financement ? Donc, pour la sortie de ce véhicule avec les options toit ouvrant et carrosserie noir métallisé ou mat, je vous propose un crédit classique. Nous sommes à 35 400 € sur 60 mois sans apport pour à 590 € mensuel, donc au bout de 5 ans, solde zéro, la voiture est payée, elle est à vous. »

11/ Cliente : « Oh oui, ce serait bien ! et vous me dites que je peux l'avoir quand ? »

12/ Vendeur : « Ne vous inquiétez pas pour les délais, comptez 8 jours et vous serez au volant de votre Crossover noir avec toit ouvrant, alors que fait-on ? »

13/ Cliente *(avec un grand sourire)* : « Vous vous occupez de tout ? La carte grise, la mise en service du véhicule, je ne veux rien avoir à faire…»

14/ Vendeur : « Nous nous occupons de tout, vous aurez même le plein d'essence pour votre première virée, tout sera ok ! »

15/ Cliente *(avec beaucoup d'entrain)* : « Alors c'est ok pour moi, je signe où ? »

À VOUS DE JOUER !

Flashez le QR Code et simulez la situation du document en suivant les indications fournies.

liennathan.fr/r78zj7

APPLICATION

3 Répondre aux objections et conclure la vente dans un contexte commercial

Vous êtes vendeur(se) dans un magasin Tape à l'Œil, enseigne spécialisée dans le prêt-à-porter pour enfants où le contact client est particulièrement privilégié, tout comme la vente supplémentaire, essentielle au vu de l'assortiment.

DOC. 1 Dialogue de conclusion de la vente

1/ Vendeur : « Ce manteau correspond-il à vos attentes ? »
2/ Client : « Oui, il est sympa, mais ce modèle ne fait pas un peu trop bébé ? »
3/ Vendeur : « Je l'ai vu porté sur de nombreux petits garçons et ça leur va vraiment bien, regardez le rendu sur le mannequin en vitrine… »
4 /Client : « En effet, par contre, la matière n'est pas très chaude… »
5/ Vendeur : « C'est un mélange laine et coton, des matières naturelles confortables et chaudes. »
6/ Client : « Ah oui, il y a de la laine, ce sera donc plus chaud. »
7/ Client : « Je n'aime pas me décider vite. »
8/ Vendeur : « Dois-je comprendre que quelque chose vous retient ? »
9 / Client : « Non, mais il faut que je réfléchisse, j'ai peur de me tromper… »
10/ Vendeur : « Vous pouvez toujours échanger si cela ne convient pas… »
11/ Client : « Oui, dans ce cas-là pourquoi pas, même si 45 €, ça fait cher pour un manteau d'enfant… »
12/ Vendeur : « L'hiver est long dans notre région, c'est un investissement sur plusieurs mois et cet article est en promotion. »
13/ Client : « Vous n'avez pas tort… »
14/ Vendeur : « Vous venez souvent chez nous et vous n'avez pas la carte de fidélité… »
15/ Client : « C'est vrai, mais je n'aime pas les cartes de fidélité payantes, je ne comprends pas l'intérêt. »
16/ Vendeur : « Aujourd'hui, par exemple, si vous prenez la carte, je vous offre la boîte cadeau et une réduction supplémentaire en tant que VIP de notre enseigne : vous voyez, les 3 € de la carte sont déjà remboursés. »

DOC. 2 Avantages de la carte de fidélité TAO

Les bons d'achat :
Vous gagnez des Tao points en faisant des achats, ces points se transforment ensuite en chèque fidélité : 10 € d'achat = 1 point >> 15 points = bon d'achat de 10 € valable 2 mois.
Réduction anniversaire : bon d'achat de 5 € offert à l'anniversaire de chacun de vos enfants de 1 à 14 ans (maximum 5 enfants).

Autres avantages :
– invitation à des événements et ventes privées ;
– « garantie pas portée » : échange ou remboursement des vêtements non portés, même sans ticket de caisse, pendant toute la saison ;
– assurance « Fashion Life » : échange des vêtements abîmés pendant toute la saison (fermeture éclair cassée, rétrécissement…).

1 À partir du dialogue de vente (doc. 1), identifiez les objections émises par le client.

	2	4	7	9	11	15
Objections sincères	☐	☐	☐	☐	☐	☐
Objections prétextes	☐	☐	☐	☐	☐	☐

2 **Mettez en évidence les techniques de réfutation prix utilisées (doc. 2) pour lever les freins à l'achat.**

	Situations	Réponses du vendeur	Techniques utilisées
11	45 € pour un manteau enfant, ça fait cher…	....	....
15	Votre carte de fidélité est payante.	....	....

3 **Dans les dialogues ci-dessous, indiquez si l'attitude du vendeur est positive ou négative. Détectez les signaux d'achat émis par le client, puis reformulez la phrase de conclusion en adoptant la technique proposée.**

Dialogue de vente Client / Vendeur	Attitude du vendeur (+ ou -)	Feux verts détectés	Technique de conclusion	Reformulation du vendeur
Vous me faites bénéficier de la promo si je prends les deux ? Je ne pense pas que ce soit possible.	....	....	Argument choc « crochet »	....
Ma fille va être très jolie dans cette robe. Sans doute !	....	....	Conclusion directe	....
Je ne sais pas si mon fils en a vraiment besoin… Vous pouvez réfléchir…	....	....	Décision immédiate « le regret »	....
Si ça ne va pas, je peux échanger ? Mais, elle l'a essayé !	....	....	Alternative « ou »	....
Vous êtes sûr que ce manteau sera assez chaud ? Oh oui, ça, c'est sûr !	....	....	Bilan « bobine »	....
Elle est bien chaussée dans ce modèle. C'est elle qui se sent bien ou pas.	....	....	Anticipation « peau de l'ours »	....

4 Pour chaque article ci-dessous, retrouvez la vente additionnelle qui est proposée.

Client	L'hiver est froid, un bonnet suffira ?	Super, ce petit pyjama, c'est parfait ! En plus, il est en dessous de mon budget de départ.	Quelle jolie robe pour la cérémonie, j'espère seulement que la météo sera au rendez-vous...	Mon fils adore avoir du style, il va avoir un look d'enfer avec ce polo cet été !
Vendeur	Cette jolie écharpe est idéale pour être complètement protégé du froid.	Souhaitez-vous profiter de notre offre sur les accessoires ?	Pour plus de sécurité, ce gilet complétera la tenue, et elle pourra le reporter en d'autres occasions.	Pour compléter son look, nous avons reçu de très belles lunettes de soleil très tendance.
Vente principale				
Vente additionnelle				
Vente	Supplémentaire ☐ Complémentaire ☐	Supplémentaire ☐ Complémentaire ☐	Supplémentaire ☐ Complémentaire ☐	Supplémentaire ☐ Complémentaire ☐

À VOUS DE JOUER !

Flashez le QR Code et rejouez les dialogues de la question 3 en changeant de technique de conclusion.

liennathan.fr/m8kb92

JEU de RÔLE 2

Répondre aux objections et proposer des ventes additionnelles

Mise en situation

Vous réalisez une PFMP en qualité de vendeur(euse) dans une agence de location de véhicule sans permis. Rent A Car propose désormais, en partenariat avec l'entreprise Aixam, la location de voiture sans permis pour faciliter le déplacement de celles et ceux qui ne sont pas titulaires d'un permis B, ou pour les automobilistes sous le coup d'une suspension de permis provisoire.

ACTEUR 1 — Vendeur(euse) en boutique

- Il/elle rappelle un client par téléphone.
- Il/elle découvre, analyse et identifie les besoins du client.
- Il/elle répond aux objections.
- Il/elle propose les produits et/ou les services associés.
- Il/elle détecte les opportunités de vente additionnelle et les concrétise.

ACTEUR 2 — Client(e) potentiel(le)

- Il/elle a envoyé un message sur le site Internet *via* la rubrique Contact et a demandé à être recontacté(e) par téléphone.
- Il/elle souhaite louer une voiture sans permis.

ACTEUR 2 Tirez au sort un billet d'humeur et une carte SONCASE à la fin du livre.

- Préparez votre prestation orale à l'aide des documents de la page suivante et de l'annexe téléchargeable *via* le QR Code ci-contre. Vous pouvez vous aider d'une recherche sur le site www.rentacar.fr.
- Par groupes, jouez le jeu de rôle.
- Observez-vous et évaluez-vous à l'aide de la grille téléchargeable *via* le QR Code ci-contre.

Annexe liennathan.fr/l6i7pk

Grille d'analyse liennathan.fr/r9rqjs

DOC. 1 Les Véhicules Sans Permis Aixam

Notre flotte de véhicules sans permis repose sur plusieurs modèles. Vous pouvez opter pour une location de voiture sans permis, avec un moteur diesel, dans la gamme Éco qui offre un prix particulièrement attractif, ou dans la gamme Premium pour bénéficier d'un meilleur confort et de davantage d'équipements. Vous pouvez aussi louer une voiture sans permis électrique, silencieuse et écologique. **Vous déménagez, vous devez transporter des objets encombrants?** Louez un utilitaire sans permis d'une contenance de 2,5 m³.

Les conditions requises pour bénéficier d'un contrat de location? Être en possession du BSR ou du permis AM depuis 2 ans et être majeur.

www.rentacar.fr

> **VOCABULAIRE**
>
> **Omnicanal :** utilisation de différents points de contact numériques et physiques entre l'entreprise et le client.
>
> **Rent :** verbe anglais *to rent* qui signifie « louer ».

DOC. 2 L'offre de service

SANS PERMIS ECO

Cette catégorie vous propose l'essentiel, pour un véhicule sans permis compact mais confortable avec un coffre de 700L.

MINAUTO / CITY PACK   3 PORTES   2 PLACES
1 BAGAGE

SANS PERMIS PREMIUM

Facile à conduire et avec un maximum de confort, la catégorie Premium est idéale pour toutes vos sorties avec davantage d'équipements.

CITY GTO, COUPÉ PREMIUM, COUPÉ GTI   3 PORTES
2 PLACES   1 BAGAGE

SANS PERMIS ELECTRIQUE

L'électrique sans permis vous offre de multiples avantages : confort de conduite, silence, écologie et performance.

E-COUPÉ PREMIUM, E-COUPÉ GTI   3 PORTES
2 PLACES   1 BAGAGE

DOC. 3 Les tarifs et options

Exemple de prix pour 1 jour de location :

Sans Permis Eco
Diesel — Boîte automatique — 2 places
Plus d'informations
Paiement en ligne **49€** Réserver >

Sans Permis Premium
Diesel — Boîte automatique — 2 places
Plus d'informations
Paiement en ligne **59€** Réserver >

Sans Permis Electrique
Electrique — Boîte automatique — 2 places
Plus d'informations
Paiement en ligne **79€** Réserver >

Assurances

Votre location inclut une assurance PACK BASIQUE qui ne couvre que les dommages corporels causés à des tiers avec une franchise de **2000€** en cas d'accident, doublée en cas d'incendie ou de vol.

Options

RENT A CAR ASSISTANCE 7J/7 - 24H/24 (Plus d'info)	5€ / jour	SUPPLÉMENT JEUNE CONDUCTEUR (Plus d'info)	30€ / jour
CONDUCTEUR ADDITIONNEL (Plus d'info)	7€ / jour	ANNULATION ET MODIFICATION FLEXIBLE (Plus d'info)	30€
SIÈGE BÉBÉ (Plus d'info)	10€	SIÈGE RÉHAUSSEUR ENFANT (Plus d'info)	5€

DOC. 4 Les conditions d'annulation

Véhicules Rent A Car (y compris Véhicules sans permis VSP)

Rent A Car vous offre la possibilité d'annuler ou de modifier, sous certaines conditions, votre réservation en ligne. En cas d'annulation/modification, et si applicable, la demande de remboursement est à effectuer à l'adresse de l'agence ayant procédé à la location.

Annulation/modification plus de 48 h avant l'heure et la date de départ prévues du véhicule	Annulation gratuite. Modification possible sous réserve de disponibilité et moyennant paiement en cas de différence de prix.
Annulation/modification moins de 48 h avant l'heure et la date de départ prévues du véhicule	Pas de remboursement du montant versé au moment du prépaiement. Seule la modification pour une catégorie supérieure est possible, moyennant paiement et sous réserve de disponibilité.
Annulation/modification moins de 48 h avant l'heure et la date de départ prévues du véhicule	**Option prépayée 30 € :** annulation et modification possibles.

DOSSIER 8 Mettre en place les modalités de règlement et de livraison

COMPÉTENCES

Assurer l'exécution de la vente

- Formaliser l'accord du client
- Mettre en place les modalités de règlement et de livraison
- Rassurer le client sur son choix
- Prendre congé

RÉSULTATS ATTENDUS

- Des modalités sûres de règlement sont mises en place
- Les conditions de livraison et de garantie sont clairement définies en termes de modalités, de délai et de responsabilité

Découvrir les modalités de livraison
liennathan.fr/70f2ku

- En tant que client, avez-vous toujours été satisfait des livraisons reçues suite à des commandes passées ?
- Quelles sont les obligations du fournisseur concernant la livraison des commandes ?

Contexte professionnel

IKEA

Vous effectuez une période de formation en milieu professionnel dans le magasin Ikea à Mulhouse (68). Cette enseigne propose des articles d'ameublement et de décoration pour la maison. Le point de vente propose aussi plusieurs services, très appréciés par les clients. Ikea a récemment mis en place un service de livraison à domicile pour ses clients professionnels.
Juliette Marose vous propose de suivre les étapes d'une commande client depuis le devis jusqu'à la livraison de l'article.

Fiche d'identité de l'entreprise

Raison sociale	....
Activité	....
Type de commerce	....
Statut juridique	SAS (Société par actions simplifiée
Localisation	....
Concurrents	Alinéa, Conforama, BUT
Métiers exercés	....

1 **Quel est l'intérêt d'un service de livraison à domicile du point de vue du client ?**

MISSION 1

Réaliser un devis

Aujourd'hui, 12 mars, vous êtes affecté(e) au service « Ventes Business ». À l'aide des indications que je vous ai laissées (doc. 1), repérez les mentions obligatoires du devis en les entourant sur le modèle de devis fourni (annexe). Ensuite, vous établirez le devis de M. Lémy, artisan décorateur, qui commande pour ses clients, en complétant le modèle (annexe) à l'aide de l'extrait du catalogue (doc. 2) et de la fiche d'identification (doc. 3).

Ses clients ont choisi les modèles suivants :
- Kallax 147 × 77 (marron clair), quantité : 4 ;
- Syvde (blanc), quantité : 2 ;
- Linnmon Alex (plateau blanc), quantité : 4 ;
- Micke (noir), quantité : 2 ;
- chaises Renberget (noir), quantité : 6 ;
- chaises Millberget (noir), quantité : 6.

DOC. 1 Le devis

Un devis est un document écrit par lequel le fournisseur propose un prix pour un bien ou un service. Il est limité dans le temps. Il permet au consommateur de connaître le prix des produits ou prestations demandés. Il précède la conclusion du contrat de vente et permet de sécuriser la transaction. Le devis a un rôle purement informatif et n'engage en rien le client. Le client ne sera engagé qu'à partir du moment où il aura exprimé son accord et aura signé le document.

Les mentions obligatoires à inclure dans un devis sont :
1 – l'identification du fournisseur ;
2 – l'identification du client ;
3 – le mot « devis » ;
4 – les références des biens qui font l'objet du devis ;
5 – les montants HT ;
6 – la date du devis ;
7 – la durée de validité du devis.

DOC. 2 Extrait du catalogue Ikea (prix HT)

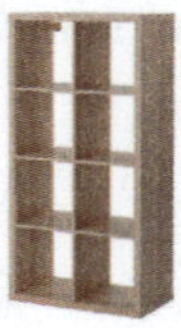

KALLAX
Étagère, 77x147 cm
69,95 €
Dont Éco-part. Mobilier 2,80 €
★★★★★ 4.6 (1224)
Autres coloris/finitions

SYVDE
Coiffeuse, 100x48 cm
129 €
Dont Éco-part. Mobilier 2 €
★★★★★ 5.0 (6)

LINNMON / ALEX
Table, 150x75 cm
108 €
Dont Éco-part. Mobilier 2,94 €
★★★★★ 4.5 (11)

RENBERGET
Chaise pivotante
39,99 €
Dont Éco-part. Mobilier 3 €
★★★★★ 4.4 (378)

KALLAX
Étagère avec 4 accessoires, 147x77 cm
129,95 €
Dont Éco-part. Mobilier 4,08 €
★★★★★ 4.6 (32)
Autres coloris/finitions

MICKE
Bureau, 105x50 cm
79,95 €
Dont Éco-part. Mobilier 2,80 €
★★★★★ 4.6 (506)
Autres coloris/finitions

LINNMON / ALEX
Table, 150x75 cm
104 €
Dont Éco-part. Mobilier 2,94 €
★★★★★ 4.4 (11)
Autres coloris/finitions

MILLBERGET
Chaise pivotante
89,95 €
Dont Éco-part. Mobilier 3 €
★★★★★ 4.4 (148)
Autres coloris/finitions

DOC. 3 **Fiche d'identification client**

Compte Ikea Business n°256034807	
LÉMY Maxime	lemysarl@free.fr
4 rue Picasso	07 52 64 91 XX
68780 Soppe-le-Bas	Remise de 15 % sur tous les articles
Dettes encours : 0,00 €	Garantie contractuelle

MODALITÉS DE RÈGLEMENT :
CHÈQUE OU VIREMENT BANCAIRE
CONDITIONS DE PAIEMENT :
30 OU 60 JOURS FIN DE MOIS

ANNEXE **Modèle de devis**

DEVIS n°2068

Place du Renne
68790 MORSCHWILLER-LE-BAS
09 69 36 20 06

Entreprise ....
....
....

Mulhouse, le ....

N° ordre	Références	Désignation	Quantité commandée	Prix unitaire HT
1	....	....	....	....
2	....	....	....	....
3	....	....	....	....
4	....	....	....	....
5	....	....	....	....
6	....	....	....	....
			Total	....
			Remise	....
			Total HT	....

Ce devis est valable pour une durée de 15 jours.

MISSION 2

Établir le contrat de vente

J'accepte votre devis. Pouvez-vous établir mon contrat de vente (annexe 1) ?

ÉCO-DROIT
MODULE 1
liennathan.fr/y6hb3l

DOC. 1 Informations juridiques sur le contrat

Article 1101 du Code civil
« Le contrat est un accord de volonté entre deux ou plusieurs personnes qui s'engagent à faire, donner ou ne pas faire quelque chose. »

Article 1113 du Code civil
« Le contrat est formé par la rencontre d'une offre et d'une acceptation par lesquelles les parties manifestent leur volonté de s'engager. »

DOC. 2 Les conditions de validité d'un contrat

La liberté contractuelle : chaque individu est libre de contracter et de choisir la personne avec qui il souhaite établir le contrat.

La forme du contrat : un contrat est conclu dès que les parties ont donné leur accord, qui peut être verbal. Un écrit peut s'avérer utile pour des questions de preuve. Il permet en effet de justifier l'existence d'un contrat, du contenu de l'engagement et d'éviter toute contestation future.

L'exécution du contrat : un contrat doit être exécuté par les parties qui doivent respecter leurs obligations en toute bonne foi, c'est-à-dire qu'elles doivent être sincères dans la relation contractuelle.

ANNEXE 1 Contrat de vente à compléter (extrait)

ENTRE LES SOUSSIGNÉS,
La société IKEA située place du Renne, 68790 Morschwiller-le-Bas, représentée par Mme Bugni en sa qualité de directrice, ci-après dénommée « le vendeur » ;
ET
...., représenté(e) par
...., ci-après dénommé(e) « le client » ;
Il a été convenu ce qui suit :
Le vendeur s'engage à délivrer au client les marchandises suivantes :
....
....
....

pour un prix total HT de .... €.
Le client s'engage à payer la marchandise dans les délais convenus qui auront été négociés lors de la formation du contrat.
Le vendeur est tenu de respecter son obligation de livraison dans un délai de deux semaines à compter de la date d'achat des produits par le client.
Les conditions générales de vente annexées au présent contrat détaillent les obligations du vendeur, notamment pour les questions de garantie.
Le vendeur a une obligation de résultat : il doit livrer les bons produits au bon client dans les délais fixés (sauf cas de force majeure).
Si un cocontractant ne respecte pas ses obligations, sa responsabilité contractuelle est engagée car il n'a pas exécuté ses obligations nées du contrat ou les a exécutées partiellement.
Fait en deux exemplaires originaux remis à chacune des parties.
À MORSCHWILLER-LE-BAS, le ....

ANNEXE 2 Grille d'analyse du contrat

Quel est le type de contrat ?	
Qui sont les deux parties au contrat ?	
Quel est l'objet du contrat ?	
Comment s'est manifesté l'accord de volonté des parties ?	
La liberté contractuelle est-elle respectée ?	
Quelle est la forme du contrat ?	
Pourquoi le contrat est-il rédigé en deux exemplaires ?	
En quoi consiste l'obligation de résultat pesant sur le vendeur ?	
En quoi consiste la responsabilité contractuelle ?	

À VOUS DE JOUER !

Flashez le QR Code et répondez aux questions à l'aide de la vidéo « Signature d'un contrat : comment se rétracter lors d'un démarchage ? ».

liennathan.fr/7jwyiv

MISSION 3 Préparer la facturation

J'ai signé le contrat de vente. Maintenant, pouvez-vous établir la facture (annexe) en vous appuyant sur la procédure de facturation et les conditions générales de vente (doc. 1 et 2) ? Habituellement, je paie par chèque à 30 jours fin de mois.

DOC. 1 Procédure de facturation pour les ventes *Business*

IKEA

1. Récupérer le devis signé par le client avec la mention « bon pour accord ».
2. Compléter le contrat de vente et le faire signer par le client.
3. Entrer le numéro client dans l'appli WebstoreIK.
4. Vérifier les informations du client (mode de paiement...) et son encours.
5. Établir la facture et remettre un exemplaire au client.

DOC. 2 Conditions générales de vente (extrait)

Art. 11 – Livraison des produits par le point de vente chez le client

Les frais de transport seront facturés à hauteur de :

– 45,00 € HT si le montant de la commande est inférieur ou égal à 1 500,00 € ;

– 85,00 € HT si le montant de la commande est supérieur à 1 500,00 €.

La livraison a lieu dans un rayon de 40 km. [...]

Art. 17 - Les délais de paiement

La Loi de modernisation de l'économie du 4 août 2008 plafonne à 60 jours à compter de la date d'émission de la facture, le délai de paiement entre les professionnels.

Cette loi fixe aussi le taux plancher des pénalités de retard, qui passe à trois fois le taux d'intérêt légal. De plus, une indemnité forfaitaire de 40 € s'ajoute aux pénalités existantes pour tout professionnel en retard de paiement. [...]

Art. 20 - Les mentions complémentaires de la facturation

Différentes réductions commerciales peuvent être appliquées :

– la remise, qui est accordée selon la quantité commandée, ou selon la fidélité du client ;

– le rabais, qui s'applique en cas de défaut de la marchandise ;

– la ristourne, qui est accordée en fin d'année selon le chiffre d'affaires réalisé avec le client ;

– l'escompte, réduction financière accordée en cas de paiement comptant par le client.

ANNEXE Facture à compléter

FACTURE n°20N3649

Place du Renne
68790 MORSCHWILLER-LE-BAS
09 69 36 20 06

Entreprise ....
....
....

Mulhouse, le ....

Devis n° .... du ....

Code client : ....

Livraison, le ....

N° ordre	Références	Désignation	Quantité commandée	Prix unitaire HT
1	....	....	....	....
2	....	....	....	....
3	....	....	....	....
4	....	....	....	....
5	....	....	....	....
6	....	....	....	....
			Total	....
			Remise	....
			Net commercial HT	....
			Frais de port HT	....
			TVA	....
			Total TTC	....

Mode de règlement : ....

Échéance, le ....

Quelle est la nature de la réduction accordée au client ? Justifiez.

....

....

Que faut-il vérifier avant d'accorder un délai de paiement ?

....

....

MISSION 4

Informer sur les modalités de garantie

Je souhaite obtenir davantage d'informations sur les modalités de garantie des produits que j'ai achetés (doc.). Pourriez-vous me renseigner à ce sujet (annexe) ?

10 ans Garantie GRATUITE

DOC.

Extrait des conditions générales de garantie

La vie quotidienne à la maison impose des exigences élevées sur les chaises de bureau **VOLMAR**, **MARKUS** et **LÅNGFJÄLL**. Celles-ci ont été testées selon des normes élevées pour un usage professionnel (EN 1335, ANSI/BIFMA X5.1-20011) et répondent à nos exigences strictes en matière de qualité et durabilité.

Pour cette raison, IKEA est en mesure d'offrir une garantie de 10 ans sur les chaises **VOLMAR**, **MARKUS** et **LÅNGFJÄLL** couvrant les défauts de fabrication et de matériel sur les pièces mobiles et le cadre des chaises.

Pour connaître les conditions d'application, reportez-vous aux dispositions du présent livret de garantie.

La présente garantie est valable 10 ans à compter de la date d'achat des mobiliers de bureau. L'original du ticket de caisse ou de la facture est exigé comme preuve d'achat.

La garantie s'applique aux produits neufs vendus dans les magasins IKEA, elle couvre les défauts de fabrication et de matériaux.

La garantie ne s'applique pas aux produits qui ont été mal montés ou mal stockés, qui ont subi une utilisation inappropriée, qui ont été nettoyés avec des produits non adaptés ou qui ont subi un usage abusif (utilisation extérieure par exemple). Dans le cas où l'article n'est plus vendu chez IKEA et en cas d'impossibilité de réparation ou si le montant des réparations dépasse la valeur de l'article, IKEA proposera un article de remplacement ou le client se verra proposer un remboursement.

L'article L. 211-4 du Code de commerce mentionne que le vendeur est tenu de livrer un bien conforme au contrat et répond des défauts de conformité. C'est la garantie légale.

L'article 1641 du Code civil stipule que le vendeur est tenu de la garantie des vices cachés qui rendent le bien impropre à l'usage auquel on le destine. Le vendeur doit garantir les produits vendus contre ses défauts cachés.

La garantie s'applique si plusieurs conditions sont réunies : le défaut était caché, il existait à la date d'achat et il rend le produit inutilisable ou diminue très fortement son usage. Le client doit agir dans un délai de 2 ans après la découverte du vice. Le client pourra obtenir le remboursement total ou partiel, ainsi qu'une indemnisation en cas de dommage.

La garantie ne s'applique pas en cas de force majeure, c'est-à-dire en cas de survenance d'un événement imprévisible, insurmontable et extérieur aux parties.

www.ikea.com

ANNEXE Échange entre M. Lémy et vous

Questions du client	Vos réponses
« Allez-vous me transmettre les modalités de garantie des produits ? »	**Bien sûr, vous les aurez avec votre facture et vous pouvez les retrouver sur notre site Internet, dans votre espace client Business.**
« Quelle est la durée de la garantie des produits ? »	....
« Comment pourrai-je prouver mon achat ? »	....
« Si un produit comporte un défaut, sera-t-il réparé dans tous les cas ? »	....
« La garantie s'applique-t-elle si j'entrepose les bureaux à l'air libre pendant une semaine, le temps de les installer chez mes clients ? »	....
« La garantie s'applique-t-elle si, par manque de place, j'empile les bureaux temporairement les uns sur les autres ? »	....
« La garantie s'applique-t-elle si mes clients nettoient leur bureau avec un produit spécial ? »	....

À VOUS DE JOUER !
Flashez le QR Code et répondez au quiz « Les garanties légales et contractuelles ».
liennathan.fr/wqpxyj

MISSION 5

Proposer des facilités de paiement

Bonjour,
Vous êtes chargé(e) d'encaisser plusieurs clients (annexe 1).
Prenez connaissance des documents internes mis à votre disposition (doc. 1 et 2).
M. Lémy souhaite bénéficier de facilités pour le règlement de ses achats et veut savoir s'il peut payer en plusieurs fois. Merci de lui répondre de façon à le rassurer (annexe 2). Si besoin, référez-vous à sa fiche client (doc. 3). S'il remplit les conditions, vous pouvez ouvrir son dossier de financement (annexe 3).
Merci,
Juliette

DOC. 1 Moyens de paiement acceptés chez Ikea

- Carte bancaire – minimum 0,15 €
- Chèque (sauf au Bistro, au Restaurant et à l'Épicerie suédoise)
- Espèces – moins de 1 000 €
- Carte-cadeau IKEA – entre 5 € et 150 €
- Apple Pay – maximum 300 € : le client approche son iPhone du terminal de paiement ; l'iPhone reconnaît l'empreinte digitale de son propriétaire grâce au « Touch ID » et règle l'achat ; l'écran s'allume et confirme à l'utilisateur que la transaction s'est bien déroulée.

Pour tout règlement par chèque, carte de crédit IKEA Family CPay Mastercard, merci de présenter une pièce d'identité, hors permis de conduire (le titulaire du chèque ou de la carte doit être présent). Une seconde pièce d'identité peut être également demandée. Les pièces d'identité seront soumises à vérification au moyen d'un détecteur d'authenticité. Conformément au décret n°2015-741 du 24 juin 2015 en application de l'article L.112-6 du code monétaire et financier, le paiement en espèces est limité à 1 000 €. Pour nos clients étrangers : tout paiement en espèces dans la limite du plafond légal ne pourra se faire que sur présentation d'une pièce d'identité et d'un justificatif de domicile. À défaut, un autre moyen de paiement pourra être exigé.

DOC. 2 Les facilités de paiement chez Ikea

Une facilité de paiement consiste à accorder un paiement en plusieurs fois à un client. Elle peut être gratuite ou payante (avec ou sans frais).

Conditions d'obtention : facilité de paiement de 10 mois maximum si pas d'autres facilités de paiement en cours.

Liste des pièces à fournir pour ouvrir un dossier de financement :
- la carte nationale d'identité
- un relevé d'identité bancaire (RIB)
- un justificatif de domicile de moins de 3 mois
- une carte bancaire
- le dernier avis d'imposition.

DOC. 3 Fiche d'identification client

Compte Ikea Business n° 256034807	
LÉMY Maxime	lemysarl@free.fr
4 rue Picasso	07 52 64 91 XX
68780 Soppe-le-Bas	Remise de 15 % sur tous les articles
Dettes encours : 0,00 €	Garantie contractuelle

ANNEXE 1 Encaissement des clients

Clients	Modes de paiement	Réponse	Justification
Fabrice Déchune 1 240 €	Espèces	☐ Oui ☐ Non	....
Léo Verneuil 241,55 €	Chèque (n'a que son permis de conduire sur lui)	☐ Oui ☐ Non	....
Amira Asfi 203,45 €	Carte cadeau de 100 € (le reste par carte bancaire)	☐ Oui ☐ Non	....
Nathalie Hemir 74,79 €	Apple Pay	☐ Oui ☐ Non	....

ANNEXE 2 Échange entre M. Lémy et vous

Questions du client	Vos réponses
« Quelles sont les conditions pour payer en plusieurs fois ? »	....
« Quel sera le montant prélevé chaque mois ? »	....

ANNEXE 3 Ouverture du dossier de financement

Bienvenue dans MyIkea / Financement
N° dossier : 20NEA2679

NOM : ....

Prénom : ....

Adresse : ....

Téléphone : ....

Mail : ....

☐ Personne physique ☐ Chef d'entreprise

Montant à financer : ....

Numéro de facture : ....

Facilités demandées : ☐ 3 mois ☐ 6 mois ☐ 10 mois

À VOUS DE JOUER !

Flashez le QR Code et répondez aux questions à l'aide de la vidéo « Crédit renouvelable : ce qu'il faut savoir ! ».
liennathan.fr/nteajv

MISSION 6

Informer sur les modalités de livraison et prendre congé

Je souhaite connaître les modalités de livraison. Pouvez-vous répondre à mes différentes questions (annexe 2), au regard des conditions générales de livraison (doc. 1) et du planning des livraisons (annexe 1) ?

DOC. 1 Conditions générales de livraison (extrait)

Les produits sont livrés au client dans un délai de deux semaines, par un livreur Ikea. La livraison est effectuée au lieu désigné par le client lors de la vente. La signature par toute personne, chargée par le client de réceptionner la commande, confirme la bonne réception de la commande, de son contenu et du nombre de colis associés indiqué sur le bon de livraison.

En cas de colis manquant ou détérioré, le client devra formuler les réserves sur le document de transport et sur le bon de livraison, à réception des marchandises. Le client doit fournir au service « Vente Business » la preuve des défauts constatés. Si les anomalies sont confirmées, les produits seront remplacés, sans frais pour le client.

ANNEXE 1 Planning des livraisons

Créneau	8 h – 10 h	10 h – 12 h	14 h – 16 h	16 h – 18 h
Capacité ***(en mètres linéaires)***	40	40	40	40
Lundi 23/03	Livraison n°20384 M. André – 12 mL	Livraison n°20390 Mme Belghali – 10 mL		
Mardi 24/03			Livraison n°20351 M. Carré – 10 mL	Livraison n°20316 M. Roguilot – 16 mL
Mercredi 25/03				Livraison n°20370 M. Martin – 15 mL
Jeudi 26/03	Livraison n°20380 M. Filot – 12 mL		Livraison n°20372 M. Rose – 19 mL	
Vendredi 27/03	Livraison n°20391 Mme Fabie – 18 mL	Livraison n°20368 M. Bougni – 12 mL	Livraison n°20377 Mme Ange – 22 mL	
Contrainte : 3 clients par jour maximum				

ANNEXE 2 Échange entre M. Lémy et vous

Questions du client	Vos réponses
« Quelle est la date maximale de livraison de mes produits ? »	....
« Dois-je réceptionner la livraison en personne ou bien mon associé peut-il signer pour moi ? »	....
« Quand pouvez-vous me livrer, sachant que je ne suis disponible que le jeudi 26 après-midi et le vendredi 27 matin ? »	....

Mettez à jour le planning (annexe 1).

Dernière étape de l'entretien de vente, la prise de congé est tout aussi essentielle que les autres étapes. À l'aide du mémo que je vous ai laissé (doc. 2), analysez votre prise de congé avec M. Lémy (doc. 3) en complétant l'annexe 3.

DOC. 2 Règles à suivre pour la prise de congé : mémo

La prise de congé se fait généralement après l'encaissement, soit avec le même vendeur, soit avec un autre vendeur qui prendra la suite pour l'emballage des produits.

Voici les étapes à respecter :
- **rassurer le client et le conforter dans son achat ;**
- **redonner éventuellement des conseils sur l'utilisation des produits achetés ;**
- **remercier le client et sourire ;**
- **utiliser une formule de politesse ;**
- **susciter une prochaine rencontre.**

Le vendeur doit se montrer disponible et chaleureux et ne doit pas terminer la vente de manière précipitée. Il doit anticiper un autre contact afin d'inviter le client à revenir.

DOC. 3 Votre prise de congé

Vous (*en souriant*) : « Voilà, nous avons terminé. »

M. Lémy : « D'accord. »

Vous : « Je vous remercie pour votre achat. Je reviens très vite vers vous afin de vous confirmer la date de livraison de vos produits. »

M. Lémy : « Au revoir. »

Vous vous empressez de regarder votre téléphone qui sonne.
Le client range ses documents et se dirige vers la sortie.

ANNEXE 3 Grille d'analyse de votre prise de congé

Situations	Conforme
Les documents commerciaux ont été signés par le vendeur et par le client.	☐ oui ☐ non
Le vendeur est souriant et détendu.	☐ oui ☐ non
Le vendeur a conforté le client dans son choix.	☐ oui ☐ non
Le vendeur précise qu'en cas de besoin, son équipe est disponible pour répondre à toute question du client.	☐ oui ☐ non
Le vendeur tend la main au client pour le saluer et dit : « Au revoir monsieur. »	☐ oui ☐ non
Le vendeur raccompagne le client.	☐ oui ☐ non

À VOUS DE JOUER !
Flashez le QR Code et en binôme, réalisez un jeu de rôle pour simuler la prise de congé avec M. Lémy.
liennathan.fr/fhdpns

Évaluez votre réussite du dossier P. 9

SYNTHÈSE

liennathan.fr/q6q84l

1 Réaliser un devis

Mentions obligatoires	
• le mot « devis » • l'identification du client • les références des biens qui font l'objet du devis • l'identification du fournisseur	• ...... • ...... • ......

2 Établir le contrat de vente

Accord de ...... entre les deux parties ▶ ...... du contrat ▶ ...... du contrat

3 Préparer la facturation

Prix des produits sur le catalogue : ...... → Réductions commerciales : ...... → - Escompte + Frais de port et TVA : ......

4 Informer sur les modalités de garantie

Garantie légale	......	
......	Protéger contre les défauts non apparents	
Exclusions de garantie	Faute de l'acheteur	......

5 Proposer des facilités de paiement

Modalités de paiement :
- Carte cadeau
- Carte bancaire
- Paiement échelonné
- ......
- ......
- ......
- ......

6 Informer sur les modalités de livraison et prendre congé

Modalités de livraison :
- ......
- Émargement bon de livraison
- Émargement document de transport

Prise de congé :
- Rassurer
- Remercier
- ......

MOTS-CLÉS

Contrat de vente • devis • facture • garantie • livraison • moyens de paiement • responsabilité contractuelle

QUIZ
liennathan.fr/jztaxg
SCORE ......

APPLICATION ★

1 Analyser les modalités de livraison et de règlement

Vous réalisez une PFMP au sein de la société Sarenza. Cette semaine, vous êtes affecté(e) au service Clientèle et Expédition des commandes clients. Votre tuteur vous demande de tester vos connaissances sur les modalités de livraison et de règlement.

Sarenza a placé la livraison et le service client au cœur de sa stratégie
liennathan.fr/14bk6h

1 De quelle entreprise est-il question ? Quel est son secteur d'activité ?

....

....

....

2 Les frais de retour sont-ils payés dans cette entreprise ? Pourquoi ?

....

....

....

3 Existe-t-il des magasins dans lesquels les clients peuvent se rendre ? Pourquoi ce choix ?

....

....

....

4 Pourquoi l'entreprise a-t-elle fait le choix d'étendre son marché au niveau européen ?

....

....

....

5 L'entreprise offre-t-elle différents modes de règlement à ses clients ? Pour quelles raisons ?

....

....

....

6 Complétez le schéma permettant d'identifier les trois caractéristiques de la qualité de service :

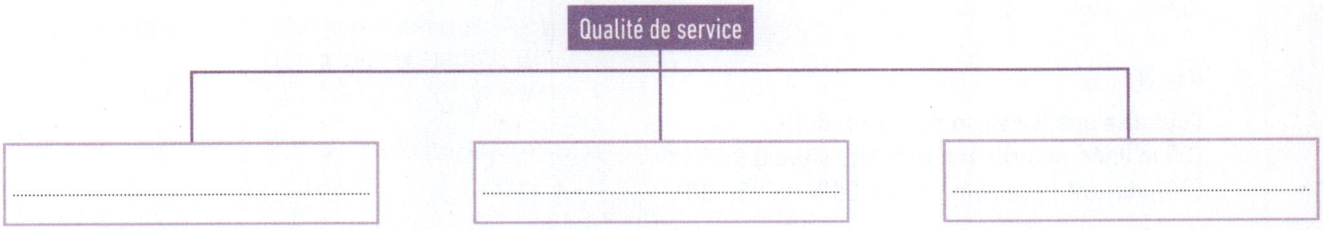

APPLICATION ★★ pix 2.1. Interagir

2 Planifier des livraisons

Vous réalisez une PFMP au sein de la scierie du Lomont située à Pont-de-Roide (25). Les premiers jours, vous êtes encadré(e) par Toufik, responsable commercial, qui vous confie les livraisons de la semaine à venir.
Il vous communique le planning actuel (doc. 5) et vous demande d'étudier la possibilité de satisfaire les deux demandes reçues hier (doc. 1 à 4) et la livraison du client Leclair.

1 Vérifiez la faisabilité des demandes de livraison.

2 Complétez le cahier des livraisons.

Date de traitement	Client	Volume de chargement	Adresse	Possibilité de livrer	N° de tournée	Réponse donnée
[...]	[...]	[...]	[...]	[...]	[...]	[...]
15/03	WARGON	31 mL	TRÉVENANS	☑ Oui ☐ Non	20122	Oui, par mail
....	....	....	....	☐ Oui ☐ Non	....	....
....	....	....	....	☐ Oui ☐ Non	....	....
....	....	....	....	☐ Oui ☐ Non	....	....

3 Répondez au mail de la société Leclair (doc. 3) sur le support de votre choix.

DOC. 1 Message

~~M~~ / Mme MANGE

Société DOMINI

Tél. : 03 89 45 60 XX

☑ Urgent ☐ Rappellera

☑ À contacter ☐ Demande un RDV

Message :

Souhaite une livraison de ses produits (20 m linéaires) sur son chantier situé à Belfort (90), durant la semaine du 19/03/N au 23/03/N.

DOC. 2 Note de Toufik

Bonjour,

La société Menton a appelé pour une livraison de sa commande de 22 mètres linéaires sur son chantier situé à Morteau (25) le 20 ou 21 ou 22 mars N.

Pouvez-vous voir votre planning et les recontacter ?

Merci,

Toufik

DOC. 3 Mail reçu 16/03/N à 14h41

De : service_appro@leclair.fr
À : commercial@scierielomont.fr
Objet : Re : Commande n° 20367

Madame, Monsieur,
Nous avons bien reçu votre facture et nous vous en remercions.
Pouvez-vous nous indiquer la date de livraison des produits (38 mètres linéaires) sur notre chantier situé à Vregille près de Besançon, sachant que nous avons besoin des produits avant le 21/03/N.
Dans l'attente votre retour.
Cordialement,
Adeline

DOC. 4 Carte de la région

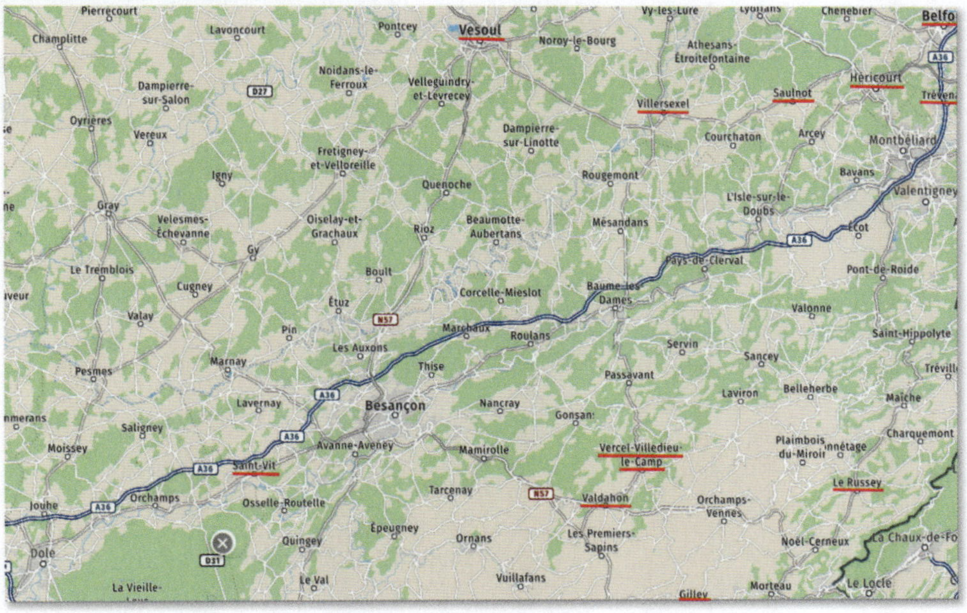

DOC. 5 Planning actuel des livraisons (dernière mise à jour : 16/03/N à 12h30)

Véhicules	AH 052 MR	DL 547 NA	EX 397 PG
Capacité (en mètres linéaires)	55	120	110
Lundi 19/03	Tournée n°20118 VILLERSEXEL et VESOUL 41 mL occupés		
Mardi 20/03		Tournée n°20121 SAINT-VIT 62 mL occupés	Tournée n°20123 HÉRICOURT et SAULNOT 85 mL occupés
Mercredi 21/03			Tournée n°20122 TRÉVENANS et BELFORT 79 mL occupés
Jeudi 22/03	Tournée n°20120 VERCEL et VALDAHON 48 mL occupés		
Vendredi 23/03		Tournée n°20119 LE RUSSEY ET GILLEY 63 mL occupés	Tournée n°20124 BELFORT 93 mL occupés

Grille de lecture : Pour déterminer la possibilité de livrer un client, maximiser la capacité de chargement des véhicules avant de créer une nouvelle tournée de livraison, afin de réduire les coûts de livraison.

APPLICATION ★★ pix 3.1. Développer des documents textuels

3 Facturer des prestations

Vous poursuivez votre formation en milieu professionnel au sein de la scierie de Lomont. Vous avez reçu trois confirmations de commandes clients. Votre responsable vous demande de saisir les factures en utilisant le modèle fourni (D08_appli3_facture_client.xls).

1 **Copiez-collez le modèle sur trois onglets et renommez-les du nom de chaque client.**

2 **Saisissez les informations, sauvegardez, puis imprimez votre travail.**

3 **Répondez, sur texteur, au mail de la société Leclair. Vous joindrez la facture.**

DOC. 1 Note du commercial

Bonjour,

Je suis parti en clientèle ; la société Meuble Mad souhaite recevoir au plus vite les produits suivants :

– 702 368, planche 12 mm, qté : 8 mètres
– 426 907, planche 20 mm, qté : 15 mètres
– 900 347, panneau chêne, qté : 15.

Accordez-lui une remise globale de 15 %.
Merci d'établir la facture rapidement !
Bonne matinée,
Jonathan

DOC. 2 Fiche de contact téléphonique

~~M~~ / Mme AVARY
Société RUMILLY
Tél : 03 81 30 25 XX

☑ Urgent ☐ Rappellera
☑ À contacter ☐ Demande un RDV

Message :
Souhaite commander :
– 705 890, planche 5 mm, qté : 10 m
– 204 699, panneau sapin, qté : 30
– 350 806, cornière, qté : 40
– 900 347, panneau chêne, 3.
Merci de lui envoyer la facture.

DOC. 3 Mail reçu 15/03/N matin

Accorder 15 % de remise et facturer des frais de port de 60,00 €

De : service_appro@leclair.fr
À : commercial@scierielomont.fr
Objet : Re : Commande n° 20368

Madame, Monsieur,
Nous souhaiterions recevoir rapidement :
– 705 890, planche 5 mm, qté : 20 m
– 771 697, latte à tuiles, qté : 100
– 350 806, cornière, qté : 60.
Nous souhaitons une livraison sur un de nos chantiers directement.
Dans l'attente de votre confirmation et de la facture correspondante.
Cordialement,
Adeline Carmel

DOC. 4 Prix catalogue

204 699	4,90 € l'unité
350 806	0,89 € l'unité
426 907	9,40 € le mètre
702 368	3,59 € le mètre
705 890	2,20 € le mètre
771 697	4,95 € l'unité
801 529	8,55 € l'unité
900 347	19,60 € l'unité

JEU de RÔLE 3

Conseiller sur les modalités de livraison et de retrait des produits

Mise en situation

Vous réalisez une PFMP en qualité d'employé(e) de commerce au sein du magasin Biocoop Minimes à Toulouse. Il possède un site Internet, Biotoulouse.fr, qui permet aux clients de passer commande en ligne et de se faire livrer ou de récupérer leur commande en click & collect. Vous participez quotidiennement à la réception et au stockage des produits, ainsi qu'à la préparation des commandes à l'aide d'un terminal portatif. Vous accueillez et conseillez aussi les clients et vous leur remettez leurs commandes.

ACTEUR 1 — Employé(e) de commerce

- Il/lle répond à l'appel d'un(e) client(e).
- Il/elle recherche, sélectionne et exploite les informations.
- Il/elle intègre l'omnicanal dans le processus de vente.
- Il/elle met en place les modalités de règlement et de livraison.

ACTEUR 2 — Client(e)

- Il/elle souhaite avoir des informations sur les modalités de livraison.
- Il/elle demande à connaître les tarifs.
- Il/elle n'a jamais utilisé ce service.
- Il/elle souhaite que vous lui montriez sur son téléphone portable.

ACTEUR 2
Tirez au sort un billet d'humeur et une carte SONCASE à la fin du livre.

- Préparez votre prestation orale à l'aide des documents de la page suivante et de l'annexe téléchargeable *via* le QR Code ci-contre. Vous pouvez vous aider d'une recherche sur le site www.biotoulouse.fr.
- Par groupes, jouez le jeu de rôle.
- Observez-vous et évaluez-vous à l'aide de la grille téléchargeable *via* le QR Code ci-contre.

Annexe liennathan.fr/zqflrh

Grille d'analyse liennathan.fr/jvdg21

DOC. 1 Comment récupérer vos courses ?

VOCABULAIRE

Click and collect : service de retrait en magasin (le client commande en ligne et retire sa commande en magasin).

www.biotoulouse.fr

DOC. 2 Comment s'inscrire en ligne ?

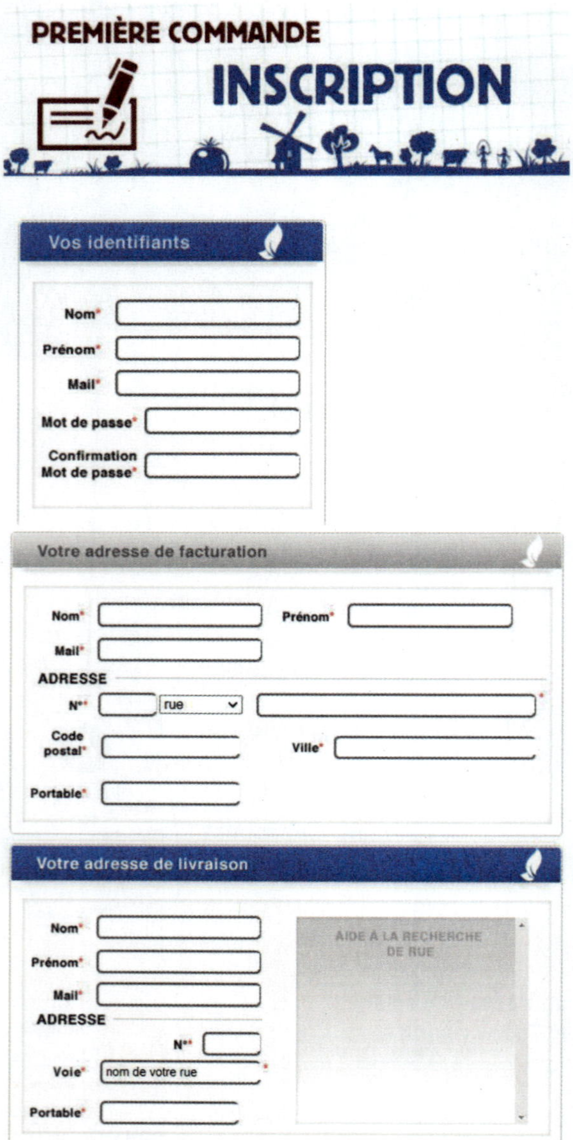

PREMIÈRE COMMANDE

INSCRIPTION

Vos identifiants

Nom*

Prénom*

Mail*

Mot de passe*

Confirmation Mot de passe*

Votre adresse de facturation

Nom* Prénom*

Mail*

ADRESSE

N°* rue

Code postal* Ville*

Portable*

Votre adresse de livraison

Nom*

Prénom*

Mail*

ADRESSE

N°*

Voie* nom de votre rue

Portable*

AIDE À LA RECHERCHE DE RUE

Vous êtes dans notre zone de livraison, mais votre rue n'apparaît pas dans la liste ?
Merci de nous le signaler **ici**.

Découvrez la zone de livraison de notre magasin

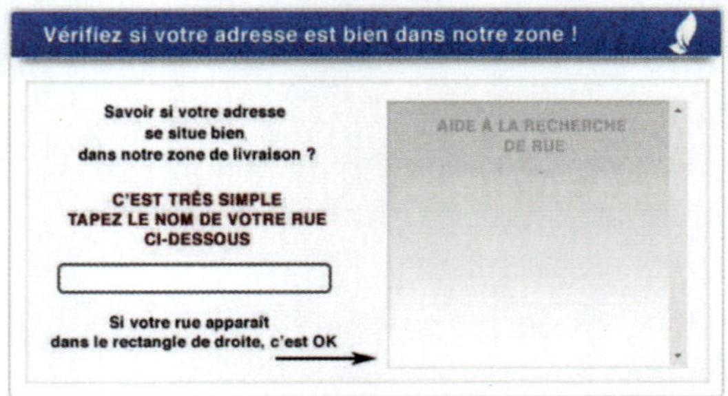

Vérifiez si votre adresse est bien dans notre zone !

Savoir si votre adresse se situe bien dans notre zone de livraison ?

C'EST TRÈS SIMPLE
TAPEZ LE NOM DE VOTRE RUE CI-DESSOUS

Si votre rue apparaît dans le rectangle de droite, c'est OK

AIDE À LA RECHERCHE DE RUE

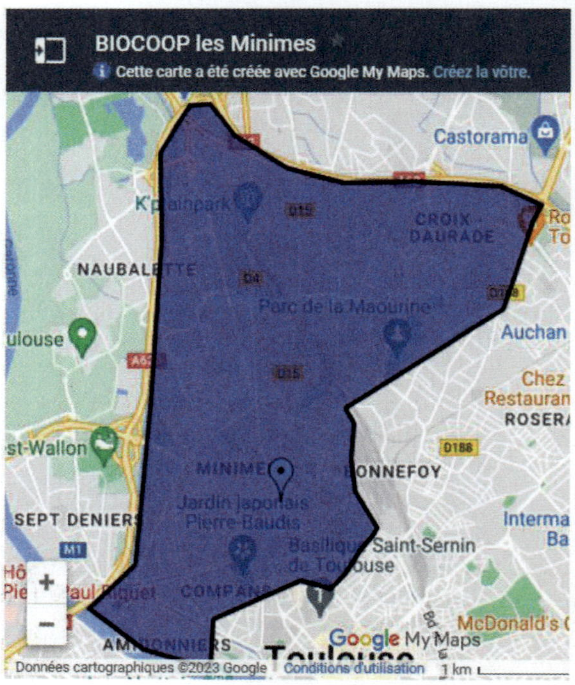

www.biotoulouse.fr

SCÉNARIO 1

Réaliser la vente dans un cadre omnicanal

Entraînement à l'épreuve E31

COMPÉTENCES

Assurer la veille commerciale

- Rechercher, hiérarchiser, exploiter et actualiser en continu les informations sur l'entreprise et son marché

Réaliser la vente dans un cadre omnicanal

- Intégrer l'omnicanal dans le processus de vente
- Découvrir, analyser et identifier le(s) besoin(s) du client, sa (ses) motivation(s) et ses freins éventuels
- Découvrir, analyser et reformuler les besoins du client
- Présenter l'entreprise et/ou ses produits et/ou services
- Conseiller le client en proposant la solution adaptée
- Argumenter
- Répondre aux objections du client

COMPORTEMENTS PROFESSIONNELS

- Faire preuve d'empathie et d'écoute active
- Adopter un registre de langage adapté

Les Mini Stylistes présentent la rentrée
liennathan.fr/5pm1tg

Contexte professionnel

Vous effectuez votre PFMP en tant que vendeur(se)-conseil au magasin Du Pareil Au Même (DPAM) situé dans le centre commercial Leclerc de Paray-le-Monial (71). Le magasin, qui a ouvert en janvier 2021, est spécialisé dans le prêt-à-porter enfant de 0 à 14 ans. Vous êtes sous la responsabilité de Mme Laurent, directrice de la boutique.

Formez des groupes pour effectuer les missions. Selon les activités, le travail est à réaliser individuellement ou de manière collaborative.

SCÉNARIO 1

MISSION 1 Connaître le marché et l'entreprise

pix 1.1. Mener une recherche et une veille d'information

Pour vous familiariser avec l'entreprise et son marché, réalisez une fiche signalétique et analysez la concurrence et les clients ; tous les magasins de prêt-à-porter enfant 0-14 ans sont des concurrents directs.

1 Consultez le **doc. 1** ainsi que le site **www.dpam.com et la page du magasin : liennathan.fr/gmw4tl**, puis complétez la fiche signalétique (**annexe 1**).

2 Sur l'**annexe 2**, dessinez la zone de chalandise autour du magasin (60 km). Vérifiez votre travail en consultant le site **www.oalley.fr/app**.

3 Listez les communes appartenant à la zone de chalandise et recherchez sur Internet les concurrents potentiels implantés dans ces communes en complétant l'**annexe 3**. Validez votre recherche au sein du groupe.

MISSION 2 Caractériser les biens et les services

pix 3.1. Développer des documents textuels

Mme Laurent souhaite que vous connaissiez l'offre de produits et de services proposée par le magasin (**doc. 2**).

4 À l'aide des renseignements figurant sur le site de l'enseigne, complétez l'**annexe 4** sur la clientèle cible du magasin.

5 À partir des **doc. 2 à 4**, analysez l'offre de services de l'enseigne (**annexe 5**).

6 En groupe, réalisez une présentation orale de l'entreprise au reste de la classe en vous appuyant sur un diaporama (5 diapos maximum).

MISSION 3 Préparer ses outils de vente

pix 3.1. Développer des documents textuels

Mme Laurent vous demande de travailler sur la fiche produit de deux articles de la nouvelle collection, l'un choisi par elle (**doc. 5**), et l'autre de votre choix, issu du rayon Garçon à partir du site Internet du magasin.

7 À partir du **doc. 5**, complétez la fiche produit de l'**annexe 6**.

8 Réalisez la fiche produit de l'article de votre choix (SC01_fiche_produit.doc) sur traitement de texte.

MISSION 4 Découvrir les besoins et présenter le produit

Mme Laurent vous confie la vente des articles de la nouvelle collection, particulièrement la combinaison (**doc. 5**). Elle vous charge de conseiller une fidèle cliente du magasin (**doc. 6**).

9 En binôme, préparez le questionnement client sur l'**annexe 7**.

10 Préparez l'argumentaire correspondant au SONCASE du produit que vous avez choisi et la réponse aux objections en complétant les **annexes 8 et 9**.

11 Par groupe de trois (un vendeur, un client, un observateur), réalisez la simulation. Les élèves jouant le rôle du client choisiront des motivations différentes. L'observateur analysera la prestation à l'aide de l'**annexe 10**.

MISSION 5 Présenter ses travaux

Votre tutrice vous demande de présenter les missions 3 et 4.

12 Complétez le compte rendu d'activités (**annexe 11**).

Évaluez votre réussite du scénario P. 9

BASE DOCUMENTAIRE

DOC. 1 Le magasin DPAM

DOC. 2 Les services proposés en magasin

ACHATS EN MAGASIN

Nous mettons à votre disposition une cabine d'essayage.
Après l'achat, dans le cas où un ou plusieurs articles ne conviendraient pas, vous pouvez les échanger en magasin. Pour cela, vous devez vous présenter en magasin dans un délai d'un mois maximum, avec :
– l'article non porté, non lavé et portant l'étiquette d'origine,
– le ticket de caisse.

Vous pourrez obtenir :
– un échange avec le même produit ou un produit d'une valeur équivalente ;
– une facture d'avoir.

DOC. 3 Les e-services

Livraison

Type de livraison	Délais*	Montant
Livraison en boutique	Préparation des commandes sous 3 à 4 jours ouvrés (hors week-end, jours fériés et périodes de promotions/soldes) + livraison par le transporteur sous 2 à 3 jours	Offerte
Livraison à domicile	Préparation des commandes sous 3 à 4 jours ouvrés (hors week-end, jours fériés et périodes de promo-tions/soldes) + livraison par le transporteur sous 2 à 3 jours	5,90 € Offerte dès 60 € d'achat
Livraison en point relais	Préparation des commandes sous 3 à 4 jours ouvrés (hors week-end, jours fériés et périodes de promotions/soldes) + livraison par le transporteur sous 2 à 3 jours	3,90 € Offerte dès 60 € d'achat

RETOURS

Vous disposez d'un délai de 30 jours après la livraison de votre colis Internet. Rendez-vous dans la boutique DPAM de votre choix avec vos produits dans leur emballage d'origine et la facture. Vous pourrez :
- échanger l'article ou les articles qui ne conviennent pas, dans la limite des stocks disponibles dans la boutique ;
- obtenir un avoir en cas de différence de prix. L'avoir est valable dans toutes les boutiques DPAM ;
- être remboursé(e) (hors ventes privées) : la carte bancaire utilisée sur Internet sera recréditée dans les 8 jours.

www.dpam.com

DOC. 4 La carte de fidélité DPAM

Le fan club que l'on ♥ !

Un programme de fidélité 100 % mobile, gratuit et généreux, à découvrir et activer sans tarder !

IL FAIT FAIRE DES ÉCONOMIES !

Vos achats récompensés en boutique :
- 1 € dépensé = 1 point de fidélité
- 100 points = 5 €

IL EST GÉNÉREUX !
- 10 € offerts dès 40 € d'achat à chaque anniversaire de votre enfant.
- 10 € offerts pour fêter la naissance de votre enfant.
- Tous vos bons sont valables même pendant les soldes et les promotions.
- Des offres exclusives tout au long de l'année.

IL REND LA VIE PLUS FACILE !
- Un programme de fidélité 100 % mobile à activer sur votre e-mail de bienvenue.

www.dpam.com

SCÉNARIO 1

DOC. 5 Description de l'article

Combinaison pantalon bleue en jean

Marque DPAM

Référence 1P32001I44

Collection Fille 3 ans – 14 ans

Prix : **25,99 €**

Coloris : bleu

Tailles disponibles :
3, 4, 5, 6, 8, 10, 12 et 14 ans

Description :
Combinaison pantalon en denim bleue. Manches longues. Taille élastiquée avec cordon de serrage. 2 poches à l'avant. Boutons sur le devant.

100 % coton

Lavage en machine (40 °C)

Repassage au fer chaud (150 °C)

Séchage en machine

DOC. 6 Informations concernant Mme Velasco – mémo

Mme Velasco est une cliente fidèle du magasin, elle vient environ une fois par semaine.
Elle vient souvent accompagnée de sa fille de 10 ans. Toutes les deux aiment les nouveautés et ne manquent jamais l'arrivée des nouvelles collections du magasin.
Mme Velasco fait tout de même attention à son budget.
Aujourd'hui, elle se présente seule au magasin en vue d'offrir un cadeau d'anniversaire surprise à sa fille.

ANNEXES

ANNEXE 1 Fiche signalétique de l'entreprise

Nom de l'entreprise	....
Adresse	....
Téléphone	....
Site Internet	....
Horaires	....
Activité	....

Concurrence	
Directe	**Indirecte**
....	....
....	....
....	....
....	....
....	....
....	....
....	....
....	....
....	....

Profil de clientèle	
Prescripteur/Consommateur	**Acheteur**
....	....
....	....
....	....
....	....
....	....
....	....
....	....
....	....
....	....

ANNEXE 2 Zone de chalandise

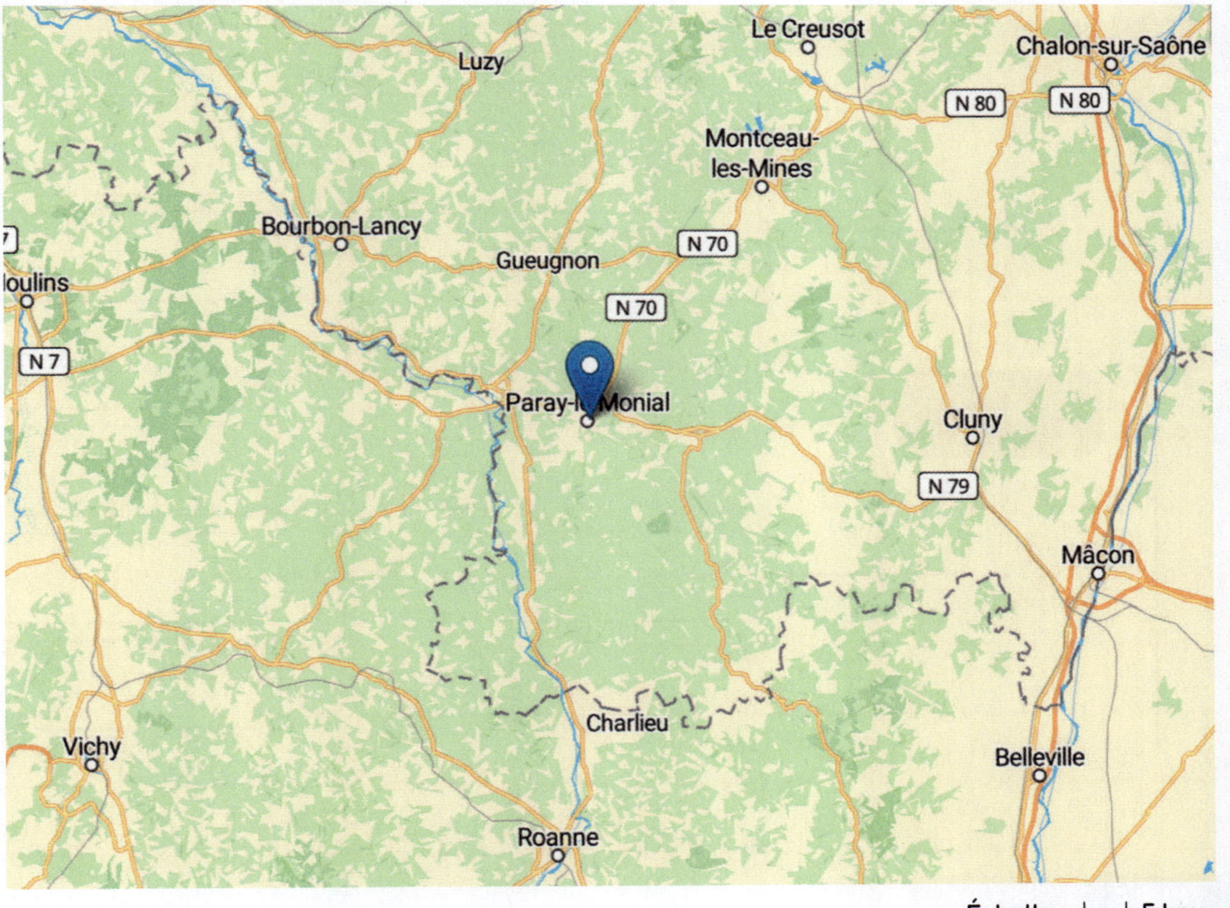

Échelle : ⌴ 5 km

ANNEXE 3 Liste des communes et concurrents

Communes	Concurrents potentiels

ANNEXE 4 Clientèle-cible du magasin

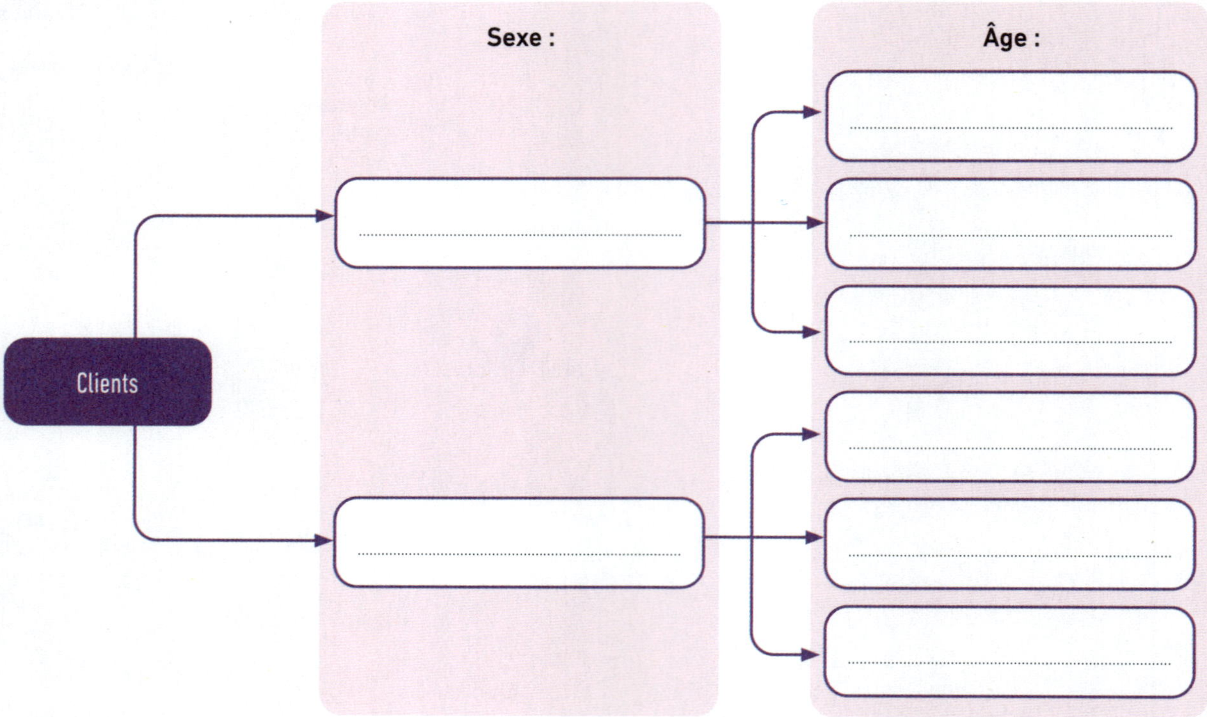

ANNEXE 5 Services DPAM

	Services complémentaires	
	Services vendus	Services gratuits
Services proposés par le magasin DPAM		

ANNEXE 6 Fiche produit

IDENTIFICATION DU PRODUIT

Nom : ....

Marque : ....

Référence : ....

CARACTÉRISTIQUES	AVANTAGES CLIENT	MOBILES D'ACHAT
CARACTÉRISTIQUES TECHNIQUES		
Description : .... Matière : .... Couleur : .... Taille(s) : .... Conseils d'entretien :	....	....
CARACTÉRISTIQUES COMMERCIALES		
Prix : .... Service après-vente : .... Ventes complémentaires :	....	....

CARACTÉRISTIQUES PSYCHOLOGIQUES

Motivation(s) d'achat : ....

....

Freins : ....

....

Profil type de clientèle : ....

....

ANNEXE 7 Plan de découverte du client

Type de question	Questionnement
Ouverte	....
Fermée	....
Alternative	....
Ricochet	....
Miroir	....

ANNEXE 8 Argumentaire produit

Caractéristiques du produit	Mobile d'achat	Argumentaire
....	S	....
....	O	....
....	N	....
....	C	....
....	A	....
....	S	....
....	E	....

ANNEXE 9 Les objections du client

Objections	Nature de l'objection	Traitement de l'objection
« Je ne suis pas sûre que ça lui plaise. »		
« J'ai peur que le tissu s'abîme au lavage. »		
« Le 10 ans a l'air de tailler grand. »		
« Ce n'est pas la couleur de vêtement que je lui prends habituellement. »		
« Dommage que ce modèle ne soit pas soldé... »		
« Ce n'est pas un modèle très tendance. »		
« Je vais réfléchir... »		

ANNEXE 10 Grille d'observation

DIALOGUE DE VENTE	ÉTAPES				
L'accueil : tenue du vendeur, posture, attitude, regard et sourire. **La prise de contact :** disponibilité, observation, accroche ou demande, ton aimable, formule d'accueil et langage courant.	**L'accueil**	☐	☐	☐	☐
	La prise de contact	☐	☐	☐	☐
La connaissance du client : motivations et mobiles d'achat. **La recherche des besoins :** question fermée / alternative / ouverte / ricochet / miroir.	**La découverte du client**	☐	☐	☐	☐
	Les besoins	☐	☐	☐	☐
Argumenter en tenant compte du mobile d'achat du client. **Transformer** les caractéristiques du produit en avantages client. **En apporter la preuve** en faisant déguster, essayer, déplier, sortir de l'emballage…	**L'argumentation**	☐	☐	☐	☐
Identifier les objections : – **fausses :** non sincères et non fondées ; – **vraies :** sincères et non fondées ou sincères et fondées. **Traiter les objections :** – **en approfondissant :** le vendeur fait préciser l'objection du client ; – **en appuyant :** le vendeur transforme l'objection en argument ; – **en affaiblissant :** le vendeur diminue l'importance de l'objection en en reformulant une partie ; – **en utilisant la technique du « oui, mais… » :** le vendeur approuve le client et propose un argument complémentaire.	**Le traitement des objections**	☐	☐	☐	☐

Entraînement à l'épreuve E31

ANNEXE 11 Compte rendu d'activités

1 L'organisation support de l'activité

– Identification : ....

....

– Ses principales activités : ....

....

2 Ma place et mon rôle dans l'organisation

– Missions confiées : ....

....

....

3 Situation de travail

– Contexte : ....

....

– Objectif de ce travail : ....

....

– Personnes concernées (statut) : ....

....

4 Activités réalisées

....

....

5 Outils et supports utilisés

....

....

6 Difficultés rencontrées

....

....

7 Résultat(s) obtenu(s)

....

....

8 Compétences développées

- ☐ Assurer la veille commerciale
- ☐ Réaliser la vente dans un cadre omnicanal
- ☐ Assurer l'exécution de la vente
- ☐ Assurer le suivi de la commande
- ☐ Traiter les retours et les réclamations du client
- ☐ S'assurer de la satisfaction du client

9 Documents à joindre pour illustrer la situation

....

9 Assurer le suivi de la commande du produit et/ou du service

COMPÉTENCES

Assurer le suivi de la commande du produit et/ou du service

- Suivre l'évolution de la commande et éventuellement du règlement client
- Informer le client des délais de livraison et modalités de mise à disposition de la commande

RÉSULTAT ATTENDU

- Le client est correctement informé

Dans les coulisses d'Amazon
liennathan.fr/qy06i8

- Identifiez le système qui permet d'optimiser les stocks et les livraisons.
- Indiquez quel est l'outil principal qui permet de gagner du temps et de ne pas se tromper.

Contexte professionnel

BABY WEB

La start-up Baby Web vend du mobilier pour les chambres d'enfant : lits, commodes, armoires, bureaux… Elle est spécialisée dans le meuble en bois et travaille avec des fournisseurs français et étrangers (principalement suédois, finlandais et slovènes). Ses clients sont essentiellement des boutiques spécialisées ainsi que des particuliers.

Vous intégrez l'entreprise juste avant les fêtes de Noël pour renforcer l'équipe de professionnels. Les commandes sont principalement réalisées par Internet mais aussi par téléphone. Votre tuteur, Loïc Guillot, souhaite vous impliquer dans toutes les étapes de suivi des commandes.

Fiche d'identité de l'entreprise

Raison sociale	………………………………
Activité	………………………………
Statut juridique	SAS (Société par actions simplifiée)
Fournisseurs	………………………………
Clients	………………………………
Localisation	Calais (62)

1. **Quels sont les aléas liés à l'acheminement d'une commande ?**
2. **Selon vous, quelles informations devez-vous être en mesure de fournir au client ?**

MISSION 1

Suivre l'évolution de la commande

Nous venons de recevoir deux commandes sur Internet (doc. 2). Complétez le fichier de suivi des commandes (annexe). J'ai laissé des documents à votre attention vous indiquant la procédure à suivre (doc. 1 et 3).

DOC. 1 Suivi d'une commande

Pour une entreprise, le suivi des commandes se fait à deux niveaux : celui du client et celui du fournisseur. Beaucoup d'entreprises utilisent un logiciel de gestion commerciale permettant de suivre les commandes, les émissions de factures et leur paiement, d'optimiser les stocks et de réaliser des tableaux de bord (état des commandes, du stock, des achats, des paiements). Les principaux documents sont le bon de commande (confirmation de l'achat), le bon de livraison (preuve de la livraison de la marchandise) et la facture (écrit obligatoire qui formalise la vente), qui sont générés automatiquement.

DOC. 2 Commandes passées sur le site Internet

Commande N° 7892

Commande réalisée le : 14/12/N
Pour un montant de : 357,70 €
Dont frais de livraison : offerts

Adresse de facturation : LECONTE DAMIEN
21 rue Émile-Combes
25000 Besançon

Détail de la commande

1 En cours d'acceptation > 2 Accepté > 3 Expédié > 4 Reçue

Mode de livraison : Point-relais

Adresse facturation si différent

Produit	Prix unitaire	Quantité	Total
REF. : 45897 Commode bois pin ARIEGE	278,50	1	278,50
REF. : 23488 Chaise pin PYRENNEE bleue	39,60	2	79,20

Commande N° 7893

Commande réalisée le : 14/12/N
Pour un montant de : 259,70 €
Dont frais de livraison : offerts

Adresse de facturation : LOOSEN ERIKA
45 avenue Brogniez
1000 Bruxelles

Détail de la commande

1 En cours d'acceptation > 2 Accepté > 3 Expédié > 4 Reçue

Mode de livraison : Point-relais

Adresse facturation si différent

Produit	Prix unitaire	Quantité	Total
REF. : 67123 Bureau Alpes	199,50	1	199,50
REF. : 98676 Chaise Aude	23,45	1	23,45
REF. : 12098 Cadre mural Vendée	12,25	3	36,75

DOC. 3 Procédure de suivi des commandes – mémo

Sur le logiciel de suivi des commandes :
- saisir le numéro de commande (il suit le dernier numéro) ;
- saisir les informations sur la commande : date – statut – valeur – source – nombre de produits ;
- saisir les éléments sur la livraison : statut – date – mode.

Préparation de la commande : à J + 1 de la réception de la commande
Livraison France (F) : de J + 3 à J + 5 de la réception de la commande
Livraison Europe (UE) : de J + 5 à J + 8 de la réception de la commande

Ex. : pour une commande le 2 mars pour une livraison en France : préparation le 3 mars, livraison entre le 5 et le 7 mars.

Mode de livraison (Mode livr.) : PR = point relais ; LD = livraison domicile
Source : Tél. = commande par téléphone ; Web = commande sur Internet

ANNEXE Statut et suivi des commandes

N° cde	Date	Statut	Valeur €	Source	Nbre pduits	Livraison	Début livr.	Mode livr.
7890	12/12	Acceptée	453	Tél.	2	F	15/12	LD
7891	13/12	En cours	876,87	Web	3	UE	18/12	PR
…………	…………	…………	…………	…………	…………	…………	…………	…………
…………	…………	…………	…………	…………	…………	…………	…………	…………

Détail commande					
Désignation	**Réf.**	**Valeur €**	**Quantité**	**Valeur totale €**	**Total commande €**
Commode bois pin ARIEGE	45897	278,50	1	278,50	357,70
Chaise pin PYRENNEE bleue	23488	39,60	2	79,20	

Détail commande					
Désignation	**Réf.**	**Valeur €**	**Quantité**	**Valeur totale €**	**Total commande €**
Bureau Alpes	…………	…………	…………	…………	…………
Chaise Aude	…………	…………	…………	…………	
Cadre mural Vendée	…………	…………	…………	…………	

À VOUS DE JOUER !
Flashez le QR Code et répondez aux questions à l'aide de la vidéo « Suivre sa commande ».
liennathan.fr/fvfqvk

MISSION 2

Suivre l'évolution du règlement client

Bonjour,
J'aimerais que vous répondiez aux messages Facebook des clients (doc. 1) en complétant l'annexe 1. Je vous invite à consulter au préalable les informations sur les conditions générales de paiement (doc. 2) et les différents modes de paiement (doc. 3). Ensuite, vous mettrez à jour le suivi de la commande du client « Crèche Le Colibri » (doc. 4 et 5) sur l'annexe 2.
Je vous remercie.
Loïc Guillot

DOC. 1 Messages des clients sur Facebook

Carole Seguy
Bonjour,
Je suis intéressée par la commode en pin ARIEGE qui est affichée à 278 €. Peut-on payer en trois fois ? Je n'ai pas trouvé l'information sur votre site.

Dylan Monclerc
Bonjour,
J'ai voulu commander hier soir sur votre site mais impossible d'aller au bout de la transaction ! Pourtant ma carte bancaire est valide (American express) : puis-je payer par chèque ?

DOC. 2 Conditions de paiement (extrait du site Internet)

Particuliers

Le paiement s'effectue uniquement au comptant au jour de la commande et par carte bancaire portant l'un des sigles suivants : CB, Visa, Mastercard. La commande est considérée comme acceptée par BabyWeb lorsque les centres de paiement bancaire concernés donnent leur accord et que BabyWeb valide la commande. En cas d'acceptation du dossier par le centre de paiement et par BabyWeb, le client est informé par l'envoi de la confirmation de la commande par courrier électronique. En cas de refus du dossier, la commande est automatiquement refusée et le client est informé par mail.

Entreprises

Le paiement peut s'effectuer par carte bancaire, chèque, virement bancaire, ordre de prélèvement pour les règlements à crédit (3 fois sans frais). Conformément à la loi, le délai de paiement est fixé, par principe, au 30e jour suivant la réception des marchandises. Pour le paiement à crédit, la première échéance a lieu le premier jour du mois suivant la date de commande, les deux autres paiements s'effectuent le premier jour des deux mois suivants.

DOC. 3 Les différents modes de paiement

Modes de paiement	
Paiement au comptant	Le versement du montant est effectué au moment de l'achat.
Paiement à crédit	Le versement du montant est différé. Il peut être effectué en plusieurs fois avec ou sans frais.
Modes de règlement	
Ordre de prélèvement	Il s'agit d'une autorisation de prélèvement bancaire automatique souvent utilisée dans le cas des crédits ou des abonnements.
Virement bancaire	Il permet de transférer des sommes d'un compte à un autre.
Espèces	Paiement par billets et pièces de monnaie.
Chèque	Titre par lequel une personne donne l'ordre à un banquier de payer à vue une somme d'argent à son profit ou à une troisième personne (le bénéficiaire).
Carte bancaire	C'est le moyen de paiement le plus utilisé. Les cartes peuvent prendre différentes formes : de crédit, de paiement, de retrait. Le paiement sans contact facilite son utilisation.

DOC. 4 RIB du client professionnel Crèche Le Colibri

☑ J'autorise la société Baby Web à procéder à des ordres de prélèvement sur le compte de la société Crèche Le Colibri, dont je joins le RIB :

IXLOR BANQUE EN LIGNE

IBAN : FR76 0010 7002 2800 9509 1102 890 **BIC :** IXLORLIGFRPPXXX

Paiement en 3 échéances sans frais par prélèvement

DOC. 5 Détail de la commande client Crèche Le Colibri

Détail commande					
Désignation	**Réf.**	**Valeur €**	**Quantité**	**Valeur totale €**	**Total commande €**
Table basse CASPE	67838	75	8	600	1 212
Chaise basse	89223	34	18	612	

ANNEXE 1 Vos réponses aux clients

Baby Web

....

....

....

....

Baby Web

....

....

....

....

ANNEXE 2 Suivi du règlement client Crèche Le Colibri

CLIENT : CCL0008

DÉNOMINATION : ....

ADRESSE FACTURATION : 37 rue Faure 17200 ROYAN

Date : ....

Montant commande : ....

RÈGLEMENT	MODE PAIEMENT	ÉCHÉANCES RÈGLEMENT	
3 × SF *	☐ ESPÈCES	DATE COMPTANT	DATE 3 × SF **
	☐ CHÈQUE		
	☐ ORDRE PRÉLÈVEMENT		
COMPTANT	☐ VIREMENT		
BANQUE	IBAN :		
	BIC :		
* 3 fois sans frais	**** Indiquer la date :** .... / .... /N		

À VOUS DE JOUER !

À l'aide de la vidéo, identifiez les avantages et inconvénients du paiement sans contact.

liennathan.fr/j1q300

MISSION 3

pix | 2.1. Interagir

Informer le client des délais de livraison

De : loic.guillot@babyweb.com
À : stagiaire@babyweb.com
Objet : Mails fournisseur et clients
PJ : Mail du fournisseur finlandais ; Messages laissés par les clients

Bonjour,
Je vous transfère trois mails que je viens de recevoir d'un fournisseur finlandais (doc. 1) et de deux clients (doc. 2). Préparez vos réponses aux clients (annexes 1 et 2) en vous aidant du mémo que je vous ai laissé (doc. 3), puis simulez l'appel.
Merci d'avance.
Loïc Guillot

DOC. 1 Mail du fournisseur finlandais (pièce jointe)

De : anja.jarvinen@formi.fi
À : loic.guillot@babyweb.com
Objet : Mails fournisseur et clients

Dear Loïc,
I'm sorry to inform you that the order for beds (references 45768 and 45978) has been delayed, due to the severe weather in Finland.
We cannot deliver before the 17th of December.
We apologize for the inconvenience.
Best regards,
Anja Järvinen – Formi Finland Company

VOCABULAIRE

Order : *commande*
Delayed : *retardé*

DOC. 2 Messages laissés par les clients (pièce jointe)

De : sybillefournie@laposte.net
À : contact@babyweb.com
Objet : Commande lit réf. 45768

Bonjour,
Je viens de consulter l'espace Suivi de commande. Je m'aperçois que ma commande est toujours dans le statut « acceptée ». Vous précisez sur le site que les livraisons en France s'effectuent entre 3 et 5 jours. Je n'ai toujours pas été contactée par le livreur. Cela fait 6 jours que j'ai commandé (le 8). Que se passe-t-il ?
Sybille Fournié

De : thierry.boutin@yahoo.com
À : contact@babyweb.com
Objet : Commande 45978

Bonjour,
J'ai commandé un lit (réf. 45978) pour ma fille qui va bientôt devenir maman. J'ai demandé la livraison à mon domicile. Il n'est toujours pas arrivé et je suis sans nouvelles de la livraison. Est-il possible de modifier l'adresse de livraison et de l'envoyer directement au domicile de ma fille ?
Pouvez-vous me joindre par téléphone rapidement (portable) afin que je sois rassuré ?
Cordialement,
TB

DOC. 3 Consignes en cas de retard – mémo

- ☑ Saluer
- ☑ S'excuser
- ☑ Préciser le motif du retard
- ☑ Rassurer
- ☑ Saluer
- ☑ Indiquer la nouvelle date si elle est connue ou indiquer que le client sera prévenu dès réception du produit

ANNEXE 1 Mail à la cliente Sybille Fournié

De :

À :

Objet :

....

....

....

....

....

....

....

ANNEXE 2 Plan de l'appel téléphonique pour répondre au client Thierry Boutin

Contact	....
Raison de l'appel	....
Objectif	....
Conclusion	....

À VOUS DE JOUER !

Flashez le QR Code et réalisez un jeu de rôle pour simuler cet appel téléphonique.

liennathan.fr/tchhjl

MISSION 4

pix 2.1. Interagir

Informer le client de la mise à disposition de la commande

Je vous demande à présent d'informer les clients de la mise à disposition de leur commande (doc. 1). À l'aide du mémo que je vous ai laissé (doc. 2) et de la procédure d'information du client (doc. 3), envoyez un SMS au(x) client(s) concerné(s) (annexe 1).
Puis, vous répondrez au message laissé sur Facebook (annexe 2) et analyserez une conversation sur le tchat entre un stagiaire et un client (annexe 3).

DOC. 1 État de la mise à disposition

Date	Nom client	N° commande	Mode livraison	Libellé	Localisation
14/12	DUMONT	6 987	LD	Colis pris en charge par La Poste.	Centre courrier 79 – Rue Fourrier
14/12	AUBRY	6 456	LD	Erreur acheminement vers autre site. Réacheminé vers plateforme Cambrai le 15/12.	Plateforme Narbonne
14/12	MOIRA	6 858	PR	Colis arrivé au point relais 45	Tabac Les Colombes à Ancy
14/12	DELORME	6 875	PR	Colis en cours d'acheminement vers le point relais 89. Arrivée prévue le 15/12	–
14/12	DUBOST	6 875	PR	Livraison point relais 124 prévue le 15/12	Plateforme Chambéry
14/12	YANG	6 678	LD	Retour la poste – Colis livré mais destinataire absent	Centre courrier 141 – Cours Berthelot

DOC. 2 Éléments à vérifier pour le suivi de la commande – mémo

Coordonnées du client (nom, adresse, téléphone) réf. commande, réf. produits, date prévue de livraison, lieu de livraison (domicile, point relais…)

DOC. 3 Outils de communication à utiliser pour la mise à disposition de la commande

- **SMS** : envoyer un SMS aux clients dont le colis est arrivé au point relais, indiquer le nom et le numéro du point relais.
- **Tchat** : rédiger un message court ; faire préciser le n° de commande pour identifier le client ; identifier rapidement le motif de la demande (ne pas mettre en cause le client) ; éviter le langage familier et les émoticônes (même si le client les utilise) ; remercier ; saluer en souhaitant une bonne journée/soirée.

ANNEXE 1 SMS à envoyer

Client(s) concerné(s)	N° commande	Texte du SMS
....	....	....
....	....	....

ANNEXE 2 Messagerie Facebook

Alexandra Bouin

Mon colis n'est toujours pas arrivé (commande 6678 – Gaëlle Plume-Yang passée le 10/12).
Quand serai-je livrée ?

Baby Web

....

....

....

ANNEXE 3 Tchat avec le client Maxime Delorme

	Analyse du message
1 : Client : « Je vous contacte au sujet de ma commande. » 2 : BW : « Laquelle ? » **3 : Client : « Commande lit + armoire bébé. »** 4 : BW : « Votre nom ? » **5 : Client : « Delorme. »** 6 : BW : « À votre nom, j'ai : lit + chaise mais pas armoire. Êtes-vous certain de votre commande ? » **7 : Client : « Certain, pourquoi ? J'ai commandé il y a 5 jours maintenant. »** 8 : BW : « Delorme Alice ? » **9 : Client : « Non, Delorme Maxime. »** 10 : BW : « Ah, je regarde ! » **11 : Client : « Vous êtes encore là ? »** 12 : BW : « Vous avez le numéro de commande ? » **13 : Client : « 6623. »** 14 : BW : « Oui, ça y est, je vous vois à l'écran de l'ordinateur, que voulez-vous ? » **15 : Client : « Savoir où en est ma commande... »** 16 : BW : « En acheminement vers votre point-relais, vous l'aurez demain. » **17 : Client : « Vous me prévenez quand elle est arrivée ? »** 18 : BW : « Oui. » **19 : Client : « Comment ? »** 20 : BW : « SMS. » **21 : Client : « OK, merci. »** 22 : BW : « Au revoir. »	**Points forts :** .... **Points faibles :** .... **Qu'aurait dû faire le stagiaire ?** ....

Reformulez la ligne 6 : ....

....

....

Reformulez la ligne 14 : ....

....

....

Reformulez la ligne 18 : ....

....

....

À VOUS DE JOUER !

Flashez le QR Code et répondez aux questions à l'aide de la vidéo « Retard de livraison : la procédure à suivre ! ».
liennathan.fr/x92dxe

Évaluez votre réussite du dossier P. 9

SYNTHÈSE

liennathan.fr/03696f

1 Suivre l'évolution de la commande

Le client passe commande	Prise en charge de la commande et estimation du délai de livraison	Le client reçoit sa commande	Envoi de la facture
………………… : Document établi pour confirmer la commande au fournisseur	Bon de livraison : ………………… ………………… …………………		………………… : Écrit obligatoire entre l'acheteur et le vendeur

2 Suivre l'évolution du règlement client

Le client paie lors de l'achat :	…………………
Le client paie plus tard :	…………………

Modes de règlement

- …………………
- …………………
- …………………
- …………………
- …………………

3 4 Informer le client des délais de livraison et de la mise à disposition de la commande

Éléments à vérifier :
✓ Coordonnées du client : nom, adresse, téléphone
✓ …………………
✓ …………………
✓ …………………
✓ …………………

MOTS-CLÉS

Documents commerciaux • mode de paiement • mode de règlement

QUIZ ✓ liennathan.fr/2qfwt4 SCORE …………

APPLICATION ★

1 Suivre l'évolution de la commande

Vous êtes en stage dans le magasin Décathlon de Béziers.
La direction envisage la mise en place d'un nouveau système, le Packcity (document). Les équipes s'inquiètent d'un surcroît de travail. Vous vous intéressez à ce nouveau dispositif.

1 Indiquez les avantages de ce dispositif.

Pour le client : ....

....

....

Pour l'entreprise : ....

....

....

2 Rappelez le sens du terme « stratégie omnicanale ».

....

....

....

....

DOC. Succès des consignes Packcity chez Décathlon

Pour renforcer sa stratégie omnicanale, Décathlon a installé dans neuf magasins des casiers gérés de manière automatique pour que les clients puissent retirer facilement les commandes passées en ligne. Leur nom ? Packcity.
« En partenariat avec Packcity et Mondial Relay, ce projet déployé pour le pic d'activité de la fin d'année avait l'ambition de tester une expérience de retrait à la fois rapide, innovante et sur mesure, puisque nos clients peuvent avoir le choix d'être accompagnés ou non par nos équipes », explique Yann Catry, directeur des opérations de Décathlon France. « Autre aspect non négligeable, les consignes automatiques permettent de soulager la gestion des colis qui peut être chronophage pour nos équipes notamment durant les pics d'activité. » Par ailleurs, François Castano, président de Packcity France, souligne qu' « une personne sur quatre ayant choisi de retirer son colis en magasin achètera un produit complémentaire, pour un panier moyen qui représente en moyenne 45 % du prix du produit retiré ».

Concrètement, le client passe commande via le site de Décathlon. Il a la possibilité de venir retirer son colis en magasin dans des délais très rapides. Mondial Relay se charge de la livraison et prévient le client dès que le produit a été mis dans un casier, et lui fournit un code à entrer pour déclencher l'ouverture de celui-ci. 96 % des commandes sont mises à disposition dans les 48 heures après la préparation en entrepôt.

www.lsa-conso.fr

APPLICATION ★★

2 Assurer le suivi d'une commande Click & Collect

Vous avez décroché un emploi étudiant dans le magasin Beauty's de Narbonne, boutique de prêt-à-porter. Votre responsable, Myriam, vous a remis une tablette équipée d'une application Click & Collect et vous en a présenté les fonctionnalités : réception des commandes des clients, gestion des stocks et caisse tactile. Elle vous a remis la procédure à suivre (doc. 1). Peu de temps après votre prise de poste ce jeudi 21 mai à 10h30, vous recevez une notification de commande (doc. 2). Vous avez consulté l'état du stock (doc. 3).

1 **10h35. À partir des informations collectées, formulez un message de confirmation à Mme Patisson. Appelez-la par son prénom, signez de votre prénom et saluez « Beauty'sez-vous ! ».**

CLICK & COLLECT > MESSAGE

2 **Que faites-vous ensuite ?**

3 **Quelles sont les raisons pour lesquelles un produit disponible à 10h30 sur le site peut être indisponible à 10h35 en magasin ?**

DOC. 1 Procédure Click & Collect

Pour le **Click & Collect**, nous avons une heure pour satisfaire le client. Tous les conseillers reçoivent la notification de commande. C'est le premier prêt qui s'en occupe.

Voici les étapes :

1. Vérifier la disponibilité du produit. Il y a parfois un décalage de niveau de stock entre le moment de la commande et le moment de la préparation de la commande.
2. Informer le client par SMS du suivi de sa commande
3. Déposer le(s) produit(s) préparé(s) au service client qui se charge de le(s) remettre au client.
4. En cas d'indisponibilité du produit, passer commande sur la plateforme Click & Collect. Le produit sera en magasin dans les 48 heures.

CLICK & COLLECT = cliquez et retirez

Le client commande en ligne et le produit est disponible en magasin. Chez Beauty's, il est disponible en magasin sous 1 heure s'il est en stock ou sous 48 heures s'il ne l'est pas.

DOC. 2 Notification de la commande

CLICK & COLLECT > NOTIFICATIONS

10H30
Nouvelle commande

Client : Emma Patisson
Tél. : 0618631715
Cde n° : 12915445

Pantalon Femny, Taille M
Pantalon Homny noir, Taille 2XL

DOC. 3 État du stock

CLICK & COLLECT > STOCK

10H35

APPRO FEMNY		APPRO HOMNY	
XS	0	XS	0
S	4	S	3
M	3	M	6
L	10	L	10
XL	4	XL	4
2XL	0	2XL	0

À VOUS DE JOUER !

Flashez le QR Code et répondez aux questions à l'aide de la vidéo « Click and Collect : Les avantages et l'organisation ».

liennathan.fr/xnp1qh

APPLICATION ★★ pix 2.1. Interagir

3 Informer le client sur les délais et la mise à disposition

Vous avez récemment intégré l'équipe de M. Laroche, directeur de Plantavie, numéro 1 en Europe dans la parapharmacie en ligne. Depuis quelques années, Plantavie propose un large panel de compléments alimentaires, minéraux et plantes médicinales de qualité pour le bien-être des clients. La livraison se fait en un temps réduit. Suite à sa commande (doc.), Mme Parkson, qui habite Tours, a envoyé un message via le formulaire de contact du site pour obtenir des informations.

1 **La commande est passée le mercredi 5 février. Quelle date de livraison puis-je annoncer à ma cliente ?**

....

2 **Si la commande avait été passée le vendredi 7 février, quelle aurait été la date de livraison ?**

....

VOCABULAIRE

Jours ouvrés *: jours d'ouverture de l'entreprise, généralement du lundi au vendredi.*

Jours ouvrables *: du lundi au samedi ; le dimanche n'est pas compté.*

3 **Combien va coûter cet envoi unique à M. Laroche, sachant que le poids de l'article est de 49,5 g + 15 g de carton ? (Référez-vous au site Internet de Colissimo https://www.colissimo.entreprise.laposte.fr/fr/offre-colissimo-public).**

....

4 **Vérifiez si les frais de livraison facturés à la cliente permettent de couvrir les frais d'envoi.**

....

5 **Formulez votre réponse à la cliente par mail.**

....

DOC. Commande de Mme Parkson

VOTRE PANIER

Si vous réglez par **CB ou Paypal**, votre colis est expédié dans un délai de 2 jours ouvrables.
Si vous réglez **par chèque ou virement**, nous attendons la réception de ceux-ci avant de livrer.

Date : 05/02/N

Gelée royale
en stock

SOUS-TOTAL	12,60 €
Estimation des frais d'envois	5,52 €
Délais d'acheminement : 3 jours ouvrés	
TOTAL	18,12 €
dont TVA	1,58 €

Quantité : 1

JEU de RÔLE 4

Assurer le suivi des commandes et informer le/la client(e) sur les modalités de livraison

Mise en situation

Vous réalisez une PFMP en qualité de téléconseiller(ère) dans le service de vente en ligne de l'entreprise Made in France, qui propose des vêtements et accessoires fabriqués en France. Le site propose aussi aux clients de personnaliser leur T-shirt avec un logo ou un visuel de leur choix. Les clients peuvent également commander leur chemise sur mesure : choix du tissu, des détails (col, poignet, poche, etc.). Avec ce service, l'entreprise fabrique à la demande et évite ainsi de produire et stocker pour rien.

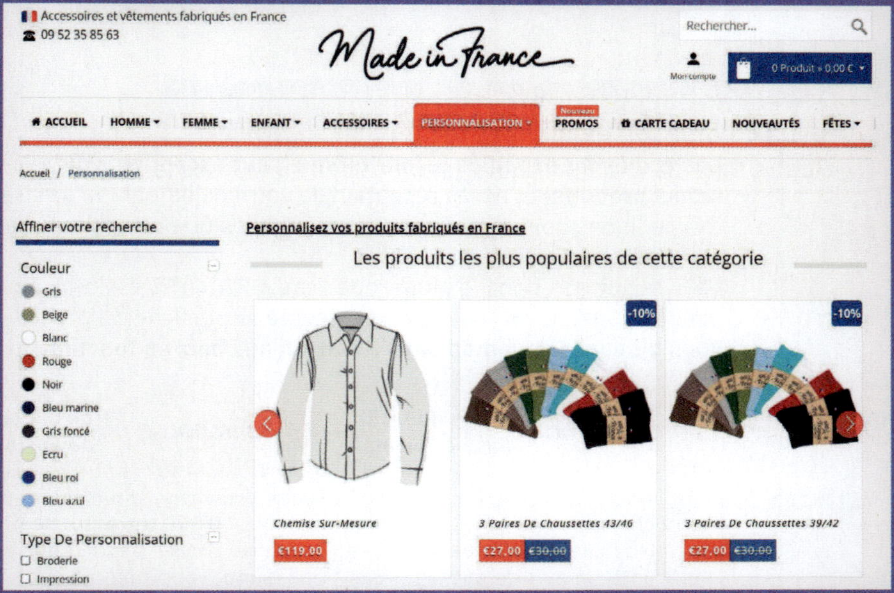

ACTEUR 1 — Téléconseiller(ère)

- Il/elle recherche, sélectionne et exploite les informations.
- Il/elle intègre l'omnicanal dans le processus de vente.
- Il/elle suit l'évolution de la commande et du règlement du client.
- Il/elle informe le client des délais de livraison et modalités de mise à disposition de la commande.

ACTEUR 2 — Client(e)

- Il/elle téléphone au service client.
- Il/elle a commandé samedi dernier une chemise sur mesure pour l'anniversaire d'un de ses amis.
- Il/elle s'étonne que sa commande n'ait toujours pas été expédiée.
- Il/elle souhaite avoir des informations sur la livraison et que son cadeau arrive le plus vite possible.

ACTEUR 2 Tirez au sort un billet d'humeur et une carte SONCASE à la fin du livre.

- Préparez votre prestation orale à l'aide des documents de la page suivante et de l'annexe téléchargeable *via* le QR Code ci-contre. Vous pouvez vous aider d'une recherche sur le site www.madefrance.fr.
- Par groupes, jouez le jeu de rôle.
- Observez-vous et évaluez-vous à l'aide de la grille téléchargeable *via* le QR Code ci-contre.

Annexe liennathan.fr/l6i7pk

Grille d'analyse liennathan.fr/znmuzc

DOC. 1

Quel est le délai de livraison des chemises sur mesure ?

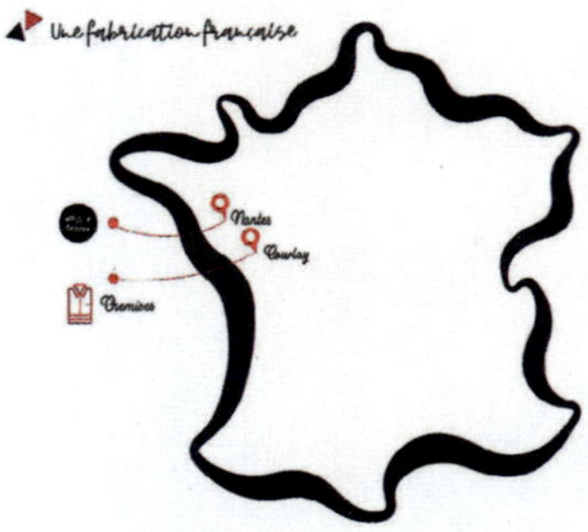

Nos chemises sont fabriquées sur mesure ; le délai de livraison est donc de 3 semaines environ.

Comment fonctionne la livraison à un ami ?

Vous pouvez faire livrer votre commande directement à un ami et à l'adresse de votre choix. Cela est avantageux dans le cadre d'une commande cadeau par exemple. Pour cela, rien de plus simple : au moment du choix de votre adresse de livraison, vous pouvez également indiquer le nom de votre destinataire.

Quels sont les délais de prise en charge de ma commande ?

- Toute commande passée du lundi au vendredi avant 12 heures sera préparée et expédiée le jour même.
- Toute commande passée du lundi au vendredi après 12 heures sera préparée et expédiée le lendemain.
- Toute commande passée le week-end sera préparée et expédiée le lundi suivant.
- Toute commande passée un jour férié sera préparée et expédiée le jour ouvrable suivant.

DOC. 2

La livraison en France Métropolitaine

Les colis sont expédiés le jour même (sauf exception, voir sur l'onglet Livraison sur chacune des fiches produits) et après réception de votre paiement (du lundi au vendredi). Quel que soit le mode d'expédition choisi, nous vous fournirons dès que possible un lien qui vous permettra de suivre en ligne la livraison de votre colis.

La livraison est, dans la plupart des cas, **GRATUITE**. Celle-ci dépend de nos marques partenaires qui peuvent la facturer. Tout cela est résumé sur la fiche du produit, onglet Livraison, ou dans votre panier.

Vous disposez de 6 modes de livraison au choix en fonction du produit commandé :

colissimo – **À mon domicile ou chez un ami**	colissimo – **Mon bureau de poste**	colissimo – **Mon commerçant (relais pickup)**
Faites-vous livrer à l'adresse de votre choix **sous 48 h** ! [...] Si la taille de votre boîte aux lettres n'est pas suffisante, un avis de passage vous sera déposé vous permettant de choisir sur Internet une nouvelle date de livraison dans les 6 jours ouvrés ou de récupérer votre colis dès le lendemain 15 h dans le bureau de poste de votre choix. Lorsque vous indiquez une adresse de livraison, n'oubliez pas que vous pouvez la mettre au nom d'un ami pour une livraison de votre cadeau chez lui !	Faites-vous livrer directement dans l'un des **10 000 bureaux de poste** de votre choix ! Désormais, avec Colissimo, vous pouvez choisir le bureau de poste dans lequel vous souhaitez vous faire livrer (sans passage préalable de votre facteur à votre domicile). Vous serez informé de la disponibilité de votre colis par SMS et par courriel. Vous pouvez alors venir le récupérer dans les 10 jours ouvrables. Passé ce délai, votre colis nous sera retourné.	Faites-vous livrer chez un commerçant à proximité de votre adresse ! Avec Colissimo, vous pouvez choisir l'un des **7 500 commerçants**, à proximité de votre domicile, de votre lieu de travail ou de vacances [...]. [Le colis] vous sera livré dans un délai indicatif de 48 h et vous serez informé de la disponibilité de votre colis par SMS et par courriel. Vous pouvez alors venir le récupérer dans les 10 jours ouvrables. Passé ce délai, votre colis nous sera retourné.
colissimo – **En consigne pickup station**	**Enlèvement sur place**	Shopopop – **La livraison collaborative avec Shopopop**
Vous pouvez choisir l'une des **500 consignes** automatiques de retrait [...]. Implantées sur votre trajet (gare, métro, parking, centres commerciaux...), elles sont accessibles 7 j/7 et 24 h/24 [...]. Une fois le colis préparé par nos soins, il vous sera livré dans un délai indicatif de 48 h et vous serez informé de la disponibilité de votre colis par SMS et par courriel. Ce dernier vous précisera vos codes de retrait vous permettant de retirer votre colis pendant 3 jours ouvrables. Passé ce délai, votre colis nous sera retourné. Suivez à tout moment l'acheminement de votre colis sur www.laposte.fr.	Vous pouvez également décider de récupérer votre commande sur place dans nos bureaux de Loire-Atlantique. Ils sont situés à côté de **Nantes, à Saint-Sébastien-sur-Loire**. L'avantage est de ne pas attendre la livraison et de gagner du temps. Nous serons également très heureux de vous rencontrer et de discuter ensemble ! En fonction du moment où vous passez votre commande, celle-ci sera disponible le jour même ou au plus tard le lendemain. Attention, ce mode de livraison n'est pas disponible pour tous les produits.	Nous vous proposons un nouveau mode de livraison entre particuliers (livreurs particuliers). **Shopopop** est un service de livraison collaborative, dédié à toutes les personnes qui n'ont pas le temps ou la possibilité de se déplacer pour récupérer leurs commandes. **Ce mode de livraison est proposé sur Nantes et son agglomération.** [...] Vous passez commande comme d'habitude (attention, tous nos produits ne sont pas éligibles), puis vous choisissez ce mode de livraison dans la liste proposée. Ensuite, c'est un particulier qui vient récupérer la commande et vous la livrer. L'avantage est que la commande peut être livrée dans les 2 h !

www.madefrance.fr

DOSSIER 10

Mettre en œuvre les services associés

COMPÉTENCES

Mettre en œuvre le ou les services associés

- Rechercher, hiérarchiser, exploiter et actualiser en continu les informations sur l'entreprise et son marché
- Sélectionner les outils de recherche d'information les plus adaptés

RÉSULTATS ATTENDUS

- Le produit et/ou le service est mis à disposition du client dans le respect des délais prévus
- Le prestataire le plus adapté est choisi
- Les relances nécessaires sont réalisées à bon escient

Chronopost et Décathlon vous proposent la livraison en soirée
liennathan.fr/vznyxi

- Quel service Chronopost et Décathlon proposent-ils à leurs clients ?
- Quels sont les avantages de ce service pour les clients ?

Contexte professionnel

Décathlon est une entreprise française. Cette enseigne vend des articles de sport. Elle emploie plus de 100 000 collaborateurs répartis dans 57 pays. Chacun d'eux est invité à élargir ses compétences et ses responsabilités. Le vendeur doit être capable de prendre en charge toutes les étapes de la vente, jusqu'au financement et à la livraison.
Vous êtes embauché(e) en contrat étudiant(e) dans le tout nouveau magasin Décathlon de Béziers. Avec l'aide de votre tuteur William, responsable du rayon fitness, vous mettez en œuvre les services associés. Vous ne vendez pas seulement un produit, vous assurez la satisfaction d'un besoin. Ainsi, une fois la vente principale finalisée, vous proposez des solutions de financement et une livraison.

Fiche d'identité de l'entreprise

Raison sociale	....
Activité	....
Type de commerce	....
Statut juridique	SA (Société anonyme)
Localisation	Villeneuve-les-Béziers (34)
Concurrents	Intersport, Go Sport, Amazon, Nike…

1 Qu'attend-on des vendeurs chez Décathlon ?

2 Pourquoi parler de « satisfaction d'un besoin » et non de « vente d'un produit » ?

MISSION 1

Identifier et comparer les modalités de financement

Vous venez de conclure une belle vente : un tapis de course Intense Run Domyos à 999 € et une table de ping-pong Cornilleau Free 100X Outdoor à 465 €. Votre client, M. Grasset, s'inquiète de l'impact de ses achats sur son budget (doc. 1).

Vu le montant de ses achats, vous pouvez proposer au client un paiement en plusieurs fois (doc. 2 à 4). Comparez les différentes solutions de paiement (annexe 1), puis effectuez une simulation de financement (annexe 2). Vous présenterez au client la solution retenue (annexe 3).

DOC. 1 Le budget de M. Grasset

J'ai dépassé mon budget... Tant pis, j'ai promis la table de ping-pong à mes enfants et je dois entretenir mon cardio car je pratique le trekking en compétition... Puis-je payer en plusieurs fois ? Je voudrais étaler le règlement sur quelques mois, moins d'un an en tout cas, et que ça me coûte le moins cher possible en frais bancaires...

DOC. 2 Le paiement en 3 ou 4 fois

Paiement en 3 ou 4 fois sans frais (TAEG 0 %) pour un achat compris entre 100 € et 4 000 €. Ce financement n'est pas soumis à la réglementation du crédit à la consommation. Offre de crédit d'une durée inférieure ou égale à 90 jours. Vous remboursez en trois ou quatre versements. Le premier paiement intervient le jour de l'achat.

DOC. 3 Le crédit amortissable proposé par l'enseigne

Crédit en 5 à 10 fois.
Un crédit vous engage et doit être remboursé. Vérifiez vos capacités de remboursement avant de vous engager.
Exemple : Pour un crédit accessoire à une vente d'un montant de 800 €, vous remboursez 10 mensualités de 83,49 €, hors assurance facultative. Montant total dû de 834,90 €. Taux annuel effectif global (TAEG) fixe de 9,8 %. Taux débiteur fixe de 9,413 %. Le coût mensuel de l'assurance facultative est de 1 € et s'ajoute aux mensualités ci-dessus. Le Taux Annuel Effectif de l'assurance est de 2,924 %, le montant total dû au titre de l'assurance est de 10 €. Offre de crédit accessoire à une vente réservée aux particuliers, sous réserve d'acceptation par Sofinco marque de CA Consumer Finance.

VOCABULAIRE

Taux annuel effectif global (TAEG) : intègre les intérêts et tous les frais, commissions ou rémunérations de toute nature, liés à un crédit.

DOC. 4 Qu'est-ce qu'un crédit amortissable ?

Un crédit amortissable est un prêt dont le capital est amorti dans le temps sur une durée déterminée. L'emprunteur rembourse une partie du capital à chaque échéance, mensuelle ou trimestrielle, ainsi qu'une partie des intérêts. Au début de l'emprunt, les intérêts remboursés sont plus importants que le capital. Le montant des intérêts à rembourser diminue à mesure que le montant du capital remboursé augmente chaque année.
Toutefois, il faut prêter attention à la durée du remboursement : plus elle sera longue, plus les intérêts payés augmenteront.

ANNEXE 1 Tableau comparatif des solutions de financement en magasin

Mode de paiement	3 ou 4 fois par carte bancaire	Crédit en 5 à 60 fois	
Montant d'achat	Entre 100 et 4 000 €	200 à 3 000 €	3 000 à 6 000 €
Pièces justificatives	– Carte Décathlon – Pièce d'identité – Carte bancaire indiquant le logo CB et ayant une date d'expiration supérieure à 90 jours	– Carte Décathlon – Carte d'identité / Passeport / Titre de séjour en cours de validité – RIB à votre nom et adresse actuelle (si adresse différente : justificatif de domicile de – de 3 mois)	– Carte Décathlon – Carte d'identité / Passeport/ Titre de séjour en cours de validité – RIB à votre nom – Justificatif de domicile à l'adresse actuelle – Original du dernier bulletin de salaire (ou relevé d'imposition pour les non-salariés)
Durée	Inférieure à 90 jours	De 5 à 60 mois	De 5 à 60 mois
Frais associés	Aucun	– Assurance – Intérêts bancaires	– Assurance – Intérêts bancaires
TAEG	0 %	9,8 %	9,8 %
Ce mode de règlement est-il adapté à votre client ? Justifiez votre réponse.			

ANNEXE 2 Simulation de financement / Crédit amortissable

Pour effectuer une simulation d'échelonnement sur le site de Décathlon : liennathan.fr/55d4uz

Durée	Mensualités	Montant dû	TAEG
3 fois			
4 fois			
10 mois			
15 mois			

ANNEXE 3 Votre réponse au client

À VOUS DE JOUER !

Flashez le QR Code et réalisez le jeu de rôle face au client qui hésite entre 2 solutions de financement.

liennathan.fr/txmnho

MISSION 2

Sélectionner le prestataire, collecter et transmettre les informations

Une table de ping-pong et un tapis de course, ça ne rentre pas dans ma C4… Compte tenu du poids du tapis, l'idéal serait une livraison à mon domicile, dans ma véranda. Je me débrouillerai pour le montage. Pour la table de ping-pong, c'est moins grave, de toute façon, je compte la laisser à l'extérieur. Pouvez-vous m'indiquer comment se passe la livraison (doc. 1 et annexe 1) ?

DOC. 1 Les différents modes de livraison

WWW

	MAGASIN	POINT RELAIS	DOMICILE
LIVRAISON DE COMMANDES NON VOLUMINEUSES (ex un T-shirt, une paire de chaussures, un ballon, une draisienne, un vélo 14 pouces, un easybreath...)	- Retrait en Magasin **1h** Offert (si votre produit est disponible dans votre magasin) - Livraison en Magasin **48h** Offert	- Mondial Relay **2 à 3 jours** 3€ Offert dès 50€ d'achat - Colissimo **4 jours** 3€ Offert dès 50€ d'achat	- En soirée * 10€ - Le dimanche matin * 10€ - En 24h 7€ Offert dès 50€ d'achat - En 48h 7€ Offert dès 50€ d'achat - En boîte aux lettres 3 jours 7€ Offert dès 50€ d'achat
LIVRAISON DE COMMANDES VOLUMINEUSES (hors table de tennis de table, les vélos & kayaks)	- Retrait en Magasin **1h** Offert (si votre produit est disponible dans votre magasin) - Cliquez & Retirez **2 à 4 jours** Offert	- Mondial Relay **3 à 4 jours** 15€	- 1er Rdv en 24h **à partir de 25€** (au pas de porte) - 1er Rdv en 48h **à partir de 20€** (au pas de porte) - Dans la pièce de votre choix **50€** - Montage à Domicile **à partir de 70€**
LIVRAISON DES TABLES DE TENNIS DE TABLE & KAYAKS	- Retrait en Magasin **1h** Offert (si votre produit est disponible dans votre magasin) - Cliquez & Retirez **2 à 5 jours** Offert	- Mondial Relay **3 à 4 jours** 15€	- Prise de Rdv sous 4 jours **à partir de 25€** (au pas de porte)

*Dans certaines villes de France.

ANNEXE 1 Modalités de livraison des deux produits

Produit	Mode de livraison	Délai de livraison	Coût
....	....	....	....
....	....	....	....

Une fois que vous aurez comparé les différentes options de livraison pour les colis volumineux (doc. 2) et sélectionné le(s) transporteur(s) adéquat(s), vous formulerez votre réponse à M. Grasset (annexe 2). Puis, vous transmettrez par mail les ordres de livraison au(x) prestataire(s), sur le support de votre choix. Vous préciserez toutes les informations utiles pour que la livraison se déroule comme convenu (doc. 3).
Merci,
William

DOC. 2 Informations transporteurs pour les colis volumineux

France Express	France Express	Prévoté	VIR	VIR
pros@ franceexpress.com	pros@ franceexpress.com	contact@prevote.com	rclients@vir.com	rpro@vir.com
En 24 h à domicile	En 48 h à domicile	Livraison à domicile sur rdv	Prise de rdv sous 3 jours	Prise de rdv sous 3 jours
Sur rdv modifiable	Sur rdv modifiable	Prise de rdv en 4 jours	Sur rdv modifiable	Sur rdv modifiable
1 livreur, déposé à l'entrée du domicile	1 livreur, déposé à l'entrée du domicile	1 livreur, déposé à l'entrée du domicile	2 livreurs, commande déposée dans la pièce au choix du client	2 livreurs assurent le montage du matériel à domicile

Prévoté : Transporteur habituel pour les tables de ping-pong et les canoés

DOC. 3 Fiche client

Nom : GRASSET **Prénom :** Gaël
Date de naissance : 28/07/1982
Adresse : 2, rue Cabernet 34370 Cazouls-les-Béziers
Adresse mail : ggrasset@gmail.com
Téléphone : 06 17 69 02 36

ANNEXE 2 Votre proposition argumentée au client

MISSION 3 Suivre l'exécution des services et effectuer les relances

M. Grasset a rappelé, furieux : le tapis de course a été livré en fin de semaine et il n'a aucune nouvelle de la table de ping-pong ! Je lui ai assuré qu'on s'en occupait aujourd'hui : nous sous-traitons le transport mais c'est à nous d'assurer le suivi. Rassemblez les informations sur la commande (doc. 1). Je vous laisse rédiger le mail au transporteur (annexe) en vous aidant de mes conseils (doc. 2).

DOC. 1 Fichier client (extrait)

- **Nom :** GRASSET **Prénom :** Gaël
- **Date de naissance :** 28/07/1992
- **Adresse :** 2, rue Cabernet 34370 Cazouls-les-Béziers
- **Mail :** ggrasset@gmail.com
- **Tél. :** 06 17 69 02 36
- **Livraison :** Ordre de livraison : BZ341526
- **Prestataire :** Prévoté – E-mail : clientpro@prevote.com
- **Suivi :** Prise de rendez sous 4 jours

DOC. 2 Consignes de rédaction – note de William

Il faut soigner l'objet. Il doit être explicite, clair et bref, en lien avec le but du mail (dans notre cas : inciter le destinataire à agir). Il doit permettre au destinataire de comprendre tout de suite de quoi il s'agit. J'utilise un plan en pyramide inversée : je commence par l'information principale du message ; c'est souvent une reprise de l'objet du mail. Pour rédiger, le principe, c'est un paragraphe par idée, avec maximum quatre paragraphes de 3 à 4 lignes et des phrases courtes avec des mots de liaison.

ANNEXE Mail au transporteur

De : stagiaire@decathlon.fr

À :

Objet :

....

....

....

....

....

....

....

MISSION 4

Mesurer son activité de vendeur

De :	william.vernon@decathlon.fr
À :	etudiant@decathlon.fr
Objet :	Entretien bilan
PJ :	Guide d'entretien

Bonjour,

La semaine prochaine, je vous ferai passer votre entretien bilan. Vous vous souvenez de votre défi en février ? Objectif individuel : augmenter de 5 points le taux de clients encartés du rayon fitness (34 % en janvier) et monter 15 dossiers de financement par semaine. Objectif CA du rayon : + 3 % par rapport à février N–1. Pour préparer votre entretien, consultez le guide d'entretien en pièce jointe (doc.), calculez vos performances (annexe 1), puis analysez vos résultats (annexe 2).

DOC. Préparer l'entretien bilan avec votre manageur

Un management à l'écoute : suivi, accompagnement, évaluation pour plus de plaisir, plus d'efficacité et plus de performances. Une fois intégré et formé, vous êtes accompagné(e) par votre manageur dans votre métier, et plus tard dans votre parcours professionnel. Deux rendez-vous vous sont proposés :

– un entretien mensuel, pour faire le débriefing de vos priorités, le point sur les résultats obtenus et votre avancée sur le métier, etc. ;

– deux points annuels : l'un centré sur votre développement, vos compétences, votre parcours et les actions à mettre en œuvre pour vous permettre de vous enrichir par la responsabilité, et l'autre pour mesurer vos performances et fixer ensemble vos objectifs.

FORMULE

Part clients encartés =

$$\frac{\text{Détenteurs carte Décathlon}}{\text{Nombre de clients du rayon}} \times 100$$

ANNEXE 1 Calcul de vos performances de février

	Semaine 1	Semaine 2	Semaine 3	Semaine 4	Moyenne
Part clients encartés	35 %	37 %	36 %	37 %	....
Nbre de dossiers de financement	10	8	15	6	....

Année	Semaine 1	Semaine 2	Semaine 3	Semaine 4	Total	Évolution
CA N–1	64 025	42 729	57 827	63 125	....	
CA N	65 945	49 627	58 821	61 235	....	....

ANNEXE 2 Analyse de vos performances

Vos objectifs de performance commerciale sont-ils atteints ?	....
Quelles actions pouvez-vous envisager pour améliorer vos performances ?	....
Selon vous, quels autres critères de performance pourraient être abordés lors de cet entretien ?	....

Évaluez votre réussite du dossier P. 9

SYNTHÈSE

liennathan.fr/eprnfk

1 Identifier et comparer les modalités de financement

Les modes de financement

- Paiement comptant
- ....
  - Gratuit (en plusieurs fois sans frais)
  - Payant (selon durée du crédit et montant emprunté)

2 3 Sélectionner le prestataire, collecter et transmettre les informations, suivre l'exécution des services et effectuer les relances

Sélection du prestataire → **Transmission des informations** → **Suivi de la bonne exécution de la livraison**

Selon :

- ....
- ....
- ....

4 Mesurer son activité de vendeur

Le vendeur peut rendre compte de...

- ....
- actions mises en œuvre / à mettre en œuvre

→ Comparaison avec les priorités ou les objectifs et mise en place d'actions correctives

MOTS-CLÉS

Mode de financement • mode de livraison • services associés

QUIZ

liennathan.fr/u30ton

SCORE ....

1 Mesurer son activité de vendeur

Vous êtes conseiller(ère) commercial(e) depuis sept mois dans une concession Opel à Béziers. Vous avez un objectif mensuel : un taux de financement à crédit (TFC) de 33 %, correspondant au pourcentage du chiffre d'affaires intégrant un crédit à la consommation (ex. : pour 1 000 € de CA, le vendeur doit atteindre au minimum 330 € de financement à crédit).
Si l'objectif est atteint, vous percevez une prime de 200 €.

1 **Évaluez vos performances des mois passés en complétant le document Excel (doc. fourni sous Excel : D10_appli1_doc.xls). Quel constat faites-vous ?**

....

....

....

....

....

2 **Effectuez ces calculs sur Excel et représentez graphiquement le CA, le nombre de véhicules, les financements à crédit et le taux de financement à crédit (TFC).**

DOC. Performances commerciales (fourni sous Excel)

	Février	Mars	Avril	Mai	Juin	Juillet
Nbre de véhicules vendus	10	8	10	12	11	13
CA	53 250	64 210	78 250	128 200	122 230	87 250
Financement à crédit	12 000	17 230	27 560	31 120	48 260	27 250
Prix moyen par véhicule	....	....	....	....	....	....
TFC*	....	....	....	....	....	....
Prime sur objectif (oui/non)	....	....	....	....	....	....

* TFC = (Financement à crédit / CA) × 100

2 S'autoévaluer

Vous êtes en PFMP pour la deuxième fois dans l'entreprise ÉlectroHop à Bordeaux. Cette enseigne est spécialisée dans la vente de produits électroménagers, multimédias et audiovisuels. Avant de vous recevoir en entretien, votre tuteur vous remet une grille pour vous préparer.

1 Placez les critères d'autoévaluation (doc.) dans l'une des trois colonnes. (Vous pourrez proposer d'autres critères.)

………………	………………	………………

DOC. Critères d'autoévaluation

- Compétences écrites
- Compétences orales
- Gestion des priorités
- Gestion du stress
- Prise d'initiative
- Motivation
- Esprit collectif
- Bienveillance
- Résultats scolaires
- Missions en entreprise
- Performances en entreprise
- Plaisir du travail
- Équilibre vie professionnelle / vie personnelle
- Définition de mon projet professionnel

2 **Complétez le tableau suivant :**

Aujourd'hui, qu'est-ce que j'arrive à faire facilement ?	
Au lycée / en centre de formation	**En entreprise**
....	....
Quel est l'écart entre mes objectifs de début d'année et ma situation aujourd'hui (petit, moyen, grand) ?	
Au lycée / en centre de formation	**En entreprise**
....	....
Quel est mon objectif scolaire / professionnel ? Ex. : *En entreprise = nombre de ventes, nouvelle compétence, autonomie sur mon poste...* *En centre de formation = notes, appréciations, diplôme...*	
Au lycée / en centre de formation	**En entreprise**
....	....
Qu'est-ce que cela va m'apporter ?	
Au lycée / en centre de formation	**En entreprise**
....	....
Projet personnel de développement	
Forces / axes de progrès	**Actions de développement**
....	....
Forces/axes de progrès : définir les points forts que vous souhaitez renforcer et les domaines ou compétences que vous souhaitez développer car ils vous sont utiles pour atteindre votre objectif.	**Actions de développement :** définir les actions que vous souhaitez mettre en place pour progresser (ex. : formation complémentaire, demander un conseil, échanger avec d'autres, observer quelqu'un, aller voir une autre entreprise...).

3 Sélectionner le prestataire adapté

ÉCO-DROIT
MODULE 1
liennathan.fr/iwiv2r

Vous êtes employé(e) dans une boutique de luminaires à Nancy (lampes, lustres, spots…), LuminART. Les pièces sont conçues en petites séries. Le concept est de faire du luminaire et de la lumière un élément de personnalisation du logement. Fort du succès de la vente en boutique, l'enseigne souhaite développer la vente en ligne. La question de la logistique et de la livraison est un élément clé : quel prestataire choisir ?

● **Après avoir collecté des informations sur le site de l'INC (liennathan.fr/76i7cj) et pris l'avis d'un professionnel (doc.), complétez le tableau ci-dessous.**

Question	Réponse
Quel est l'enjeu de la livraison pour un site de e-commerce ?	....
Est-il obligatoire de communiquer une date ou un délai de livraison ?	....
Qui est responsable vis-à-vis du client si la marchandise livrée est endommagée ?	....

DOC.

Conseils d'un bijoutier

Tu as raison de prendre le temps. Le e-commerce et la livraison à domicile sont maintenant inscrits dans les habitudes d'achat alimentaires et non alimentaires. Pendant la crise sanitaire, 41 % des e-consommateurs ont augmenté leur fréquence d'achat online, 85 % continuent au même rythme. La livraison représente toujours le premier facteur d'abandon de panier : les consommateurs changent de site pour bénéficier d'une livraison mieux adaptée à leurs besoins. La livraison est un des critères les plus importants lors de l'acte d'achat, même avant le prix, le produit, la sécurité et le site internet (Enquête Ifop 2021).
C'est aussi un élément essentiel de la fidélisation. Après une expérience positive de livraison, 98 % des acheteurs sont prêts à commander à nouveau sur le site. À l'inverse, suite à une mauvaise expérience, 35 % changent de e-commerce, 57 % font une réclamation, 28 % en parlent autour d'eux.

DOSSIER 11

Gérer les situations difficiles face à un retour client ou une réclamation

COMPÉTENCES

Traiter les retours et les réclamations du client

- Identifier le(s) problème(s) rencontré(s) par le client
- Proposer une solution adaptée en tenant compte des procédures de l'entreprise et de la réglementation

RÉSULTATS ATTENDUS

- Un climat de confiance avec le client est préservé
- Le problème(s) rencontré(s) par le client est (sont) clairement identifié(s)
- Les solutions apportées sont pertinentes et conformes aux procédures de l'entreprise et à la réglementation

Comment gérer la réclamation d'un client en colère

liennathan.fr/0l50mo

- Listez les conseils de Guy Burkhardt pour transformer un client en colère en client fidèle.

Contexte professionnel

CONNECT HOME

Vous débutez un stage en tant que téléconseiller(-ère) au service Retours clients et réclamations de Connect Home. Cette enseigne est spécialisée dans la vente de produits électroménagers, Son et Informatique en magasin et sur Internet. Votre mission consiste à qualifier les réclamations pour les analyser et les traiter rapidement. Vous devez également traiter les situations conflictuelles et apprendre à gérer votre stress. Face à la concurrence des hypermarchés et des enseignes Boulanger et Darty, le service Retours clients et réclamations doit soigner la prise en charge des clients. Vous secondez Amandine Grondin, téléconseillère réclamations.

Fiche d'identité de l'entreprise

Raison sociale	....
Activité	....
Type de commerce	....
Métier	....
Concurrents	Hypermarchés, Boulanger, Darty

À quels motifs de réclamation un téléconseiller peut-il être confronté dans une enseigne comme Connect Home ?

MISSION 1

Qualifier la réclamation

Au service Retours et réclamations, nous recevons des appels ou mails de clients souvent déçus, insatisfaits, voire très mécontents de leur expérience d'achat. Les retours clients portent sur les produits achetés ou bien sur le parcours client (doc. 1). Une fois l'origine et la nature du retour client identifiées, il s'agit de déterminer si la réclamation est fondée ou non (doc. 2). Pour cela, nous devons bien connaître les produits et prestations proposés et nous disposons des informations contenues dans le logiciel de Gestion de la relation client (GRC). À l'aide des doc. 3 à 6, identifiez l'origine, le motif du retour client et qualifiez la réclamation de chaque appel que je prendrai en charge ce matin (annexe).

DOC. 1 L'origine et les motifs de retours et de réclamations

Origine de la réclamation	Liée aux produits	Liée au parcours client			
		Commande	Livraison	Demande de SAV	Échanges avec le personnel
Motif de la réclamation	– Produit défectueux – Erreur de prix – Rupture de stock – Manque d'informations	– Annulation ou modification de commande avant expédition – Demande de remboursement	– Colis refusé – Retard de livraison – Colis non retiré – Livraison non réalisée – Demande de remboursement	Réparation non réalisée	– Incompétence – Manque d'amabilité – Indisponibilité

DOC. 2 Réclamation fondée ou non fondée ?

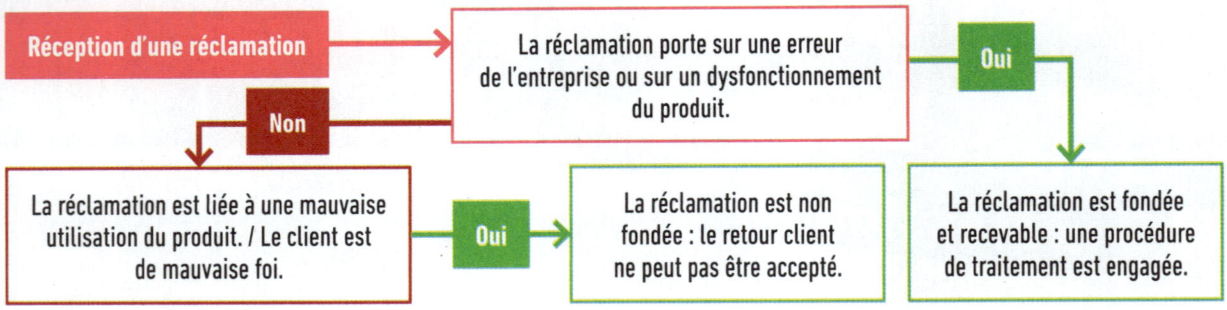

DOC. 3 Logiciel de GRC Connect Home – Suivi des livraisons

N° de commande	Date de la commande	Nom du client	Adresse de livraison	Produit / Référence	Prix	Date de livraison prévue	Date de livraison effective
C783	1/11/N	BORDET Manuel	4 rue Gambetta 18000 Bourges	Tablette tactile HP 14-DK13N	399 €	01/11	12/11
C894	7/11/N	MONIER Jean	2 rue des Roses 28000 Chartres	Lave-linge Indesit 91082 Eco	259 €	10/11	13/11

DOC. 4 Conseils d'entretien cafetière

N'utilisez jamais un détartrant à base d'acides minéraux tels que l'acide sulfurique, l'acide chlorhydrique, l'acide sulfamique ou l'acide acétique (vinaigre par exemple) pour détartrer votre cafetière. Ces agents détartrants risquent d'endommager votre machine.

DOC. 5 Modification/annulation de commande

Pour modifier ou annuler votre commande,

nous vous conseillons de contacter le service client Connect Home dans les 2 heures suivant votre confirmation de commande au

09 89 89 87 87.

DOC. 6 Offre « Si vous trouvez moins cher ailleurs, nous vous remboursons la différence »

➤ Si, pendant les 10 jours qui suivent votre achat, vous trouvez un produit de même marque et de même référence, disponible à la vente en magasin ou sur Internet chez nos principaux concurrents, en France métropolitaine, à un prix plus bas, nous vous remboursons la différence en carte Cadeau valable dans tous les magasins Connect Home.

ANNEXE Identification des retours clients reçus ce 12 novembre N

Appels reçus	Origine et motif du retour client	Type de réclamation	Justification
9 h : « J'ai acheté un téléviseur le 7 novembre, vous m'aviez promis une livraison pour le 10 novembre. Nous sommes le 12, et je n'ai toujours rien reçu ! »	Origine : .... Motif :	☐ Fondée ☐ Non fondée	....
9 h 30 : « J'ai acheté une cafetière Senseo il y a six mois, elle ne fonctionne plus. Pourtant, j'en prends soin : je la détartre dès que c'est nécessaire avec un peu de vinaigre. »	Origine : .... Motif :	☐ Fondée ☐ Non fondée	....
10 h : « Hier, je suis allé au magasin Connect Home de ma ville pour acheter un lave-linge. Aucun vendeur n'est venu me conseiller, ils discutaient tous ensemble de leur week-end ! J'ai fini par commander en ligne depuis mon domicile. »	Origine : .... Motif :	☐ Fondée ☐ Non fondée	....
10 h 15 : « Je viens à l'instant de passer une commande sur votre site Internet : j'ai changé d'adresse et j'ai oublié de mettre à jour mes coordonnées client ! »	Origine : .... Motif :	☐ Fondée ☐ Non fondée	....
10 h 30 : « J'ai commandé une tablette tactile HP il y a 10 jours sur votre site Internet, et je viens de voir la même à 359 € chez Carrefour. Je veux que vous me remboursiez la différence tout de suite ! »	Origine : .... Motif :	☐ Fondée ☐ Non fondée	....

MISSION 2

Adapter son comportement aux clients mécontents

Lors du traitement de la réclamation, il est important d'adapter sa communication au comportement du client. Une typologie de cinq types de clients insatisfaits propose des attitudes à mettre en œuvre pour préserver un climat de confiance. Je vous propose de vous familiariser avec des situations tirées de notre module de formation (annexe). Après les avoir identifiées (à l'aide du doc. 1), vous choisirez l'attitude à privilégier avec chaque client et proposerez une solution adaptée à partir des informations à votre disposition (doc. 2 et 3).

DOC. 1 Typologie des clients insatisfaits

Types de clients insatisfaits	Comportement du client	Attitude à adopter
Le client sincère	Il exprime clairement son mécontentement mais ne cherche pas le conflit. Il attend que vous reconnaissiez votre faute et appréciera vos excuses.	Reconnaître le désagrément. Expliquer la solution proposée. Remercier le client de sa remarque.
Le client sentimental	Il joue sur sa fidélité à l'enseigne pour obtenir un dédommagement. Il a compris qu'il est plus rentable pour une entreprise de fidéliser un client que d'en acquérir un nouveau.	Montrer de l'intérêt pour le client. Prendre en considération sa fidélité en proposant un geste commercial adapté.
Le client opportuniste	Il voit ici une possibilité d'obtenir une compensation. À la différence du sentimental, il n'est pas forcément un client fidèle et ses demandes sont souvent excessives.	Expliquer la politique de traitement des réclamations de l'enseigne. Proposer une solution à la hauteur du préjudice subi.
Le client râleur voire agressif	Pour ce client, chaque occasion est bonne à prendre pour exprimer un mécontentement. Il n'attend pas des excuses. Il veut faire l'objet de toutes vos attentions et attend d'être traité comme une victime.	Rester poli et calme. Faire preuve d'empathie. Répondre avec diplomatie.
Le client silencieux	Le client silencieux n'exprime pas clairement son problème.	Questionner ou envoyer un questionnaire de satisfaction.

DOC. 2 Offres de remboursement et de dédommagement

Fermeture de l'usine Magic : les machines à thé et les capsules de thé Magic ne seront plus fabriquées. La marque Magic propose un remboursement pour ses modèles Luxe et Zen : pour un achat de plus de deux ans, recevez un remboursement de 70 % ; pour un achat effectué il y a moins d'un an, recevez un remboursement de 100 %.

Pour bénéficier de l'offre, connectez-vous sur le site https://magic.tea.odf.fr au plus tard le 28/02/N.

Défaut esthétique : pour tout produit de gros électroménager présentant un défaut esthétique (rayure, bosse), procéder à un échange si la valeur du produit est inférieure à 200 €. Entre 200 et 800 € : proposer une carte cadeau de 50 € en dédommagement. Plus de 800 € : proposer une carte cadeau de 100 € (à envoyer sous 7 jours au domicile du client).

VOCABULAIRE

Diplomatie : répondre avec tact c'est-à-dire faire preuve d'habileté dans les relations avec autrui, sans susciter l'énervement.

DOC. 3 La livraison chez Connect Home

Pour les produits de plus de 10 kg, la livraison est facturée 12,99 €. Le client choisit le jour et la demi-journée de sa livraison du lundi au samedi, soit entre 8 h et 12 h le matin ou entre 14 h à 18 h l'après-midi.
Les livreurs Connect Home s'engagent à respecter le jour et le créneau choisis par le client. Dans le cas contraire, le coût de la livraison est remboursé au client.

ANNEXE Identification des clients insatisfaits

Appels de clients	Type de client	Attitude à privilégier	Solution à proposer
« Je viens de recevoir mon réfrigérateur en inox : il y a trois micro-rayures sur la porte, je les ai fait constater par votre livreur. J'ai tout de même conservé le réfrigérateur. Sachez que je suis déçue, d'autant plus que je suis fidèle à Connect Home depuis dix ans… »			☐ Dédommager ☐ Rembourser ☐ Échanger ☐ Remonter l'information en interne
« Bonjour, je viens de commander une centrale vapeur Rowenta sur votre site Internet. Le prix promotion à 149,99 € ne s'est pas appliqué dans le panier, j'ai dû annuler ma commande. Il faut que vous fassiez quelque chose pour que je puisse passer ma commande. »			☐ Dédommager ☐ Rembourser ☐ Échanger ☐ Remonter l'information en interne
« Il y a deux ans et demi, j'ai offert à ma mère une machine à thé Magic Tea Luxe. J'ai appris que les capsules de thé ne seront plus fabriquées. C'est inadmissible, je demande un échange contre une machine à thé nouvelle génération ! »			☐ Dédommager ☐ Rembourser ☐ Échanger ☐ Remonter l'information en interne
« Après avoir raconté à mes proches la manière dont j'ai été reçue dans le magasin Connect Home d'Angers, ils m'ont conseillé de vous appeler. Voilà, je suis très déçue, ce n'est pas normal… »			☐ Dédommager ☐ Rembourser ☐ Échanger ☐ Remonter l'information en interne
« Votre livreur devait livrer ce matin un congélateur d'une valeur de 799 €, je l'ai attendu toute la matinée et il est venu à 12h30 : ce n'est pas sérieux, vous m'avez fait perdre mon temps, je n'ai pas pu faire ce que j'avais prévu ! »			☐ Dédommager ☐ Rembourser ☐ Échanger ☐ Remonter l'information en interne

À VOUS DE JOUER !
Flashez le QR Code et réalisez un jeu de rôle à l'aide des indications fournies.
liennathan.fr/934ipu

MISSION 3

Apporter une solution adaptée à une réclamation

De : amandine.grondin@connecthome.fr
À : stagiaire@connecthome.fr
Objet : Traitement des réclamations reçues par mail
PJ : Consignes de traitement de réclamation par mail

Bonjour,
Nous avons reçu un mail de réclamation de Mme Dubreuil (doc. 1) : merci de consulter son dossier (doc. 2) et l'offre après-vente Connect Home (doc. 3). Puis, à l'aide des consignes fournies en pièce jointe (doc. 4), préparez un mail de réponse. Pour assurer le suivi de cette réclamation jusqu'à sa clôture, complétez le formulaire de traitement de cette réclamation (annexe).
Merci,
Amandine Grondin

ÉCO-DROIT MODULE 3 liennathan.fr/gm323z

DOC. 1 Mail de Mme Inès Dubreuil

De : ines.dubreuil@gmail.com
Date : 23/11/N
À : service.client@connecthome.com
Objet : Réclamation lave-linge

Bonjour,
J'ai acheté le 3 janvier dans votre enseigne un lave-linge Electrolux (réf EWF 21) à 489 €. Il est encore sous garantie. J'ai contacté votre service client le 12 novembre pour signaler une panne. Un réparateur est venu à mon domicile deux jours plus tard et a emporté l'appareil dans vos ateliers. La réparation devait être faite sous 5 jours. Nous sommes le 23 et je n'ai plus de nouvelles. J'ai trois enfants à la maison, je suis obligée d'aller à la laverie automatique et cela ne peut plus durer !
Merci de m'informer par mail de l'avancement de la réparation et de régler la situation au plus vite !
Inès Dubreuil

DOC. 2 Suivi de la réparation

Référence réclamation client : R789 **Référence client :** C789
Client : Inès DUBREUIL **Téléphone :** 06 89 74 12 06
Adresse : 5 rue Victor Hugo **Code postal :** 18000 **Ville :** BOURGES
Marque : Electrolux **Désignation appareil :** Lave-linge **Modèle :** à hublot
Réf. produit : Réf EWF 21 **Garantie en cours :** ☒ oui ☐ non **Reçu le :** 15/11
Nature de la panne : Le tambour ne tourne plus **Récupération prévue le :** 20/11
Réparation : ☒ en attente ☐ en cours ☐ terminée **Réparation réussie :** ☐ oui ☐ non
Diagnostic technicien : Pièce défaillante : moteur en rupture de stock chez le fabricant
Commentaire : Livraison de la pièce prévue le 01/02. Réparation différée et programmée le 02/02

DOC. 3 Extrait de l'offre après-vente Connect Home – Service réparations

Un prêt d'appareil est proposé au client pour toute immobilisation d'un réfrigérateur ou congélateur supérieure à 48 heures, ou supérieure à 10 jours pour un lave-linge, un lave-vaisselle ou un téléviseur. Pour la livraison de l'appareil de prêt, inviter le client à contacter le magasin Connect Home le plus proche de son domicile pour définir une date et une heure de livraison.

DOC. 4 Pièce jointe : consignes de traitement des réclamations par mail

- ➔ Personnaliser les salutations :
  « Bonjour Madame [Nom] »,
  « Bonjour Monsieur [Nom] »
- ➔ Rappeler le désagrément vécu par le client :
  « Votre mail du [date] concernant [motif de la réclamation client] de votre [produit concerné, marque] a retenu toute notre attention. »
  Ou bien : *« Votre appel du [date] concernant [motif de la réclamation client] de votre [produit concerné, marque] a retenu toute notre attention. »*
- ➔ Présenter des excuses pour le désagrément occasionné :
  « Nous vous présentons nos excuses pour la gêne occasionnée. »
- ➔ Expliquer la situation :
  « Votre dossier Suivi de réparation indique [préciser la raison du désagrément occasionné]. »
- ➔ Apporter une réponse adaptée :
  « Conformément à nos conditions d'offre après-vente, nous vous proposons… » ou bien : *« Malheureusement, nos conditions d'offre après-vente ne nous permettent pas de... »*
- ➔ Expliquer le cas échéant la mise en œuvre de la solution proposée :
  « Pour pouvoir bénéficier de [rappel de la solution proposée], il vous suffit de... »
- ➔ Prise de congé :
  « Le service Client Connect Home reste à votre disposition pour toute question complémentaire au 03 80 51 45 54. Bien cordialement. »

ANNEXE Formulaire de traitement de réclamation

RÉCEPTION DE LA RÉCLAMATION			
Date :		**Nom du téléconseiller :**	
Référence réclamation client :			
Mode de réclamation : ☐ Téléphone ☐ Mail ☐ Tchat ☐ Boutique			
INFORMATIONS CLIENT			
Nom – Prénom :		**Adresse :**	
Code postal :		**Ville :**	**Téléphone :** ....
E-mail :			
OBJET DE LA RÉCLAMATION			
Désignation appareil :		**Marque :**	**Modèle :** ....
Réf. produit :		**Date d'achat :**	
Résumé de la réclamation :			
RÉPONSE APPORTÉE			
Date de réponse :			
Action client :	☐ Explication ☐ Échange	☐ Réparation ☐ Avoir	☐ Prêt ☐ Geste commercial
Réponse :			
Réclamation clôturée le :			

MISSION 4

Gérer une situation conflictuelle

Lorsqu'un client est mécontent, il le fait savoir de manière souvent virulente : une réclamation exprimée verbalement peut être déstabilisante. C'est pourquoi il est important de se concentrer sur les faits et non sur l'émotion négative du client. Pour désamorcer une situation conflictuelle, il faut suivre la procédure de traitement de la réclamation et soigner sa communication verbale et non verbale (doc. 1). Pour s'assurer de la qualité de l'accueil téléphonique et du traitement des réclamations, les appels reçus au service client sont enregistrés. Aujourd'hui, vous allez apprécier un appel traité par un téléconseiller, Julien Pelletier (doc. 2) ; vous prendrez soin de proposer des améliorations (annexe).

DOC. 1 Procédure à suivre lors de la prise en charge d'une réclamation par téléphone

Étapes	Ce que je dois faire
Accueil	➔ Saluer, présenter le service, se présenter et se mettre à l'écoute du client ➔ Identifier le client (nom, prénom, coordonnées) pour accéder à sa fiche « Réclamation » ou la créer s'il s'agit d'un premier appel
Écoute active	➔ Laisser le client s'exprimer sans l'interrompre ➔ Afficher un « silence positif » en prononçant quelques mots brefs : « oui », « d'accord » ➔ Faire preuve d'empathie
Analyse	➔ Poser des questions si besoin pour clarifier le motif de mécontentement ➔ Reformuler les faits pour vous assurer que vous avez ciblé le problème
Traitement	➔ Si la réclamation est fondée : s'excuser, reconnaître le désagrément, l'erreur ou la non-conformité du produit ; proposer une solution adaptée ou une compensation ; rassurer le client ; vérifier la satisfaction du client. ➔ Si la réclamation doit être transmise à un autre service, expliquer la procédure. Envoyer un mail de confirmation de la prise en compte de la réclamation sous 24 h (ou par courrier sous 48 h) ➔ Si la réclamation est non fondée : expliquer clairement pourquoi le dysfonctionnement n'est pas imputable à l'entreprise, en restant neutre. Donnez des conseils d'utilisation si nécessaire. Confirmer la réponse apportée par mail sous 24 h (ou par courrier sous 48 h) ➔ Compléter le formulaire de traitement de la réclamation
Conclusion	➔ Prendre congé de façon cordiale et personnalisée

Attention ! Tout au long de l'échange, veillez à soigner votre communication verbale et non verbale :

- ➔ Donnez des explications claires en évitant les termes trop techniques
- ➔ Expliquez ce que vous faites durant le traitement de la demande
- ➔ Gardez votre calme et restez positif
- ➔ Face à un client agressif ou insultant, n'hésitez pas à signaler de manière courtoise que son attitude virulente ne permettra pas de trouver une solution
- ➔ Veillez à ne pas alimenter son mécontentement en adoptant une attitude sarcastique ou hautaine
- ➔ Évitez les attitudes traduisant l'énervement ou le refus de communiquer (ex. : soupirer).

VOCABULAIRE
Sarcastique : moqueur, méchant

À VOUS DE JOUER !
Flashez le QR Code et répondez au quiz « Comment réagissez-vous face aux conflits ? ».
liennathan.fr/58fjm6

DOC. 2 Appel traité par Julien Pelletier

Julien : « Bonjour, service Client Connect Home, Julien à votre écoute, que puis-je faire pour vous ? »
Client : « Je vous rappelle car je n'ai toujours pas de nouvelles de mon ordinateur portable Asus acheté 1 050 € au début du mois et déposé en réparation deux semaines après dans votre SAV. Ce n'est pas normal ! »
Julien : « Quel était le problème ? »
Client : « Le problème ? Je vous l'ai déjà expliqué lors de mes deux derniers appels. Le ventilateur de l'ordinateur était bruyant et l'écran s'éteignait brusquement. »
Julien : « Oui, je comprends, vraiment galère, ce n'est pas bon signe ! »
Client *(très énervé)* : « Vous pensez que j'appelle pour entendre ce genre de réflexion ?! »
Julien : « Quels sont vos nom et prénom, s'il vous plaît, monsieur ? Je vais accéder à votre dossier. »
Client : « Petit, Guillaume. »
Julien : « Merci, M. Petit. Je lis que notre SAV a examiné votre ordinateur portable il y a huit jours. »
Client : « Huit jours... et vous ne m'avez pas contacté depuis ?! »
Julien *(qui soupire)* : « Votre ordinateur portable présentait un défaut de fabrication au niveau du chipset. Soyez rassuré, la marque Asus s'engage à vous échanger cet ordinateur contre un neuf. Cela vous convient-il, M. Petit ? »
Client : « Oui, cela me convient, je n'ai pas bien compris d'où venait le problème mais un échange me convient, c'est ce que j'espérais. »
Julien : « Je mets à jour votre suivi de réclamation. Vous pouvez dès aujourd'hui vous rendre dans votre magasin Connect Home. Le vendeur accédera à votre dossier et pourra vous remettre un nouvel ordinateur sur présentation de votre pièce d'identité. Voilà, c'est réglé, au revoir. »
Client : « Euh oui..., au revoir. »

ANNEXE Fiche d'analyse d'une situation conflictuelle

Contexte de la réclamation		
Quel est l'état d'esprit de ce client insatisfait ?	....	
La réclamation du client vous semble-t-elle fondée ?	....	
Respect de la procédure de prise en charge d'une réclamation		
Éléments à apprécier	**Points positifs**	**Points négatifs**
Accueil	....	....
Analyse	....	....
Traitement	....	....
Conclusion	....	....
Communication verbale	....	....
Communication non verbale	....	....
La solution proposée est-elle de nature à apaiser le client ?	....	

MISSION 5 Gérer son stress

Julien, récemment embauché, vous fait part du stress qu'il rencontre dans l'exercice de ses fonctions au service Retours et réclamations (doc. 1). Vous vous documentez sur la notion de stress au travail (doc. 2, 3 et 4) et analysez son quotidien afin de lui proposer plusieurs solutions pour l'aider à mieux gérer son stress (annexe).

DOC. 1 Le quotidien de Julien

« Depuis peu, nous utilisons un nouveau logiciel de GRC que je ne maîtrise pas parfaitement. Cela me contrarie et des maux de tête s'installent dès mon réveil, ce qui m'empêche de prendre un bon petit déjeuner : je me contente souvent d'un café. Je passe trop de temps à traiter les réclamations, je prends du retard et je dois empiéter sur ma pause déjeuner pour terminer de traiter tous les dossiers. Je prends à peine vingt minutes pour grignoter le midi afin d'être prêt à 13 heures 30 pour prendre les appels téléphoniques. Dès le début d'après-midi, je me sens fatigué et j'ai du mal à rester concentré. Heureusement, pour tenir, il y a la machine à café ! Lorsque les clients exposent leurs réclamations, je dois leur faire répéter, ce qui les agace et provoque leur colère. Je perds alors mes moyens et je ne trouve plus mes mots. Je prends pour moi les reproches des clients et quand la journée est terminée, je n'ai qu'une envie, rentrer chez moi. Il y a une semaine, mon médecin m'a arrêté pour trois jours : j'ai pu me reposer mais cela a désorganisé le fonctionnement du service. J'ai le sentiment que mes collègues m'en ont voulu et je culpabilise… »

DOC. 2 Qu'est-ce que le stress ?

Le stress est une réaction physiologique spontanée qui se déclenche lorsque l'individu doit faire face à une situation de changement. On parle de stress positif quand il nous aide à nous surpasser, et de stress négatif à partir du moment où l'on se sent incapable de gérer la situation.

DOC. 3 Les symptômes du stress

Les symptômes physiques	Fatigue, tensions musculaires, troubles du sommeil, troubles de l'appétit, problèmes digestifs, douleurs, vertiges…
Les symptômes psychiques	Difficultés à se concentrer et à prendre des décisions, agitation, irritation, anxiété ou inquiétude, faible estime de soi
Les symptômes comportementaux	Isolement social ou absentéisme au travail, difficulté à s'organiser, tendance à consommer plus de caféine, de tabac, de drogues, changement de comportement alimentaire

DOC. 4 Douze techniques de gestion du stress au travail

1 Je retrouve le sommeil pour récupérer.	2 J'adapte mon environnement de travail pour le rendre agréable et calme.	3 Je recherche du soutien pour en parler et remédier à la situation.	4 J'accepte l'imperfection pour faire baisser la pression.
5 Je pratique une activité sportive pour me vider la tête.	6 Je respire pour retrouver une certaine maîtrise.	7 Je me fais plaisir ou je prends du temps pour moi.	8 Je prends de vraies pauses pour m'aérer l'esprit.
9 Je prends de vrais repas pour éviter la fatigue liée au grignotage.	10 Je positive.	11 Je m'organise pour ne pas perdre du temps inutilement.	12 Je limite ma consommation de café et de tabac qui sont des excitants.

ANNEXE Analyse du quotidien de Julien

De quel type de stress souffre Julien ? Justifiez.	....
Quels sont les symptômes du stress de Julien ?	– Symptômes physiques : .... – Symptômes psychiques : .... – Symptômes comportementaux : ....
Quelles sont les deux conséquences du stress au travail pour Julien ?	– .... – ....
Quelles sont les 4 solutions à proposer (par ordre de priorité) à Julien pour remédier à sa situation de stress au travail ?	– .... – .... – .... – ....

Évaluez votre réussite du dossier P. 9

SYNTHÈSE

liennathan.fr/77bui2

1 Qualifier la réclamation

La prise en charge d'une réclamation implique de comprendre les faits :

- Dysfonctionnement de l'entreprise, produit défectueux
  - Réclamation .... :
    La procédure de traitement est engagée.
- Mauvaise utilisation du produit, client de mauvaise foi
  - Réclamation non fondée :
    La procédure de traitement est ....

2 3 Adapter son comportement aux clients mécontents et apporter une solution adaptée à une réclamation

Attitudes à privilégier selon le type de client insatisfait ☹	
Client	Reconnaître le désagrément Expliquer la solution
Client	Proposer une solution prenant en compte la fidélité du client
Client	Proposer une solution à hauteur du préjudice subi
Client	Rester calme et poli
Client	Questionner

4 Gérer une situation conflictuelle

Gérer une situation conflictuelle

- Respecter la procédure de prise en charge des réclamations
- Veiller à sa communication verbale
- Veiller à sa communication non verbale

5 Gérer son stress

Pour remédier au stress négatif, il faut :

- identifier les causes du stress
- ....

MOTS-CLÉS

Réclamation fondée • réclamation non fondée • stress négatif

QUIZ ☑ liennathan.fr/5h9g5f

SCORE ....

APPLICATION

★ pix 2.1. Interagir

1 Traiter une réclamation par écrit

Vous réalisez un stage en tant que téléconseiller(-ère) dans un centre de relation client de l'opérateur de téléphonie Orange. Ce 5 avril, vous êtes chargé(e) de traiter une réclamation transmise par un client via le formulaire de contact du service client Orange.
Vous prenez connaissance de la réclamation (doc. 1).

1 **Précisez l'origine et le motif de la réclamation.**

....

2 **Cette réclamation est-elle fondée ou non ? Justifiez.**

....

....

3 **À l'aide des doc. 2 et 3, formulez un mail de réponse au client visant à lui proposer une solution de dédommagement.**

DOC. 1 Réclamation client

INFORMATIONS PERSONNELLES

Civilité :
☒ M. ☐ Mme

Nom : Fournier

Prénom : Éric

Adresse e-mail :
fournier.eric@orange.fr

Êtes-vous client Orange ?
☒ Oui ☐ Non

Numéro de ligne :
Optionnel

OBJET DE VOTRE DEMANDE

Client à recontacter par :
☐ Par téléphone ☒ Par mail

Type de demande : Réclamation

La demande concerne : Internet

Votre message :
Bonjour, le mois dernier, je vous ai contacté à deux reprises pour vous faire part de mes problèmes de connexion Internet. Ce problème technique n'a pas été résolu par vos services techniques, contrairement à ce qu'on m'avait dit. Finalement, je n'ai pas pu utiliser Internet correctement pendant 17 jours ! Je viens de recevoir ma facture pour ce mois de mars et le mois entier m'a été facturé, soit 41,99 €. C'est inadmissible !

DOC. 2 Panne Internet prolongée : indemnisation pour le client

Selon l'article L. 121-20-3 du Code de la consommation, les fournisseurs d'accès internet (FAI) ont une obligation de résultat et devront alors, en cas de faute, indemniser leurs abonnés pour le préjudice que la panne leur a causé. [...] En ce qui concerne Orange, selon ses conditions générales, l'opérateur a 15 jours ouvrés pour rétablir les problèmes de panne qui seraient intervenus. Au-delà, il devra dédommager l'abonné au prorata du prix de son abonnement Internet/mobile.

www.selectra.info

DOC. 3 Recommandations pour la gestion des réclamations

- S'excuser pour la gêne occasionnée
- Proposer une solution au client ou offrir un dédommagement sur la prochaine facture
- Préciser les modalités de mise en œuvre de la solution ou du dédommagement
- Remercier le client de sa fidélité

APPLICATION ★★

2 Adapter sa communication pour prévenir les conflits

Vous poursuivez votre stage chez l'opérateur de téléphonie Orange. Vous êtes chargé(e) de traiter les réclamations clients. Après écoute des enregistrements de vos appels (document), votre responsable pense que vous devez travailler votre communication.

1 Analysez vos formulations et indiquez si elles sont correctes ou non. Justifiez vos réponses en complétant l'annexe.

2 Proposez une nouvelle formulation plus professionnelle le cas échéant.

DOC. **Enregistrements de vos appels**

Appels	Propos des clients	Vos réponses
N° 1	 « Je ne comprends pas : ce mois-ci j'ai une facture de téléphone beaucoup plus élevée que les mois précédents... »	« Si la facture est plus élevée, c'est certainement que vous avez été plus bavarde ! »
N° 2	 « J'ai acheté un iPhone : je n'y comprends rien... Je suis vraiment déçu vu le prix que j'ai payé ! »	« Il aurait fallu acheter un téléphone plus simple... »
N° 3	 « Je peux donc vous rapporter ma Livebox pour que vous me l'échangiez contre une plus récente ? »	« Tout à fait, madame, vous pouvez rapporter votre Livebox dès aujourd'hui dans la boutique Orange la plus proche de votre domicile. Un de nos conseillers accédera à votre dossier et vous en remettra une nouvelle. »
N° 4	 « C'est incroyable, j'essaie de vous contacter depuis 3 jours, à chaque fois on me met en attente pendant plus de 5 minutes ! J'espère que vous allez pouvoir résoudre mon problème aujourd'hui et rapidement ! »	« Attendez, si vous commencez à être désagréable, je vais raccrocher ! »
N° 5	 « Mon accès Internet a été défaillant pendant plus de 15 jours et je me rends compte qu'on m'a facturé le mois entier ! »	« Je vous comprends, il n'est pas normal que le mois entier vous soit facturé. Je vais accéder à votre dossier : pouvez-vous me donner vos nom, prénom et code postal, s'il vous plaît ? »

ANNEXE Analyse de vos réponses

Appels	La réponse apportée est-elle correcte ?		Justification	Formulation correcte
	Oui	Non		
N° 1	☐	☐		
N° 2	☐	☐		
N° 3	☐	☐		
N° 4	☐	☐		
N° 5	☐	☐		

APPLICATION

3 Qualifier une réclamation et apporter une réponse adaptée

Vous réalisez une période de formation en milieu professionnel dans la boutique Camille & Lili de Brest gérée par Mme Salvette. Pour vous former au traitement des retours clients portant sur les produits, elle vous demande de prendre connaissance des conditions de vente Camille & Lili (doc. 1). Nous sommes le 26 juin, vous accueillez plusieurs clientes en caisse (doc. 2).

1 Pour chaque situation, précisez le motif du retour, justifiez si la réclamation est fondée ou non, et apportez une réponse adaptée (annexe 1).

2 Mettez en scène chacune des situations. Répartition des rôles : un élève joue le rôle du vendeur, un autre, celui du client. Le reste des élèves analyse la prise en charge du client et la communication verbale et non verbale de la prestation (annexe 2).

DOC. 1 Extrait des conditions de vente

Quel est le délai pour effectuer un échange ou un retour ?
L'échange ou le retour d'un article doit avoir lieu dans un délai de 30 jours après la date d'achat ou de réception pour les commandes (7 jours pour les articles soldés achetés en magasin, 14 jours pour les articles soldés achetés sur le site) et sur présentation de votre ticket de caisse ou de votre bon de livraison dans un des magasins dans un des magasins Camille & Lili (Brest, Paris 13e, Toulouse). Pour rappel, seuls les articles non portés, non lavés, non retouchés dont les étiquettes intérieures n'ont pas été coupées pourront faire l'objet d'un échange ou d'un retour. Pour un article présentant un défaut, porté dans des conditions normales d'usage, le délai de retour est de 6 mois.

Achat sur le site www.camille&lili.fr
Droit de rétractation :
Vous disposez d'un délai de 14 jours francs pour retourner le colis à compter de la réception de votre commande ou de la mise à disposition de celui-ci au tiers de votre choix. Dans ce délai, vous devez nous adresser le bon de retour ou toute autre déclaration exprimant votre volonté de vous rétracter. Le droit de rétractation est exclu pour les produits descellés après livraison et qui ne peuvent être renvoyés pour des raisons d'hygiène. Dans le cadre de promotions dont l'offre est conditionnée par l'achat de plusieurs articles, ces articles ne pourront pas être remboursés. Ils seront échangés ou bénéficieront d'un avoir valable un an.

DOC. 2 Réclamations clients

1 « J'ai acheté le 20 mai une petite robe de la nouvelle collection ; je l'ai lavée pour la porter mais lorsque j'ai voulu la mettre, je me suis aperçue que la fermeture était cassée ! »

2 « J'ai acheté sur Internet deux jeans avec l'offre "1 acheté, le 2e à 50 %" ; je les ai essayés mais un des jeans est trop petit. Je voudrais être remboursée. » (Le jean rapporté par la cliente n'a jamais été porté et toutes les étiquettes sont en place.)

3 « Il y a 5 jours pendant mes vacances à Paris, j'ai acheté cette veste soldée dans une boutique Camille & Lili pour l'offrir à ma sœur, mais elle ne lui va pas : pouvez-vous me la rembourser ? » (Vous demandez son ticket de caisse à la cliente, elle le présente en rechignant ; la date d'achat est le 18 juin.)

ANNEXE 1 Traitement des retours

	Motif du retour	Réclamation	Votre réponse à la cliente
1	....	☐ fondée ☐ non fondée Justifiez :	....
2	....	☐ fondée ☐ non fondée Justifiez :	....
3	....	☐ fondée ☐ non fondée Justifiez :	....

ANNEXE 2 Grille d'analyse

Éléments d'analyse	🙂	😐	🙁	Observations
Accueil				
Salue de manière courtoise				....
Se met à disposition du client				....
Analyse				
Identifie le motif de retour				....
Reformule les faits				....
Questionne /demande des justificatifs				....
Traitement				
La réclamation est fondée :				
Applique la procédure de traitement des réclamations				....
Présente des excuses				....
Rassure				....
Apporte une solution adaptée				....
La réclamation est non fondée :				
Applique la procédure de traitement des réclamations				....
Justifie le caractère non recevable de la réclamation				....
Conclusion				
Prend congé				....
Communication verbale				
Utilise un langage professionnel				....
Donne des explications claires				....
Communication non verbale				
Sourit				....
Écoute				....
Garde son calme				....

APPLICATION ★★

4 Gérer son stress

La société Lutti, entreprise de confiserie, vous a accepté(e) en stage. Vous accompagnez Myriam Vrin, marchandiseuse visuelle en charge de la région Bourgogne. Son métier consiste à se rendre dans les enseignes de la grande distribution pour mettre en scène les produits de la marque et développer les ventes. Elle semble très stressée par ses journées de travail et les allers-retours entre Dijon, lieu de son bureau et de son domicile, et ses rendez-vous clients. Elle vous apprend qu'elle élève seule ses deux enfants. Vous consultez ses déplacements prévus pour les deux jours à venir (doc. 1 et 2).

DOC. 1 Extrait de l'emploi du temps de Myriam Vrin

Heure	Jeudi 29/10
8h	**8 h 30** Passer au bureau, récupérer PLV, produits et tablette
9h	
10h	**10 h 30** RDV Carrefour City – 13/15 rue de la Barre Mâcon
11h	Rdv hypermarché Auchan Mâcon
12h	Acheter sandwich
13h	Intermarché Le Creusot
14h	Déposer PLV – Intermarché Chalon-sur-Saône
15h	Rdv hypermarché Casino Dijon
16h	**16 h 30** Récupérer Camille à l'école
17h	**17 h 30** Rdv Intermarché, 2 av. Drapeau Dijon
18h	
19h	Déposer les états de frais au bureau Récupérer Théo chez nounou

Vendredi 30/10
7 h 30 Passer au bureau récupérer PLV, produits et tablette
9 h Rdv Leclerc Autun avec M. Darandon
Rdv Carrefour Express Autun
11 h Rdv Géant Montceau-les-Mines
Acheter sandwich
13 h 30 – Rdv Intermarché Mâcon
Rdv Carrefour Express Dijon
16 h 30 Récupérer Camille à l'école
17 h Déposer les états de frais **17 h 30** Rdv médecin Camille
Récupérer Théo chez nounou

* Une visite client dure en moyenne 1 heure

DOC. 2 Secteur des visites des 29 et 30 octobre

Dijon 21000
Autun 71400

Voiture	Moto	Voiture	Vélo	Trottinette	À pied
1 h 19	1 h 13	1 h 47	--	--	--

LE PLUS RAPIDE ET PLUS COURT 1 h 19

Dijon 21000
Mâcon 71000

Voiture	Moto	Voiture	Train	Vélo	Trottinette	À pied
1 h 23	1 h 17	1 h 54	57 min	--	--	--

LE PLUS RAPIDE ET PLUS COURT 1 h 23

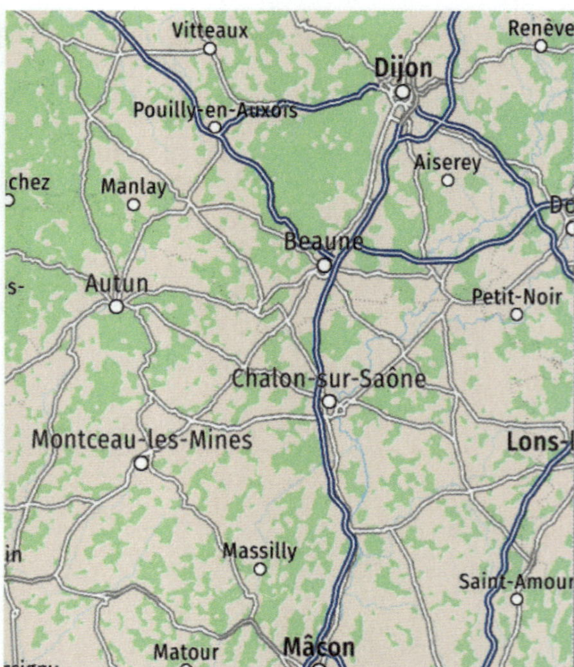

1 **Observez le planning et le secteur de Myriam et identifiez la raison principale de son stress.**

....

2 **Listez les causes responsables du stress de Myriam en distinguant celles liées à sa vie professionnelle et celles liées à sa vie privée, puis proposez une solution pour chacune d'elles.**

	Causes	Solutions
Vie professionnelle		
Vie privée		

Au cours de ses journées, Myriam doit parfois faire face à des situations stressantes et/ou conflictuelles. Prenez connaissance de la situation vécue le jeudi 29 octobre (doc. 3).

DOC. 3 Situation vécue le jeudi 29 octobre

Il est 8 h 45 : vous vous apprêtez à partir avec Myriam pour vos rendez-vous de la journée, quand elle reçoit un appel : « Bonjour Mme Vrin, c'est M. Darandon, chef du secteur Épicerie de l'hypermarché Leclerc d'Autun. Nous venons de recevoir notre commande ce matin : il y a des erreurs dans la livraison, nous n'avons pas reçu le carton de la nouveauté, ni le kit de PLV pour l'animation Halloween de ce samedi ! Si vous ne faites rien rapidement, je ne commanderai plus vos produits ! »

3 **Analysez cette situation.**

Identification de la situation	Nature de la réclamation	Justification
☐ stressante ☐ conflictuelle	☐ fondée ☐ non fondée	

4 **En vous appuyant sur le doc. 1, formulez une réponse à M. Darandon.**

....

APPLICATION ★★

5 Cerner les exigences et les enjeux de la gestion des réclamations

Vous venez d'être embauché(e) en tant que téléconseiller(ère) au centre de contacts de l'enseigne Norauto, spécialisée en réparation et entretien automobiles et vente d'équipements automobiles. Votre responsable et tuteur, M. Bonnet, souhaite que vous preniez connaissance des enjeux de la gestion des réclamations chez Norauto (document).

1 **Quelles sont les trois qualités attendues chez un téléconseiller du centre de contacts Norauto ?**

....

....

....

2 **Comment l'enseigne Norauto établit-elle une relation de proximité avec le client pour le traitement des réclamations ?**

....

....

....

3 **Quels sont les trois enjeux de la gestion des réclamations pour l'enseigne ?**

....

....

....

....

DOC.

Norauto s'attache à la personnalisation

Chez Norauto, la gestion des réclamations s'effectue depuis le centre de contacts. [...] Les conseillers en charge des mécontents présentent des profils particuliers. La maturité, le souci de l'autre et la prise de recul sont fondamentaux. [...] Au niveau des procédures, la première étape consiste à écouter le client et à comprendre sa problématique. [...] En ce sens, aucun geste commercial n'est consenti de manière automatique. Chaque fois que les consommateurs se manifestent, Norauto accuse réception de leurs messages dans les 24 heures. Ensuite, le service dédié regarde de près ce qui a généré la frustration et mène l'enquête. [...] La tâche est ardue. Au bout de cinq jours, si aucun retour n'a été effectué au demandeur, il est rappelé. Ce délai fixé par Norauto est reconductible. Il a de l'importance, car il contribue à rassurer les clients. En même temps, il met ces derniers en relation avec un interlocuteur unique dont ils connaissent les coordonnées. [...] La réponse se fait par l'intermédiaire du téléphone, la voix restant un mode d'interaction privilégié offrant de la proximité. Tous les échanges sont tracés grâce à un outil CRM. Ainsi des statistiques sont élaborées. Et tous les collaborateurs peuvent prendre un dossier en cours et apporter des réponses. Pour mobiliser les opérationnels, une liste des litiges est envoyée au directeur des points de vente concernés. Ce dernier peut s'en servir pour élaborer des briefs pour l'encadrement et mener des actions concrètes. [...] Derrière la prise en compte des réclamations, il existe un enjeu de fidélisation. En outre, elle évite que soient relayés des propos négatifs et fâcheux sur la marque ; les médias et Internet étant des sources d'information très susceptibles de nuire à l'image.

www.relationclientmag.fr

JEU de RÔLE 5 Traiter une réclamation

Mise en situation

Vous réalisez une PFMP en qualité d'employé(e) de vente au service après-vente d'un magasin Boulanger. Cette enseigne appartient à la catégorie des grandes surfaces spécialisées (GSS). Son activité repose sur la distribution de produits électroménagers et multimédias de marques internationales. Souriant(e), réactif(ve), le/la conseiller(ère) vendeur(se) participe à la satisfaction quotidienne des clients par la qualité de sa relation et par ses conseils avisés.

ACTEUR 1 Employé(e) de vente SAV

- Il/elle accueille le/la client(e).
- Il/elle recherche, sélectionne et exploite les informations.
- Il/elle intègre l'omnicanal dans le processus de vente.
- Il/elle identifie le problème rencontré par le/la client(e).
- Il/elle propose une solution adaptée en tenant compte des procédures de l'entreprise et de la réglementation.

ACTEUR 2 Client(e)

- Il/elle a acheté une machine à laver (+ de 5 ans).
- Il/elle souhaite avoir une réparation rapidement, car le tambour de sa machine à laver est cassé.
- Il/elle ne retrouve plus la facture.

ACTEUR 2 Tirez au sort un billet d'humeur et une carte SONCASE à la fin du livre.

- Préparez votre prestation orale à l'aide des documents de la page suivante et de l'annexe téléchargeable *via* le QR Code ci-contre. Vous pouvez vous aider d'une recherche sur le site www.boulanger.com.
- Par groupes, jouez le jeu de rôle.
- Observez-vous et évaluez-vous à l'aide de la grille téléchargeable *via* le QR Code ci-contre.

Annexe liennathan.fr/zgoetx

Grille d'analyse liennathan.fr/zjv21n

DOC. 1 La garantie légale de conformité

Votre produit neuf est couvert par la garantie légale de conformité. En cas de non-conformité, vous pouvez obtenir pendant les 2 ans suivant la délivrance de votre produit, la réparation ou le remplacement de votre produit, ou à défaut, son remboursement. Les appareils gros électroménagers de marque Essentiel b et les produits de marque Miogo bénéficient gratuitement d'une année supplémentaire de garantie, soit trois années de garantie, dans les mêmes conditions que la garantie légale de conformité. [...]

www.boulanger.com

DOC. 2 Les solutions de réparation hors garantie

Nos 900 experts vous accompagnent sur sa réparation ! Du diagnostic à la prise en charge et à la réparation, découvrez toutes nos solutions pour réparer votre produit.

- **Première étape en cas de panne ? Déterminer sa cause et son origine.**
Afin de vous aider à l'identifier, Boulanger vous accompagne gratuitement et à tout moment dans le diagnostic de votre panne.

- **Seconde étape en cas de panne : réparer son appareil !**
Pour les petits appareils comme pour les gros appareils électroménagers, nos experts sont disponibles partout en France pour réparer votre produit.

www.boulanger.com

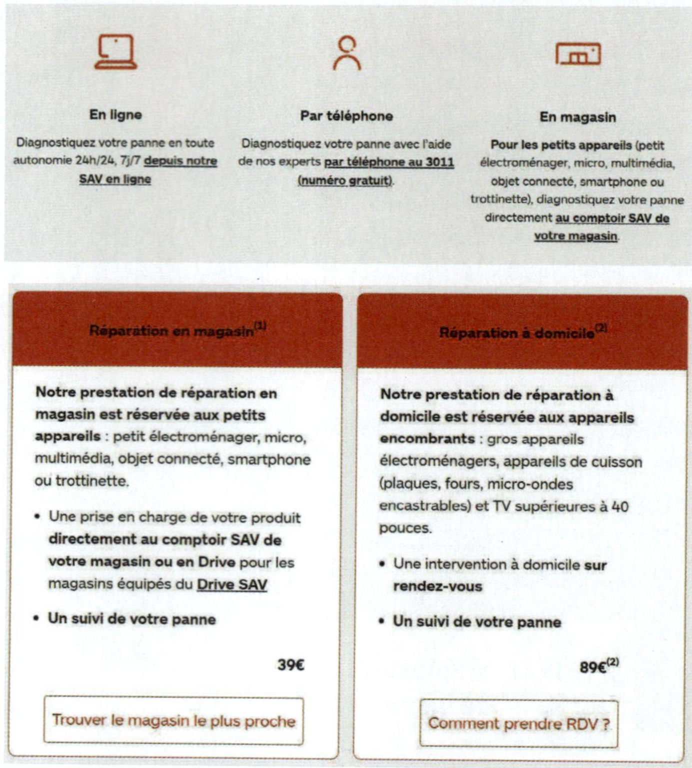

DOC. 3 Réparer soi-même son appareil avec l'aide de Boulanger

Vous souhaitez réparer votre appareil vous-même ?
Boulanger vous accompagne dans votre démarche d'auto-réparation et vous aide à prolonger la durée de vie de votre produit !
Votre panne concerne un gros appareil électroménager, un appareil de cuisson (plaque, four, micro-ondes encastrable) ou une TV supérieure à 40 pouces ?
Faites-vous accompagner par l'un de nos techniciens en visio pour 39 €. Il vous guidera à distance dans la réparation de votre produit.

www.boulanger.com

DOSSIER 12

Respecter la réglementation sur la protection du consommateur

COMPÉTENCES

Traiter les retours et les réclamations du client

- Proposer une solution adaptée en tenant compte des procédures de l'entreprise et de la réglementation

RÉSULTATS ATTENDUS

- Les solutions apportées sont pertinentes et conformes aux procédures de l'entreprise et à la réglementation

Action de groupe « consommation » : Comment ça marche ?
liennathan.fr/986hkk

- Quelle action peut être menée par les consommateurs en cas de non-respect par un professionnel de la réglementation, en matière de protection du consommateur ?

Contexte professionnel

CONNECT HOME

Vous poursuivez votre stage en tant que téléconseiller(-ère) au centre de relation client de l'enseigne Connect Home, spécialisée dans la vente de produits Électroménager, Son et Informatique. Amandine Grondin, téléconseillère, vous explique que le traitement d'une réclamation implique une obligation légale d'information et de conseil sur les produits et services proposés par l'enseigne, ainsi que le respect de la réglementation en matière de protection du consommateur. Elle vous accompagne pour que vous les appliquiez correctement.

Fiche d'identité de l'entreprise

Raison sociale	....
Activité	....
Type de commerce	....
Concurrents	....
Poste occupé et lieu d'exercice	....

1. Quelles sont vos deux obligations vis-à-vis des clients ?
2. Selon vous, sur quoi portent les informations à communiquer aux clients ?

MISSION 1

Mettre en œuvre l'obligation d'information et de conseil

Certains clients nous contactent pour faire part de leur mécontentement : parfois, un produit présenté en promotion sur le site Internet s'avère être en rupture de stock au moment de valider la commande. Dans ce cas, au titre de l'obligation d'information et de conseil, nous devons proposer au client un produit de remplacement. Vous devez alors informer le client sur les caractéristiques du produit et les modalités de mise à disposition du produit. Je vous demande de prendre en charge la demande de Mme Duband (doc. 1 et 2) en l'informant et en lui conseillant un produit de remplacement (doc. 3). Vous compléterez l'annexe.

ÉCO-DROIT
MODULE 2
liennathan.fr/a498vc

DOC. 1 Appel de Mme Duband le 27/11

« Bonjour, mon réfrigérateur/congélateur vient de tomber en panne et il n'est pas réparable. Fidèle à la marque Samsung, j'ai vu un modèle à 499 € sur votre site Internet. Lorsque j'ai voulu valider ma commande, un message d'erreur m'a indiqué qu'il n'était plus disponible. J'ai besoin d'une solution rapide ! »

DOC. 2 Modèle repéré par Mme Duband

Réfrigérateur Samsung RB3EJ5200SA	
Fin de série - Prix	499 €
Volume • Réfrigérateur • Congélateur en bas	367 litres • 269 litres • 98 litres
Consommation énergétique	A+
Dimensions en cm (H × L × P)	201 × 59,5 × 67,7
100 produits disponibles / 100 produits vendus	

DOC. 3 Produits de remplacement

Produits de remplacement	Service Click & Collect Retrait en 1 heure en magasin	Livraison à domicile
Samsung RB33N300NSA Volume total 325 litres – Réfrigérateur 227 litres – Congélateur en bas 98 litres Consommation énergétique : A – Dimensions en cm (H × L × P) : 185 × 59,5 × 66,8 **Prix 559 €** 30 € offerts en carte cadeau tous les 200 €* pour tout achat avant le 30/11 avec le code « CONNECT »	En stock : 3 produits – Magasin Connect Home Nevers Route de Nevers – 58180 Marzy Distance du domicile client : 9 km	Offerte Livraison possible à partir du 3/12
Samsung RB37J5025SA Volume total 367 litres – Réfrigérateur 269 litres – Congélateur en bas 98 litres Consommation énergétique : A++ – Dimensions en cm (H × L × P) : 199 × 59,5 × 67,7 **Prix ~~789 €~~** Prix promo 569 €** valable jusqu'au 30/11 30 € offerts en carte cadeau tous les 200 €* pour tout achat avant le 30/11 avec le code « CONNECT »	En stock : 2 produits – Magasin Connect Home Nevers Route de Nevers – 58180 Marzy Distance du domicile client : 9 km En stock : 1 produit – Magasin Connect Home Bourges 150 route de La Charité 18390 Saint-Germain-du-Puy Distance du domicile client : 55 km	Offerte Livraison possible à partir du 3/12

* Carte cadeau valable 1 an à utiliser sur un prochain achat. ** Possibilité de régler en 2 fois sans frais.

ANNEXE Vos réponses à Mme Duband

Obligation d'information	
Motif de l'indisponibilité	
Caractéristiques techniques du produit de remplacement recherché	
Produit de remplacement proposé	
Prix de référence	
Offres promotionnelles	
Obligation de conseil	
Facilités de paiement	
Possibilités de mise à disposition	

MISSION 2 Appliquer la réglementation en matière de protection du consommateur

De :	amandine.grondin@connecthome.fr
À :	stagiaire@connecthome.fr
Objet :	Demande de rétractation
PJ :	Conditions de vente de Connect Home

Bonjour,
Je vous invite à prendre connaissance des conditions de vente de Connect Home en pièce jointe (doc. 1).
Merci de répondre (annexe) à une demande de rétractation reçue par mail (doc. 2).
Amandine Grondin

ÉCO-DROIT
MODULE 2
liennathan.fr/i7z78s

DOC. 1 Extrait des conditions de vente Connect Home : le droit de rétractation

CONNECT HOME

Pour retourner un article acheté sur le site marchand de Connect Home, vous pouvez contacter le service clients Connect Home dans les 15 jours suivant la réception de votre article, par téléphone au 03 80 51 45 54 ou par mail. Un téléconseiller enregistrera votre demande de rétractation et vous la confirmera par mail. Vous disposerez alors d'un délai de 14 jours à compter de l'enregistrement de votre demande pour retourner votre article à Connect Home à l'adresse suivante :

SAV Connect Home – Centre de retours
87 avenue Pierre-de-Coubertin
69 100 Villeurbanne

Les produits doivent être retournés dans leur emballage d'origine, le produit doit être intact et sans traces d'utilisation.

Le remboursement sera effectué avec le même moyen de paiement que celui utilisé lors de l'achat.

Les frais de retour restent à votre charge. Le produit voyageant aux risques et périls du client, nous vous conseillons de prendre toutes les assurances appropriées pour couvrir ce risque et/ou toutes mesures appropriées pour une protection optimale du produit.

Vous pouvez aussi rapporter l'article dans n'importe quel magasin Connect Home.

Le droit de rétractation
liennathan.fr/ol4515

DOC. 2 Mail de demande pour un retour produit

De :	eric.andriau@gmail.com
Date :	28/11
À :	service.client@connecthome.com
Objet :	Retour produit

Bonjour,
J'ai reçu le 25 novembre une enceinte Google Home achetée sur votre site Internet. Je souhaitais l'offrir à mon neveu mais il s'avère qu'il en a déjà une. Je souhaite donc vous retourner le produit.
Est-ce possible ? Quelle est la marche à suivre ?
Cordialement,
M. Andriau

ANNEXE Mail de réponse à la demande de rétractation

De : ....

À : ....

Date : ....

Objet : ....

(Salutations personnalisées) ....

(Rappeler le contexte de la réponse) ....

....

....

....

(Préciser les deux conditions de reprise) ....

....

....

....

....

(Modalités de retour du produit) ....

....

....

....

(Modalités de remboursement) ....

....

....

Nous restons à votre service pour toute question ou demande d'information complémentaire.

(Prise de congé cordiale) ....

(Prénom Nom) ....

Conseiller Connect Home

Service Retours

À VOUS DE JOUER !

Flashez le QR Code et réalisez le test « Les droits du consommateur en magasin ».
liennathan.fr/33iw9s

MISSION 3

Apporter des solutions conformes à la réglementation

De nombreux appels adressés au service réclamations et retours portent sur des produits défectueux ou en panne. Trois garanties existent pour protéger le consommateur contre un défaut du produit ou pour que les frais de réparation soient pris en charge. Prenez connaissance des modalités de mise en œuvre de ces garanties (doc. 1, 2 et 3) et de l'extrait des conditions de vente de Connect Home (doc. 4), puis apportez une réponse à chacun des clients que vous prenez en charge (annexe).

DOC. 1 La garantie légale de conformité

→ Lorsque le client achète un produit, il doit être conforme à l'usage attendu et à la description du vendeur. La garantie légale de conformité peut être utilisée pour tous les défauts de conformité existant déjà à la date de livraison du produit. Par exemple, si le produit livré ne correspond pas à la description du vendeur (couleur, performance technique...) ou si le produit ne fonctionne pas selon l'usage attendu. Cette garantie de conformité est gratuite.

→ Elle peut être mise en œuvre dans un délai de deux ans après la découverte du défaut. Il n'est pas nécessaire d'apporter la preuve que le défaut existait lors de l'achat.

→ Le client pourra obtenir une réparation ou un remplacement.

DOC. 2 La garantie légale des vices cachés

La garantie légale des vices cachés protège contre les défauts du produit.
Elle peut être mise en œuvre dans un délai de deux ans à partir de la découverte du vice caché.
Trois conditions doivent être réunies pour qu'elle soit mise en œuvre. Le défaut doit :
- être caché ;
- exister à la date d'achat ;
- rendre inutilisable ou diminuer fortement l'utilisation du produit.

Le client peut :
- rendre le produit et obtenir le remboursement du produit ;
- garder le produit et demander une réduction de prix.

DOC. 3 La garantie commerciale ou contractuelle

La garantie commerciale ou contractuelle s'ajoute aux garanties légales de conformité et des vices cachés mais ne les remplace pas.
Elle est facultative, d'une durée variable et peut être gratuite ou payante. Le vendeur en définit librement le contenu, qui doit être détaillé dans un contrat écrit.
Le client peut choisir de se faire rembourser, de remplacer le produit, ou bien de le faire réparer.

DOC. 4 Extrait des conditions de vente de Connect Home

CONNECT HOME

Garantie commerciale : le bénéfice de la garantie commerciale (de 1 à 3 ans selon les produits) ne sera accordé que sur présentation du justificatif d'achat (ticket de caisse, facture) indiquant la date d'achat.
Sont exclus de la garantie, les dommages :
– occasionnés par une cause externe à l'appareil (choc, chute, mauvaise manipulation...), chaleur anormale, humidité, foudre, incendie ;
– survenant pendant le transport ou le déménagement de l'appareil effectué par le client lui-même ou par une personne placée sous sa responsabilité.

ANNEXE Appels à traiter

Appels clients	Une garantie peut-elle être mise en œuvre ?	Justification
« J'ai acheté le mois dernier un aspirateur sans sac Rowenta à 299 € et il fonctionne une fois sur deux. J'ai encore mon ticket d'achat. »	Type de garantie envisagée : .... ☐ Oui ☐ Non	....
« Il y a eu un violent orage hier : la foudre est tombée sur ma maison. Mon téléviseur acheté il y a trois ans a été endommagé. »	Type de garantie envisagée : .... ☐ Oui ☐ Non	....
« Il y a un an, j'ai acheté un sèche-linge. Il fait un bruit anormal depuis quelques semaines, j'ai fait venir un réparateur : il me dit qu'il s'agit d'un problème mécanique récurrent sur cette série. »	Type de garantie envisagée : .... ☐ Oui ☐ Non	....
« Il y a six mois, mon fils m'a offert une sorbetière : elle n'a jamais bien fonctionné. »	Type de garantie envisagée : .... ☐ Oui ☐ Non	....
« Ma fille a fait tomber mon ordinateur portable. Il ne s'allume plus. Heureusement, il est encore sous garantie, nous avions bénéficié d'une garantie de trois ans. J'ai conservé la facture attestant de la date d'achat. »	Type de garantie envisagée : .... ☐ Oui ☐ Non	....

À VOUS DE JOUER !
Flashez le QR Code et testez votre attitude face à des clients qui réclament.
liennathan.fr/4thq3u

MISSION 4

Gérer les litiges

Si la réponse apportée à une réclamation ne satisfait pas le client ou si la réclamation n'est pas traitée, on passe au stade du litige. Le règlement des litiges doit suivre une procédure bien définie. Des voies de recours existent pour résoudre un différend entre le client et Connect Home. Si, toutefois, un accord n'a pas pu être trouvé à l'issue des voies de recours, une procédure judiciaire peut être engagée : on parle alors de « contentieux ».
À partir de la procédure de règlement des litiges (doc.), merci d'indiquer la procédure à suivre pour chacun des appels reçus ce jour (annexe).

DOC.

La procédure de règlement des litiges Connect Home

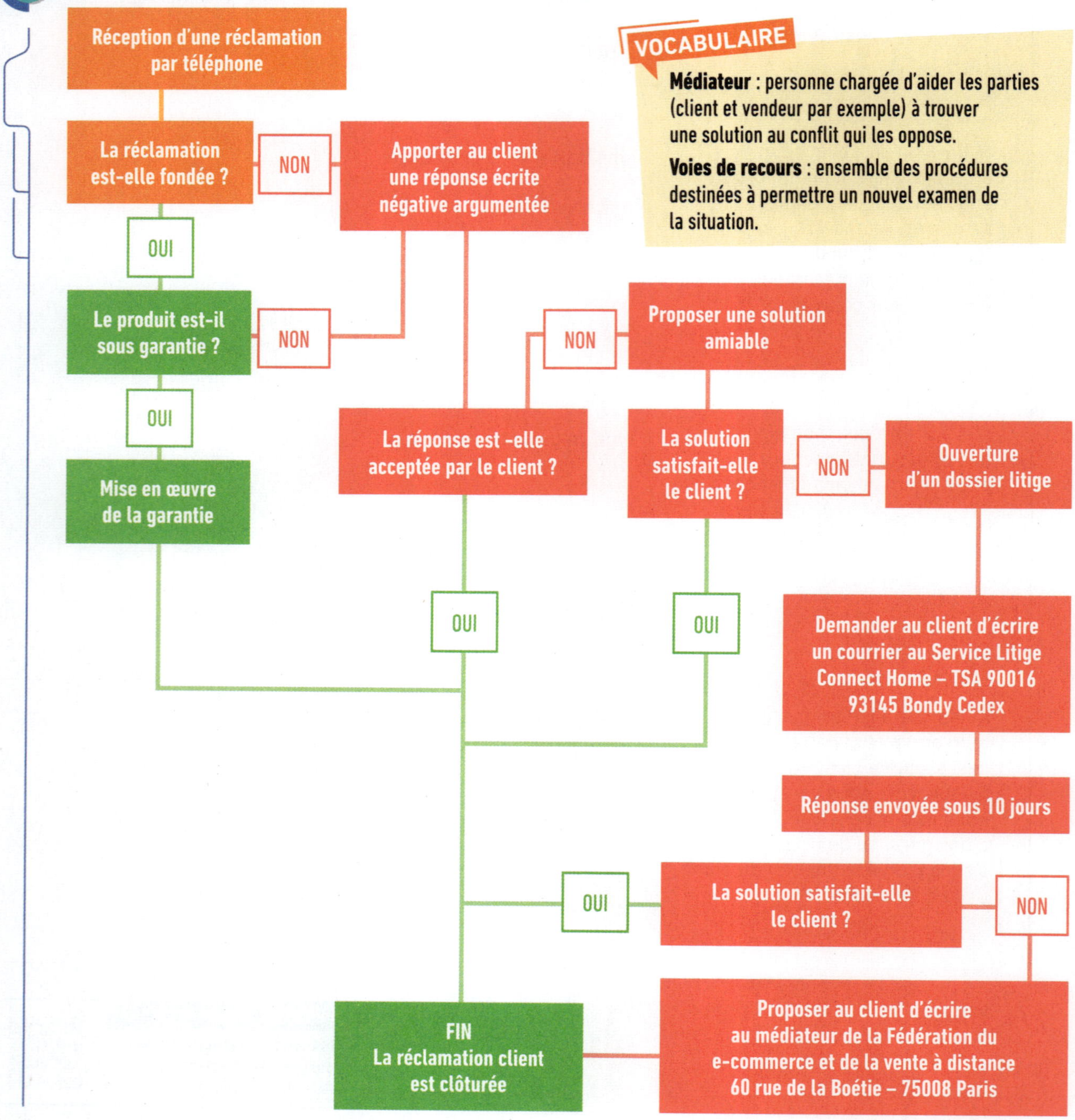

VOCABULAIRE

Médiateur : personne chargée d'aider les parties (client et vendeur par exemple) à trouver une solution au conflit qui les oppose.

Voies de recours : ensemble des procédures destinées à permettre un nouvel examen de la situation.

ANNEXE Appels à traiter

Prise en charge de la réclamation

« Il y a 3 ans, j'ai acheté un fauteuil massant. J'en étais très contente mais aujourd'hui il ne fonctionne plus, pourtant je l'ai très peu utilisé. Il n'est plus sous garantie mais il serait normal que vous preniez à votre charge le montant des réparations. »

Type de réclamation

☐ Réclamation fondée ☐ Réclamation non fondée

Procédure à mettre en œuvre

....

Justification

....

....

....

....

....

« J'ai acheté une bouilloire en début de semaine. Quand je la mets en marche, elle s'éteint toute seule au bout de quelques secondes. Je suis vraiment déçu de mon achat. »

Type de réclamation

☐ Réclamation fondée ☐ Réclamation non fondée

Procédure à mettre en œuvre

....

Justification

....

....

....

....

....

« J'ai acheté sur votre site un robot aspirateur autonome Tech Robot qui ne fonctionnait plus au bout de 15 jours. Le SAV de mon magasin m'a envoyé un mail indiquant que les garanties ne pouvaient être mises en œuvre car j'étais responsable de la panne : je n'aurais pas suivi le mode d'emploi. C'est impossible ! J'ai donc envoyé un mail à votre service réclamations pour faire part de mon mécontentement et obtenir une réparation ou un échange. Je viens de recevoir votre courrier me proposant un chèque cadeau de 20 euros, c'est vraiment n'importe quoi ! »

Type de réclamation

☐ Réclamation fondée ☐ Réclamation non fondée

Procédure à mettre en œuvre

....

Justification

....

....

....

....

....

Évaluez votre réussite du dossier P. 9

SYNTHÈSE

liennathan.fr/vhd679

1 Mettre en œuvre l'obligation d'information et de conseil

L'obligation d'information et de conseil du vendeur vis-à-vis du client peut porter sur :

- Le motif d'indisponibilité du produit
- ....
- ....
- Les offres promotionnelles
- ....
- ....

2 Appliquer la réglementation en matière de protection du consommateur

Suite à un achat en ligne, le consommateur doit respecter deux conditions pour mettre en œuvre son droit de rétractation :

1. 15 jours après réception du produit, contacter le service Clients pour faire enregistrer sa demande de rétractation
2. ....

3 Apporter des solutions conformes à la réglementation

La réglementation prévoit trois garanties pour protéger le consommateur contre les dysfonctionnements des produits :

- La garantie légale de conformité
- ....
- ....

4 Gérer les litiges

La gestion d'un litige implique le suivi de la procédure suivante :

- Le refus d'une solution amiable
- ....
- ....
- Le cas échéant, l'envoi par le client d'un courrier au médiateur de la consommation

MOTS-CLÉS

Droit de rétractation • garantie légale de conformité • garantie légale contre les vices cachés • garantie commerciale • litige • médiateur • contentieux • voies de recours

QUIZ liennathan.fr/46we2n SCORE ....

1 Mettre en œuvre l'obligation d'information lors d'une manifestation commerciale

Vous êtes embauché(e) en tant que commercial(e) chez un cuisiniste Schmidt situé à Vannes. Vous êtes chargé(e) de la vente de cuisines équipées et de la proposition de solutions de financement avec l'ouverture de dossiers de crédit. Votre entreprise a décidé d'être présente les 16, 17 et 18 novembre au salon de l'Habitat de Vannes : le responsable des ventes vous sensibilise donc à la réglementation en matière de protection du consommateur, notamment aux modalités de mise en œuvre du droit de rétractation sur un salon (document).

1 Répondez aux clients suivants rencontrés le premier jour du salon.

Situations	Mise en œuvre du droit de rétractation	Réponse apportée aux clients
« Nous aimons bien le modèle Wild Black qui est en promotion à l'occasion du salon mais le modèle Hybrid nous plaît également. Si nous signons le bon de commande aujourd'hui pour le modèle Wild Black, pourrons-nous tout de même changer d'avis ? »	☐ Oui ☐ Non	…………
« Nous choisissons la cuisine modèle Major et votre solution de financement sur 24 mois. Pourrons-nous toutefois nous rétracter si nous changeons d'avis ? »	☐ Oui ☐ Non	…………

2 Par groupes de deux élèves, concevez l'affiche destinée à informer les visiteurs du salon sur les conditions de mise en œuvre de leur droit de rétractation.

DOC.

Le droit de rétractation dans une manifestation commerciale

www

Lorsque le professionnel propose la vente de biens ou la fourniture de services sur une foire, un salon ou toute manifestation commerciale, il doit informer les consommateurs qu'ils ne disposent pas du droit de rétractation de 14 jours. En revanche, si l'achat est financé par un crédit qui lui est affecté, un droit de rétractation portant sur ce crédit existe. Le client a alors 14 jours pour se rétracter à compter de l'acceptation de l'offre. Cette rétractation entraîne automatiquement, c'est-à-dire de plein droit, la résolution* du contrat de vente ou de prestation de service objet du financement. [...]

En pratique, le professionnel doit afficher, de manière visible, sur un panneau dont la taille est supérieure ou égale au format A3 et dans une taille de caractères ne pouvant être inférieure à celle du corps quatre-vingt-dix, la phrase suivante : « Le consommateur ne bénéficie pas d'un droit de rétractation pour tout achat effectué dans [cette foire] ou [ce salon], ou [sur ce stand] » (article 1 de l'arrêté du 2 décembre 2014 relatif aux modalités d'information sur l'absence de délai de rétractation au bénéfice du consommateur dans les foires et salons).

www.inc-conso.fr, avril 2018

*résolution : annulation.

APPLICATION ★★

2 Proposer une solution conforme aux procédures de l'entreprise

Vous réalisez un stage dans une concession Renault au sein du service chargé de l'entretien et de la réparation des véhicules. Le responsable, Éric Malendrin, souhaite vous familiariser avec les différentes garanties commerciales Renault (doc. 1) et l'extension de garantie commerciale (doc. 2) afin d'informer les clients sur leur demande de prise en charge des réparations.

1 Pour chacune des situations suivantes, indiquez si la demande d'entretien ou de réparation peut être prise en charge au titre des garanties commerciales proposées par Renault.

Situations	Mise en œuvre d'une garantie	Réponse apportée au client
 « Le pare-brise de ma Renault Twingo s'est fissuré. Cette réparation est-elle encore sous garantie ? » **Mme Notha**	☐ Oui ☐ Non Si oui, laquelle : …………	…………
 « Mon véhicule Renault Kadjar présente des problèmes lors des accélérations. J'espère que ce n'est pas grave, je l'ai acheté il y a 3 ans et demi. » **M. Parin**	☐ Oui ☐ Non Si oui, laquelle : …………	…………
 « Ce matin, mon véhicule Koléos n'a pas voulu démarrer. En 3 ans et demi, je n'ai jamais eu de problème, heureusement que j'ai souscrit le contrat Losange… » **Mme Jouay**	☐ Oui ☐ Non Si oui, laquelle : …………	…………
 « Il y a deux ans et demi, j'ai acheté un Renault Captur mais avec les fortes canicules, la peinture s'écaille par endroits. » **M. Duplex**	☐ Oui ☐ Non Si oui, laquelle : …………	…………

2 Quel est l'intérêt de proposer une extension de garantie :

– pour la concession ? ....

....

....

– pour les clients ? ....

....

....

DOC. 1 Les garanties commerciales Renault

En complément de la garantie légale de conformité et de la garantie contre les vices cachés, les véhicules de la gamme Renault bénéficient des garanties Renault gratuites suivantes :

Garanties commerciales Renault	Contenu	Durée
Garantie Constructeur Renault	Assistance 24h/24 en cas de panne immobilisante et réparation gratuite pièces et main-d'œuvre	2 ans ou 3 ans pour les modèles Latitude, Espace IV, Laguna, Koléos
Garantie Peinture	Remise en état des éléments présentant des défauts de peinture reconnus par nos spécialistes	3 ans
Garantie Anticorrosion	Sous réserve du respect des contrôles anticorrosion effectués une fois tous les 2 ans ou au kilométrage indiqué dans le carnet d'entretien du véhicule Renault	12 ans, kilométrage illimité
Garantie Réparation	Garantie réparation : pour tous les véhicules Renault et pour toutes les réparations effectuées dans le réseau Renault	1 an pièces et main-d'œuvre
	Garantie pare-brise : pour la réparation ou le remplacement du pare-brise dans le réseau Renault	À vie

Les garanties Renault prennent effet à la date de livraison figurant sur la fiche d'entretien et de garantie qui est remise au client lors de la livraison du véhicule.

DOC. 2 Extension de la garantie commerciale Renault

RENAULT

Renault vous propose de souscrire au contrat Losange pour prolonger la garantie d'origine de votre véhicule. Les prestations du contrat Losange sont délivrées à compter de l'expiration de la garantie commerciale accordée par Renault, c'est-à-dire au terme du 24e (ou 36e) mois suivant la date de livraison figurant sur le carnet de garantie du véhicule. Tarifs consultables auprès du concessionnaire.

Le contrat Losange permet au client de bénéficier :
– du remplacement ou de la réparation des pièces mécaniques, électroniques et électriques défectueuses du véhicule (main-d'œuvre comprise) ;
– de l'assistance 24h/24 7j/7 en dehors des frais d'entretien et de ceux résultant de l'usure normale ;
– d'un véhicule de remplacement en cas de panne immobilisante de plus de 3 heures.

APPLICATION ★

3 Utiliser une voie de recours pour régler un litige

Vous réalisez un stage dans la boutique indépendante « La Maison de Sophie », spécialisée dans la vente d'objets de décoration intérieure. Sophie Dornier, la dirigeante, vous explique qu'elle rencontre un différend avec une entreprise de vitrerie qui a changé sa vitrine. Elle a appris que M. Martin, un autre commerçant de la ville, avait le même litige avec ce même prestataire. Comme aucune solution amiable n'a pu être trouvée, elle souhaite faire intervenir une association de consommateurs pour trouver une issue à ce litige. Vous vous documentez sur le rôle des associations de défense des consommateurs (doc. 1 et 2).

1 **Quelle aide l'association de défense des consommateurs peut-elle apporter à Mme Dornier ? Justifiez.**

....

....

2 **Le cas échéant, quelle action en justice l'association peut-elle engager pour régler le litige ? Justifiez.**

....

....

VOCABULAIRE

Se constituer partie civile : agir au nom des victimes pour demander la sanction de l'auteur et la réparation du préjudice subi.

Mandater : agir au nom d'une ou plusieurs personnes.

DOC. 1 Litige avec un fournisseur : passer par une association de consommateurs

Indépendantes des pouvoirs publics, les associations de consommateurs fournissent des conseils et informations aux consommateurs, que ce soit des particuliers ou des entreprises, le plus souvent à titre gracieux. Elles proposent également un accompagnement pour traiter un dossier de litige en menant une médiation entre les parties. Dans ce cadre, elles peuvent réclamer l'adhésion du demandeur en échange du service rendu, et donc une (modeste) cotisation annuelle.

DOC. 2 Les actions en justice des associations de consommateurs

– **Défense des intérêts collectifs** : Les associations de consommateurs agréées peuvent se constituer partie civile pour des faits portant un préjudice direct ou indirect à l'intérêt collectif des consommateurs.

– **Action de groupe** : Une association de défense des consommateurs peut ainsi saisir le juge civil afin d'obtenir la réparation des préjudices individuels subis par un groupe de consommateurs se trouvant dans une situation similaire et ayant pour cause commune un manquement d'un ou des mêmes professionnels à leurs obligations légales ou contractuelles.

– **Défense des intérêts individuels** : Une association peut demander réparation des préjudices subis par plusieurs consommateurs lorsque ces préjudices sont causés par un même professionnel et ont une origine commune. L'association doit être agréée et reconnue représentative sur le plan national et mandatée par au moins deux des consommateurs concernés.

www.service-public.fr

DOSSIER 13

Mesurer et améliorer la satisfaction client

COMPÉTENCES

S'assurer de la satisfaction du client

- Collecter les informations de satisfaction auprès des clients
- Mesurer et analyser la satisfaction client
- Transmettre les informations sur la satisfaction du client
- Exploiter les informations recueillies à des fins d'amélioration
- Proposer des éléments de nature à améliorer la satisfaction client

RÉSULTATS ATTENDUS

- Les données recueillies et transmises sont utiles, fiables et exploitées à des fins d'amélioration de la satisfaction client et d'atteintes des objectifs de l'entreprise
- Des propositions d'amélioration pertinentes sont formulées et transmises suivant les consignes et procédures données

Kiabi, une marque employeur
liennathan.fr/6q57bt

- Regardez la vidéo et complétez la fiche d'identité de l'entreprise.

Contexte professionnel

KIABI la mode à petits prix

Vous effectuez votre période de formation en milieu professionnel (PFMP) à Nantes dans le magasin Kiabi. Cette enseigne française de prêt-à-porter propose des vêtements et accessoires pour toute la famille, accessibles à tous ; son slogan : « La mode à petits prix ».

La directrice du magasin, Léane Bourdan, souhaite vous sensibiliser à la satisfaction client, sur laquelle elle doit veiller quotidiennement. C'est une des valeurs phares de l'enseigne, qui s'est vu décerner un prix d'excellence pour la qualité de son service client et sa capacité à « enchanter les clients ». Mme Bourdan vous sollicite pour l'aider à exploiter les différents outils de mesure d'expérience client chez Kiabi.

Fiche d'identité de l'entreprise

Raison sociale	....
Type de commerce	....
Présence à l'étranger	....
Cible	....
Positionnement concurrentiel	Leader sur le marché de l'habillement
Positionnement prix	....
Taux de clients encartés	....

1) **Quel trophée l'enseigne Kiabi a-t-elle reçu ?**

2) **Sur quels critères d'évaluation les « Kiabers » ont-ils obtenu ce trophée ?**

MISSION 1

Identifier les outils de mesure de la satisfaction client

Pour mesurer la satisfaction client, différents outils peuvent être utilisés. J'aimerais avoir votre avis sur la pertinence de ces outils pour mesurer la satisfaction de nos clients fidèles et de nos clients occasionnels. J'ai réuni différents documents concernant nos outils et ceux adoptés par d'autres enseignes (doc.). Merci de compléter le tableau comparatif (annexe), en précisant si ces démarches et outils sont à utiliser de manière permanente ou ponctuelle.

DOC. Outils de mesure de la satisfaction client

1 E-mailing (grâce au fichier clients)

2 Réseaux sociaux (Facebook)

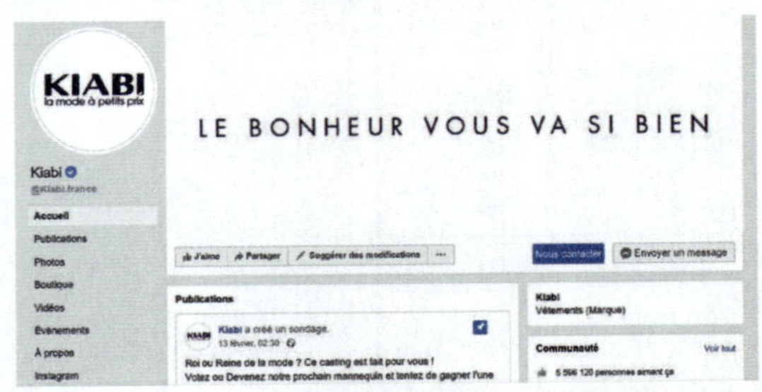

3 Le service client téléphonique

Nous appeler : 09 69 32 00 23
Service client ouvert du lundi au samedi de 8 h à 20 h.

4 Boîte à idées dans le magasin

5 Enquête panel de consommateurs

Enseigne préférée des Français dans le secteur de la mode enfants 2021 : Kiabi. 3e en mode adulte (suite à une étude auprès d'un panel de 10 000 consommateurs du cabinet d'études EY Parthenon).

6 Les visites mystères

Kiabi a choisi de remplacer les visites mystères par des enquêtes de satisfaction client par mail : « La méthode d'évaluation partait de notre point de vue et non de celui des clients »

(**Isabelle Buisine**, directrice de la relation client).

Quelles sont les qualités du client mystère ?
liennathan.fr/am85j7

7 Notes et avis sur Google

Magasin Kiabi NANTES
3,7 ★★★★☆ (439)
Magasin de vêtements

8 Borne de sondage en magasin

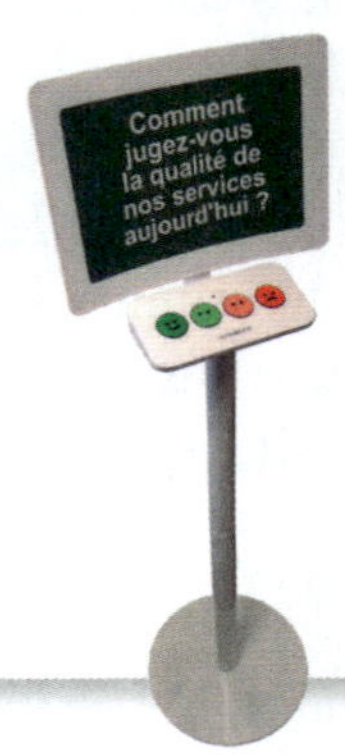

9 SMS mailing (grâce au fichier clients)

ANNEXE Analyse des différents outils de mesure de la satisfaction client

Outil (n°)	Caractéristiques de l'outil dans la mesure de la satisfaction client	Pour une évaluation ponctuelle (à un moment donné) et/ou permanente (en continu)	
		Ponctuelle	**Permanente**
....	– Pas toujours représentatif des clients car se base sur une expérience d'achat simulée – Fournit des informations précises sur les critères à améliorer	☐	☐
....	– Mesure l'image de l'enseigne par rapport à d'autres enseignes auprès d'un échantillon de consommateurs	☐	☐
....	– Cible les clients encartés enregistrés dans le fichier clients et permet de poser régulièrement plusieurs questions – Avis donné après la visite en magasin (« à froid »)	☐	☐
....	– Recense quotidiennement des questions liées à l'expérience d'achat des clients – Relève les éléments d'insatisfaction et apporte une réponse verbale immédiate au client	☐	☐
....	– Mesure le niveau de satisfaction avec les « *like* » et la portée de chaque message de l'enseigne – Permet de cibler les clients interrogés	☐	☐
....	– Avis « à chaud » recueillis en magasin – Utilise souvent une seule question pour mesurer la satisfaction	☐	☐
....	– Nécessite de surveiller les avis et de répondre rapidement – Met en valeur les éléments de satisfaction et d'insatisfaction – Mesure la e-réputation de l'enseigne qui peut impacter son taux de fréquentation	☐	☐
....	– Envoi instantané et réponse rapide du client (immédiateté) – Nécessite une enquête courte et adaptée au format de l'outil – Peu adapté aux questions ouvertes et aux réponses détaillées	☐	☐
....	– Remarque déposée parfois au moment de la visite en magasin (« à chaud ») qui valorise souvent des éléments négatifs	☐	☐

Quels sont les outils les plus pertinents à l'échelle de mon magasin pour évaluer la satisfaction de mes clients fidèles et celle de mes clients occasionnels ?

Outils les mieux adaptés aux clients fidèles :	Outils les mieux adaptés aux clients occasionnels :
....	....

La satisfaction client mesurée à l'aide de ces outils permet d'enrichir le système d'information commerciale (SIC) de l'entreprise. Les informations générées par l'entreprise sont des sources internes, et les informations provenant d'organismes extérieurs sont des sources externes. Classez les outils précédemment identifiés selon qu'ils correspondent à une source interne ou externe.

SIC / Sources internes :	SIC / Sources externes :
....	....
....	....

À VOUS DE JOUER !

Flashez le QR Code et répondez aux questions à l'aide de la vidéo « L'interview de Patricia Tranvouëz, Directrice Générale d'Etam ».

liennathan.fr/33rt5f

MISSION 2

Réaliser une enquête pour mesurer la satisfaction client

De : leane.bourdan@kiabi.fr
À : stagiaire@kiabi.fr
Objet : Enquête de satisfaction

Bonjour,
Après les nouveaux aménagements dans le magasin (réorganisation des rayons, décoration…), je souhaite avoir un retour sur l'expérience client. Je recherche un outil de mesure qui me permette de sonder l'ensemble des clients, et pas seulement les encartés (ceux qui ont une carte de fidélité). Ainsi, j'ai pensé administrer le questionnaire directement sur la surface de vente à l'aide de tablettes tactiles. À chaque fois qu'un client passera en caisse, son ticket de caisse comportera un QR Code à flasher qui l'orientera vers une interface pour répondre à notre enquête depuis son téléphone.
Pour mener à bien cette mission, je vous demande :
1. de repérer le mode d'administration et la méthode d'échantillonnage à choisir pour cette enquête, en les soulignant (doc. 1).
2. de m'aider dans la conception du questionnaire à l'aide des documents (doc. 1 et 2) et de mes notes, et à le mettre en forme (annexe).
Merci d'avance,
Léane Bourdan

DOC. 1 Six conseils pour réussir son questionnaire d'enquête

1. Il faut d'abord définir le ou les objectifs de l'enquête (que souhaite-t-on savoir ?).
2. Il est nécessaire de définir le procédé d'échantillonnage adapté à l'enquête :
   – méthode probabiliste, basée sur le hasard ;
   – méthode non probabiliste, qui consiste à déterminer des critères dans le choix de l'échantillon de personnes à interroger (ex. : 10 % de 15-24 ans ; 20 % de 25-34 ans…).
3. Le questionnaire doit être structuré. Il commence par une phrase d'introduction qui indique le but de l'enquête et se termine par une formule de conclusion pour remercier le répondant. En fonction de sa longueur, il pourra être organisé en parties.
4. Le nombre de questions doit être adapté au mode d'administration utilisé (face-à-face, téléphone, voie postale, voie électronique…).
5. Les questions doivent être courtes, simples, sans ambiguïté. Elles doivent être variées : question ouverte (réponse libre), question fermée (une seule réponse possible), question à choix multiple (plusieurs réponses au choix), question à échelle (mesure le ressenti), question à classement (éléments de réponse à classer).
6. Le questionnaire devra être testé pour vérifier sa bonne compréhension.

DOC. 2 Les techniques de questionnement les plus efficaces pour mesurer la satisfaction client

LE CSAT
Êtes-vous globalement satisfait(e) de votre expérience avec X ? (question à échelle)

>

Une question pour recueillir les remarques du client
Auriez-vous des remarques ou suggestions d'amélioration ? (question ouverte)

>

Le NPS
Recommanderiez-vous X à votre entourage ? (question à échelle de *non pas du tout* à *oui tout à fait*)

>

À la suite du NPS et du CSAT
Pourquoi avez-vous donné cette note (ou ces notes) ? (question ouverte)

>

Des questions de satisfaction par critère
Avez-vous été satisfait(e) de … ? (question à échelle)

VOCABULAIRE

CSAT : *Customer Satisfaction Score* (indicateur de satisfaction globale)

NPS : *Net Promoter Score* (indicateur du taux de recommandation)

ANNEXE — Mise en forme du questionnaire d'enquête

1 Proposez une phrase d'introduction pour le premier écran.

....

....

....

....

KIABI la mode à petits prix — JE DONNE MON AVIS >

2 Pour cette enquête, je souhaite une question pour mesurer le NPS.

1. ....

....

....

....

Non pas du tout — Oui tout à fait

0 1 2 3 4 5

CONTINUER >

3 À présent, rédigez une question ouverte afin que le client puisse s'exprimer librement sur la note attribuée à la question précédente (NPS).

2. ....

....

....

....

KIABI la mode à petits prix — CONTINUER >

4 Indiquez trois critères d'évaluation de satisfaction liés au nouvel agencement du magasin et au personnel.

3. Lors de votre visite, avez-vous été satisfait(e) de...

– ....

.... 0 1 2 3 4 5

– ....

.... 0 1 2 3 4 5

– ....

.... 0 1 2 3 4 5

KIABI la mode à petits prix — CONTINUER >

5 Formulez une dernière question pour recueillir les remarques du client.

4. ....

....

....

....

KIABI la mode à petits prix — CONTINUER >

6 Terminez en remerciant le client et en le fidélisant.

....

....

....

....

KIABI la mode à petits prix — TERMINER

À VOUS DE JOUER !

Flashez le QR Code et réalisez un jeu de rôle à l'aide des indications fournies.

liennathan.fr/h8p4w8

MISSION 3

Exploiter les éléments de satisfaction et d'insatisfaction

Comme chaque début de semaine, je consulte différentes sources d'information sur la satisfaction de mes clients (doc. 1 et 2). Je souhaite que vous m'aidiez à repérer les points forts et points faibles de notre magasin (annexe 1). Pour cela, je vous communique les résultats de votre enquête (doc. 3). Proposez des réponses pour les clients insatisfaits qui ont été sélectionnés (annexe 2).

DOC. 1 Retours de la plateforme Critizr

La plateforme permet de récolter des avis spontanés de clients mais aussi ceux reçus dans le cadre d'une enquête par mail suite à un achat.

www

Moyenne notes Critizr	Compliments, suggestions ou problèmes postés sur la plateforme
Excellente relation client ! 4.6 /5 Note de relation client calculée selon les taux, temps, et qualité de réponse de ce lieu LE DIRECTEUR DE CE LIEU... ● Lit 100% des remarques ● Répond à coup sûr	**Aurore a adressé un compliment à Kiabi** Ravie de l'accueil que j'ai eu en caisse samedi après-midi ! Un jeune homme d'une grande gentillesse, agréable, souriant, ça fait plaisir. **Amandine a remonté un problème à Kiabi** C'est trop long pour utiliser les points sur la carte de fidélité. **Maël a une suggestion pour Kiabi** Les cabines d'essayage ne sont pas assez discrètes et sont dans le passage, c'est assez inconfortable. À part ça, rien à signaler. **Brahim a une suggestion pour Kiabi** Prévoir plus de cabines d'essayage. **Eda a une suggestion pour Kiabi** Le circuit pour arriver aux caisses est mal signalé.

DOC. 2 Avis postés par des clients sur l'application Google Maps

www

Résumé des avis

5, 4, 3, 2, 1

4,1 ★★★★ 230 avis

Olivier ★★
Trop de choses, pas simple de trouver ce que l'on veut.

Julien ★★★★
Magasin super-agréable et un personnel agréable. Magasin plus moderne et mieux agencé que les autres Kiabi.

Paola ★★
Bof, vendeuses non disponibles, rayons mal rangés.

Julie ★★★
Magasin bien agencé, on y trouve ce que l'on veut. Assez riche en vêtements à des prix compétitifs.

DOC. 3 Résultats de l'enquête clientèle sur les nouveaux aménagements du magasin

	0	1	2	3	4	5
Taux de participation	78 % des clients en magasin ont participé à l'enquête.					
1- Résultats NPS	0 %	5 %	16 %	33 %	37 %	9 %
2- Éléments expliquant les notes précédentes (les plus fréquents)	Rangement (de 0 à 2) / Services (de 3 à 5) / Carte de fidélité (de 3 à 5) / Disponibilité du personnel (de 0 à 2) / Accueil (de 3 à 5) / Cabines (de 0 à 2) / Signalisation (de 0 à 2) / Prix (de 3 à 5) / Choix (de 3 à 5).					
3- Positionnement :	0	1	2	3	4	5
– critère Accueil	0 %	4 %	11 %	32 %	46 %	7 %
– critère Ambiance	0 %	0 %	9 %	19 %	38 %	34 %
– critère Organisation magasin	2 %	16 %	26 %	23 %	27 %	6 %
4- Suggestions, remarques les plus pertinentes	Plus de cabines / améliorer la signalisation en magasin / vendeurs plus disponibles / rayons mieux rangés.					

ANNEXE 1 Analyse des sources d'information de satisfaction et d'insatisfaction client

Analyse des avis clients sur Critizr et sur Google	
Éléments de satisfaction	– ... – ...
Éléments d'insatisfaction	– ... – ...
Analyse des résultats de l'enquête magasin	
Analyse des résultats du NPS *(ce NPS avait été mesuré lors d'une précédente enquête, 63 % des clients étaient prêts à recommander le magasin à leur entourage avec les notes 3, 4 et 5)*	– ... – ... – ...
Points forts du magasin	– ... – ... – ... – ...
Points faibles du magasin	– ... – ... – ... – ...
Mesures correctives proposées pour le magasin (à partir des trois documents)	
– ... – ...	

ANNEXE 2 Réponses aux clients insatisfaits sélectionnés

Réponses du directeur aux clients (reportez les numéros de la 2de colonne)	Formules types à choisir en fonction des remarques clients
Amandine sur Critizr :	1. Merci d'avoir pris le temps de nous écrire. 2. J'ai bien noté que vous n'aviez pas été entièrement satisfait par... 3. Je suis désolé de ce désagrément. 4. Je vous prie de bien vouloir nous en excuser. 5. Je vous remercie de nous avoir signalé ce dysfonctionnement. 6. Nos prix sont bas : de ce fait, il faut plusieurs achats pour atteindre les 500 points. 7. Vos points sont doublés pour votre anniversaire. 8. Nous mettons tout en œuvre pour nous améliorer. 9. Votre satisfaction est au cœur de nos préoccupations. 10. Au plaisir de vous revoir dans notre magasin Kiabi !
Eda sur Critizr :	
Paola sur Google :	

À VOUS DE JOUER !

Flashez le QR Code et répondez aux questions à l'aide de la vidéo « Critizr et Carrefour Market : Les fondamentaux de la satisfaction client ».

liennathan.fr/d988re

pix 2.2. Partager et publier
3.1. Développer des documents textuels

MISSION 4

Rendre compte

Bonjour,

À l'aide de mes notes et des analyses précédentes, rédigez un compte rendu que j'enverrai par mail à mon responsable régional (annexe 1).
Ensuite, j'aimerais que vous complétiez le baromètre affiché en salle de travail en indiquant les éléments positifs ou négatifs de nos enquêtes (annexe 2).
Enfin, vous m'aiderez à publier ces résultats sur notre page Facebook pour informer nos abonnés de notre engagement à toujours les satisfaire (annexe 3).

Léane Bourdan

ANNEXE 1 Compte rendu par mail

Objet : ....

....,

Indiquez le sujet de ce mail.

Proposez une phrase d'introduction pour annoncer votre compte rendu.

Expliquez l'objectif de l'enquête et les sources d'information utilisées.

Recensez les points faibles, points forts et mesures correctives repérés au moment de l'analyse.

N'oubliez pas la formule de politesse appropriée !

ANNEXE 2 Baromètre à afficher en salle de repos

Note avis clients Critizr : .... *(Note mois dernier : 4,1/5)*	**Éléments de satisfaction et d'insatisfaction :** – .... – .... – .... – ....
Note avis clients Google : .... *(Note mois dernier : 4/5)*	– .... – .... – .... – ....
Indicateur NPS (notes 3, 4 et 5) : .... *(Dernière mesure NPS : 63 %)*	
Nos objectifs pour mieux satisfaire nos clients !	– .... – ....

ANNEXE 3 Publication sur notre page Facebook

facebook

.... !

....

....

....

....

....

....

....

....

Retrouvez notre nouvelle collection sur le site Kiabi : www.kiabi.com

Trouvez une phrase d'accroche.

Proposez une publication destinée à nos abonnés Facebook en mettant en avant un chiffre positif issu de l'enquête magasin et en vous référant à la *check-list* ci-dessous. N'oubliez pas de remercier ceux qui ont participé et de rappeler notre engagement de toujours les satisfaire.

Check-list pour vérifier la qualité de votre publication Facebook :

☐ Utilisez AIDA (Attirer l'attention avec une accroche, susciter l'Intérêt, faire naître le Désir, pousser à l'Action).
☐ Utilisez des questions pour faire interagir.
☐ Mettez un lien d'appel à l'action (Contactez-nous, Achetez maintenant...).
☐ Rédigez des publications courtes, rapides à lire (40 à 120 caractères) avec des mots simples.
☐ Insérer des emojis et des espacements pour faciliter la lecture.

À VOUS DE JOUER !

Flashez le QR Code et répondez aux questions à l'aide de la vidéo « Digital Boost : social commerce ».

liennathan.fr/k78ac6

Évaluez votre réussite du dossier P. 9

SYNTHÈSE

liennathan.fr/ka964d

1 Identifier les outils de mesure de la satisfaction client

Outils internes		Outils externes	
Permanents	Ex. :	Permanents	Ex. : ....
Ponctuels	Ex. :	Ponctuels	Ex. : ....

2 Réaliser une enquête pour mesurer la satisfaction client

L'enquête de satisfaction doit :

Suivre des règles de réalisation :

– définir l'objectif ;
– définir la méthode d'échantillonnage ;
– choisir un mode d'administration et adapter le nombre de questions en fonction ;
– formuler des questions courtes, claires et variées, organisées en parties.

Sur la forme, présenter plusieurs types de questions :

– ....
– ....
– ....

Sur le fond, utiliser deux indicateurs de satisfaction :

– ....
– ....

3 Exploiter les éléments de satisfaction et d'insatisfaction client

L'étude des différentes sources d'information permet de :

– analyser les informations recueillies ;
– relever les points forts et les points faibles de l'unité commerciale ;
– proposer et mener des actions correctives.

– formuler des réponses aux remarques, suggestions ou éléments d'insatisfaction des clients.

4 Rendre compte

Un compte rendu des résultats sera communiqué

à la hiérarchie, pour l'informer des résultats et des mesures correctives mises en place.

aux .... , pour les informer et les associer à l'amélioration de la satisfaction.

au .... , pour le mobiliser à améliorer les éléments d'insatisfaction client.

MOTS-CLÉS

Échantillonnage • Mode d'administration

QUIZ
liennathan.fr/p269si
SCORE
....

APPLICATION ★

1 Analyser une enquête de satisfaction

Vous réalisez votre PFMP dans le magasin Bizzbee d'Auxerre. Dès votre arrivée, votre responsable Mme Dartois vous informe que l'enseigne réalise une enquête auprès de ses clients afin de connaître les éléments de satisfaction et d'insatisfaction de la clientèle. Chaque client passé en caisse reçoit le questionnaire sur son Smartphone. Mme Dartois vous invite à prendre connaissance de l'enquête.

DOC. **Enquête Bizzbee**

1 Recommanderais-tu Bizzbee à tes amis, à ton entourage ?
10 signifie que tu recommanderais très certainement Bizzbee.
0 signifie que tu ne recommanderais pas du tout Bizzbee.
Les notes intermédiaires permettent de nuancer ton jugement.

0	1	2	3	4	5	6	7	8	9	10
☐	☐	☐	☐	☐	☐	☐	☐	☐	☐	☐

2 Qu'est-ce qui t'amène à attribuer cette note ?

3 Selon toi, quelle est la principale amélioration que l'équipe du magasin d'Auxerre doit apporter ?

4 Qu'as-tu pensé de ta visite :

	Tout à fait satisfait	Plutôt satisfait	Plutôt insatisfait	Tout à fait insatisfait	Je n'ai pas d'avis
L'amabilité et le conseil de l'équipe de vente	☐	☐	☐	☐	☐
La mise en avant des nouveautés	☐	☐	☐	☐	☐
Le prix des vêtements	☐	☐	☐	☐	☐
Le style des vêtements qu'on ne trouve nulle part ailleurs	☐	☐	☐	☐	☐
L'ambiance du magasin (musique, déco...)	☐	☐	☐	☐	☐

5 Finalement, es-tu satisfait de ta dernière visite ?
☐ Tout à fait satisfait ☐ Plutôt insatisfait
☐ Plutôt satisfait ☐ Tout à fait insatisfait

6 Tu es...
☐ Une femme ☐ Un homme

7 Peux-tu préciser ton âge ?
Âge :

8 Tu es venu(e) chez Bizzbee...
☐ Seul(e) ☐ En couple
☐ Avec ta mère ☐ Autre
☐ Avec ton père

9 Les vêtements étaient...
☐ Pour toi uniquement
☐ Pour toi et quelqu'un d'autre
☐ Pour quelqu'un d'autre uniquement

10 À quelle(s) autre(s) personne(s) sont destinés les achats effectués ?
☐ Un(e) ami(e)
☐ Ta mère / ton père
☐ Ton/ta petit(e) ami(e) / conjoint(e)
☐ Ta sœur / ton frère
☐ Autre

● Complétez le tableau d'analyse de l'enquête.

Mode d'administration	....	Méthode d'échantillonnage	....
Variété des questions utilisées (indiquer les n° des questions concernées)		Indicateurs de satisfaction (indiquer les n° des questions concernées)	
Question ouverte	....	CSAT	....
Question à choix unique	....	NPS	....
Question à échelle	....	Objectifs des questions 6 à 10	....
Question à choix multiple	....		....
Question à classement	....		....

APPLICATION

3.1. Développer des documents textuels

2 Réaliser une enquête de satisfaction

Vous êtes en PFMP dans l'agence immobilière Select Immo où vous êtes chargé(e) de réaliser une enquête de satisfaction auprès de la clientèle. M. Hermann, votre tuteur, vous charge de préparer avec un autre stagiaire le questionnaire qui sera adressé aux clients qui se sont présentés à l'agence pour un rendez-vous dans le cadre d'une recherche d'appartement ou de maison, en location ou à la vente. Le mode d'administration se fera par e-mail.

1 À l'aide des consignes de M. Hermann (doc. 1) et de vos connaissances sur l'enquête par questionnaire (doc. 2 et 3), concevez en binôme un questionnaire d'enquête à l'aide de Google Forms.

2 Avant d'administrer votre questionnaire à la clientèle de l'agence, échangez-le avec le questionnaire d'un autre binôme afin de vérifier sa compréhension et son bon fonctionnement dans l'envoi par mail.

DOC. 1 Consignes de M. Hermann

Objet : Demande d'informations

À partir de votre questionnaire, je souhaite obtenir certaines informations auprès de la clientèle :
- le type de bien pour lequel le client a fait appel à nos services (maison, appartement, terrain) ;
- pour quel projet : location ou achat ;
- l'indicateur CSAT et une question « pourquoi ? » à la suite ;
- la qualité de l'accueil du personnel ;
- le temps d'attente dans l'agence avant d'être reçu ;
- l'efficacité de l'agence pour aider le client dans ses recherches ;
- si l'agence a répondu à ses attentes ;
- la qualité des visites effectuées (connaissance du bien, informations fournies) ;
- l'indicateur NPS et une question « pourquoi ? » à la suite ;
- une suggestion d'amélioration pour l'agence ;
- trois questions sur le profil de l'interviewé (tranche d'âge, sexe, lieu d'habitation).

J'ai laissé une note à votre attention listant les éléments de mise en forme à respecter dans la conception du questionnaire.

DOC. 2 Éléments de mise en forme

- Variez les types de questions utilisés.
- Soignez la présentation, je souhaite une mise en forme attractive.
- Respectez un ordre logique dans le questionnement.
- Rédigez des questions courtes, simples et sans ambiguïté.
- Choisir le type de question adapté à l'information recherchée.
- Pensez à numéroter vos questions.
- Laissez la liberté aux clients de ne pas répondre aux questions invitant à émettre un avis ou une appréciation.
- Pensez à utiliser un tableau pour évaluer différents critères.
- Limitez le questionnaire à 12 questions.

DOC. 3 Créer un questionnaire en ligne avec Google Drive

Remarque : pour utiliser les fonctionnalités de Google Drive, il faut créer au préalable une boîte mail Google et pouvoir s'y connecter.

❶ Cliquer sur le bouton **Nouveau** en haut à gauche de l'écran.

❷ Sélectionner « **Google Forms** » dans la liste déroulante.

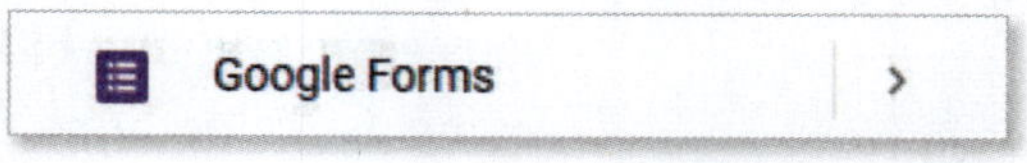

❸ Indiquer le **titre** et la phrase d'**introduction**.

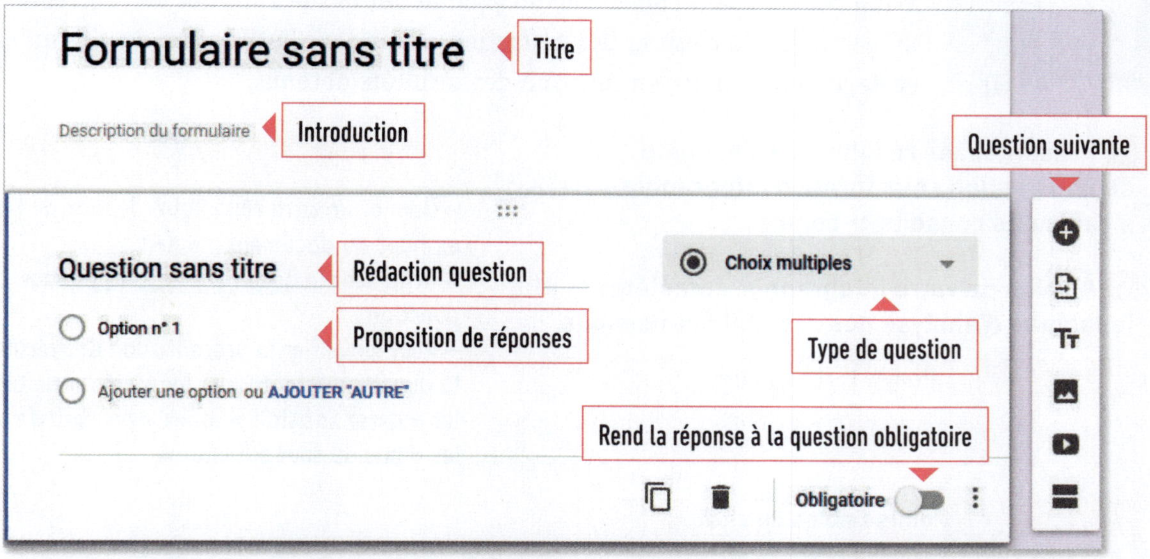

❹ Choisir le **type de question** utilisé, rédiger la question et les propositions de réponse. Puis passer à la **question suivante**.

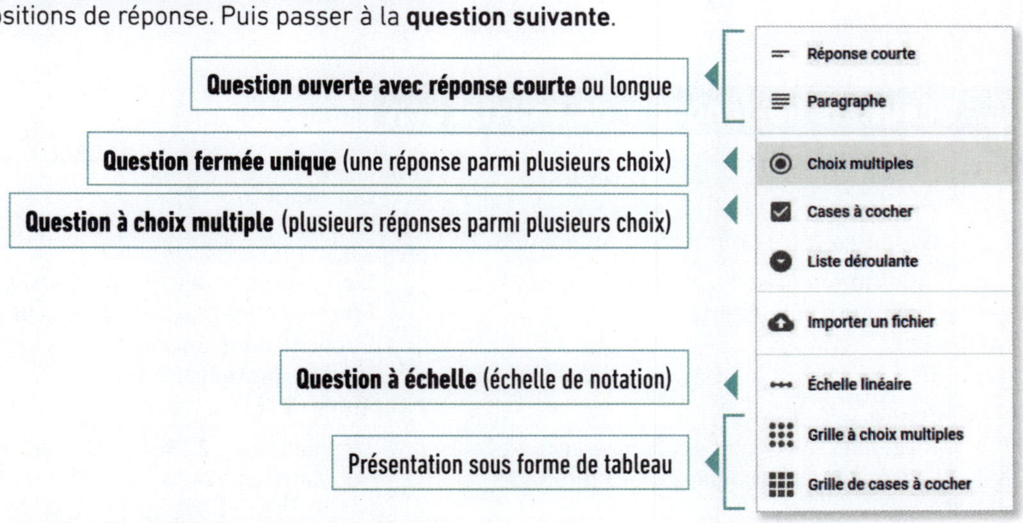

❺ **Modifier le thème du questionnaire**
Cette option permet de modifier l'apparence du questionnaire (couleurs, image, police) : cliquer sur l'icône « **personnaliser le thème** » située en haut de l'écran à droite et sélectionner le thème choisi.

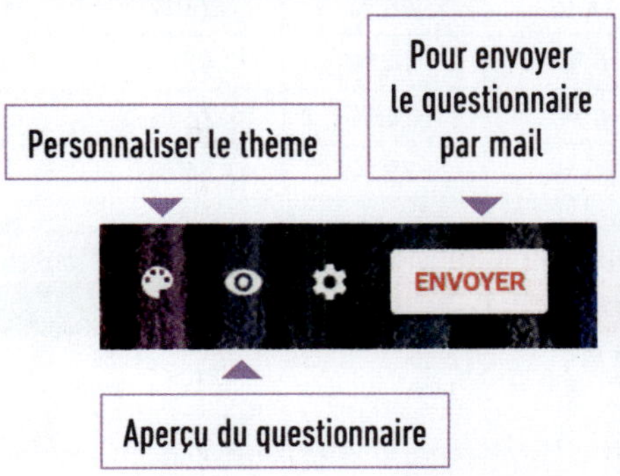

❻ **Administrer son questionnaire**
Envoyez par mail le questionnaire en indiquant les adresses mail des interviewés et en respectant la mise en forme du mail (objet et message).

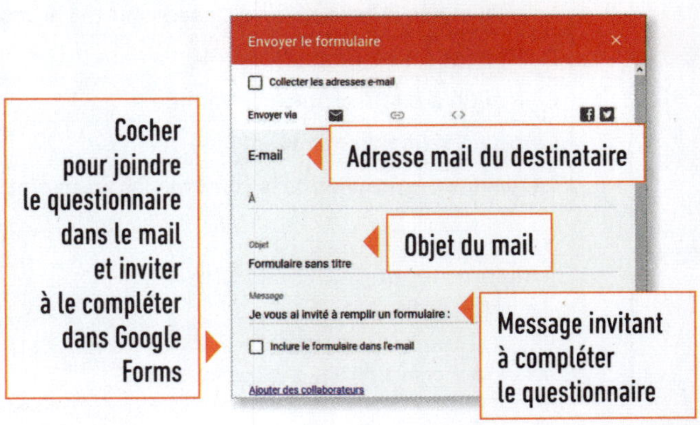

APPLICATION ★★ pix 3.1. Développer des documents textuels

3 Présenter et analyser les résultats d'une enquête de satisfaction

Vous effectuez une PFMP chez Electrochoc-online, entreprise spécialisée dans le commerce en ligne d'électroménager de marque haut de gamme. Votre tuteur vous sollicite pour analyser les résultats d'une enquête qu'il a adressée à 100 clients ayant commandé un produit sur le site Internet de l'entreprise. L'objectif est de mesurer la satisfaction client dans l'utilisation du site en ligne et de le faire évoluer en fonction des résultats obtenus.

1 Présentez les résultats de l'enquête de satisfaction sous forme d'infographie à l'aide des conseils ci-contre.

2 À l'aide de votre infographie, complétez le tableau d'analyse des résultats ci-dessous.

Points forts du site	
-	- ....
-	- ....
Points faibles du site	
-	- ....
-	- ....

– Donner un titre et indiquer le nom de l'enseigne en haut du document.
– Organiser le document en cinq parties, une par question.
– Pour simplifier la présentation des résultats de la question 4, regrouper les « très satisfait » avec les « assez satisfait » et les « peu satisfait » avec les « pas du tout satisfait ».

DOC. 1 Résultats de l'enquête de satisfaction

1- Vous avez récemment commandé un produit sur notre site Internet : était-ce votre première commande ?	Oui : **45 %** Non : **55 %**
2- Comment avez-vous eu connaissance de notre site Internet ?	Lien depuis un autre site Internet : **15 %** En cherchant dans un moteur de recherche : **56 %** Publicité dans les journaux, à la radio : **12 %** Bouche-à-oreille : **8 %** Autre : **9 %**
3- Globalement, quel est le niveau de satisfaction pour cette commande ?	Très satisfait : **22 %** Assez satisfait : **41 %** Peu satisfait : **24 %** Pas du tout satisfait : **13 %**

4- Pour chacun des points suivants concernant l'utilisation de notre site Internet lors de votre achat, quel a été votre niveau de satisfaction ?

	Pas du tout satisfait	Peu satisfait	Assez satisfait	Très satisfait
La facilité à trouver les informations recherchées	8 %	29 %	32 %	21 %
La qualité des informations diffusées sur les produits	13 %	16 %	48 %	23 %
L'esthétique, l'ergonomie* du site	14 %	45 %	26 %	15 %
La facilité à finaliser une commande	6 %	14 %	47 %	33 %
La sécurisation du paiement	6 %	24 %	36 %	34 %
La rapidité de réception de la confirmation de commande	15 %	39 %	34 %	12 %

5- Recommanderiez-vous notre site à votre entourage ?

(non pas du tout) (oui tout à fait)

1	2	3	4	5
8 %	12 %	34 %	28 %	18 %

*Ergonomie : confort, facilité d'utilisation du site.

DOC. 2 Créer une infographie avec Canva pour présenter des résultats d'enquête

❶ Aller sur le site https://www.canva.com/fr_fr/

❷ Créer un compte avec une adresse e-mail.

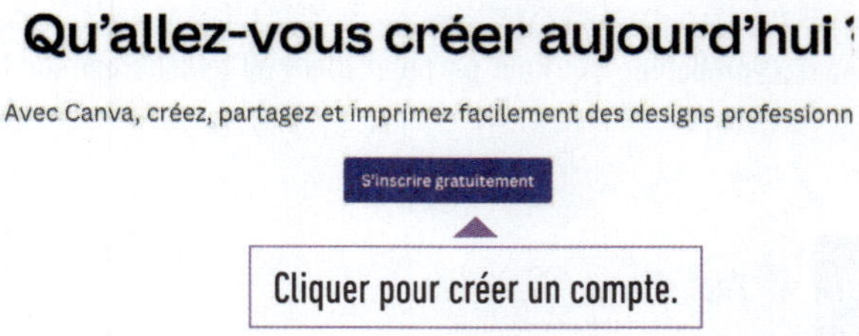

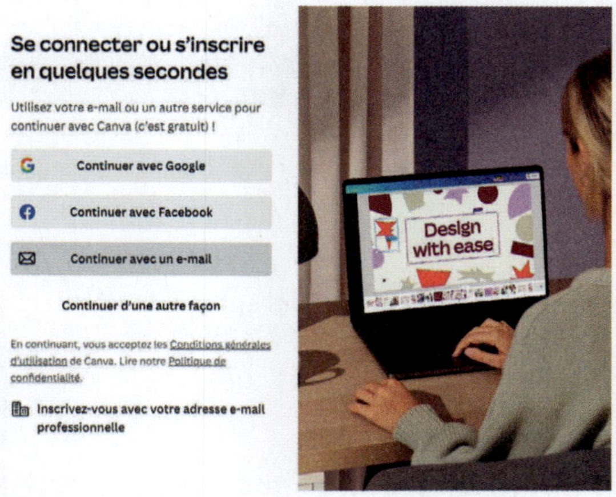

❸ Sélectionner une création d'« infographie ».

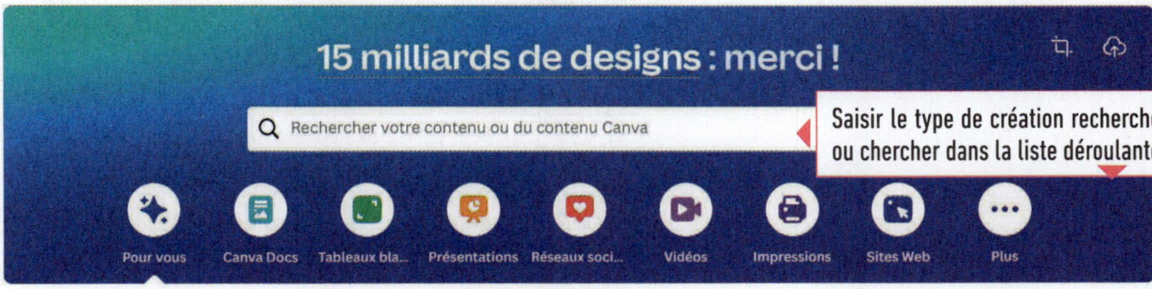

❹ Choisir un modèle d'infographies parmi la bibliothèque Canva. Pour présenter des résultats d'enquête, sélectionner un modèle proposant des résultats sous forme de graphiques (ex. : le modèle Orange et Gris Simple Informationnel Infographie).
Remarque : Sur Canva, toujours utiliser les modèles en accès libre (non payant) afin de permettre une récupération du travail.

Exemple de modèle

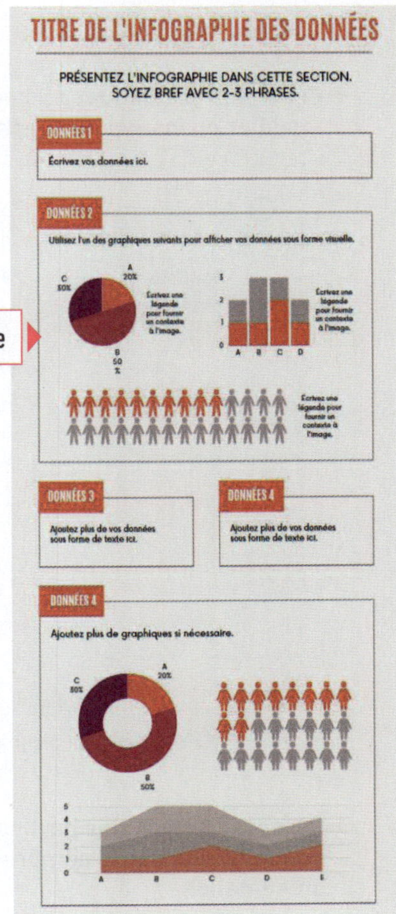

DOC. 2 Créer son infographie avec Canva pour présenter des résultats d'enquête (suite)

❺ Créer l'infographie en utilisant les fonctionnalités de Canva.

➜ **Gérer son fichier.**

Pour vérifier si le fichier est enregistré

Pour collaborer à plusieurs

Pour annuler une action

Pour donner un nom à son fichier

Pour partager (lien) ou télécharger son travail

➜ **Rendre son infographie attractive**

Pour changer de modèle

Pour insérer des éléments graphiques, images, lignes, formes...

Pour importer des images depuis un ordinateur ou une clé USB

Pour insérer des zones de texte

Pour choisir des images dans la bibliothèque Canva

Pour changer la couleur ou l'image de fond

Pour insérer un graphique

➜ **Créer des graphiques :** Sélectionner un graphique déjà présent sur le modèle afin de le modifier ou insérer un graphique choisi dans « Graphiques ».

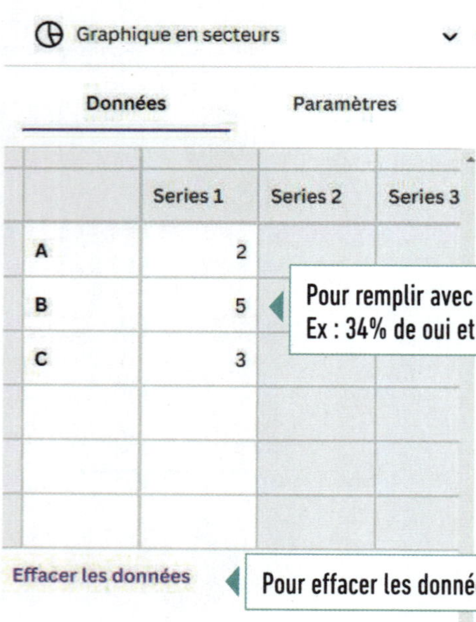

Pour changer le type de graphique

Pour remplir avec les données de l'enquête
Ex : 34% de oui et 66% de non

Pour effacer les données proposées

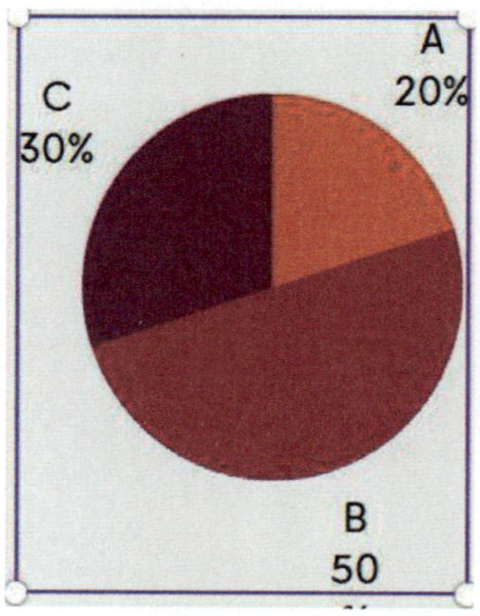

➜ **Gérer les différentes parties de son infographie :** Supprimer les éléments du modèle inutiles et ajouter le nombre de graphiques, de zones de texte nécessaires à la présentation.

SCÉNARIO 2

Assurer le suivi de la commande

Entraînement à l'épreuve E32

COMPÉTENCES

Assurer le suivi de la commande du produit et/ou du service
- Suivre l'évolution de la commande et éventuellement du règlement client
- Informer le client des délais de livraison et modalités de mise à disposition de la commande

Traiter les retours et les réclamations du client
- Identifier le(s) problème(s) rencontré(s) par le client
- Proposer une solution adaptée en tenant compte des procédures de l'entreprise et de la réglementation

S'assurer de la satisfaction du client
- Mesurer et analyser la satisfaction client
- Proposer des éléments de nature à améliorer la satisfaction client

COMPORTEMENTS PROFESSIONNELS
- Faire preuve d'esprit d'initiative et d'autonomie
- Faire face à des situations conflictuelles ou stressantes avec calme et courtoisie
- Faire preuve de réactivité
- Agir dans les limites de ses prérogatives
- Faire preuve de loyauté vis-à-vis de l'entreprise
- Être force de proposition au sein de l'entreprise
- Faire preuve de rigueur

Empreintes – le concept store
liennathan.fr/e5q2i0

Contexte professionnel

Vous êtes embauché(e) comme vendeur(euse)-conseil dans le concept-store Empreintes. Votre point de vente, dirigé par Caly Fendi, est implanté dans la ville de Sète (34). Ce concept-store propose à ses clients de vivre une expérience unique : déguster un thé, se restaurer, découvrir une exposition, essayer une tenue originale, acheter de la décoration, choisir un livre, découvrir des bijoux insolites, le tout dans un même lieu. Le point de vente s'approvisionne auprès d'artistes et d'artisans du monde entier ; ses produits sont quasiment uniques. Mme Fendi vient de lancer sa boutique en ligne. Elle vous délègue des tâches liées à la gestion du site et au suivi des commandes.

Formez des groupes pour effectuer les missions. Selon les activités, le travail est à réaliser individuellement ou de manière collaborative.

SCÉNARIO 2

MISSION 1

Respecter la réglementation sur la protection du consommateur

pix 1.1. Mener une recherche et une veille d'information

Vous avez en charge la rubrique « Aide et contact » du site marchand, où vous répondez aux questions des clients. Caly Fendi vous a préparé une liste de questions récurrentes qu'elle aimerait intégrer à la rubrique Foire aux questions (FAQ). Vous consultez pour cela les **doc. 1, 2 et 3.**

1 Formulez pour chaque question une réponse adaptée qui pourra être publiée dans la rubrique FAQ du site (**annexe 1**). Consultez le site de l'Institut national de la consommation (INC), **www.inc-conso.fr**, pour vous aider.

2 Nous sommes le 06/02/N. Après avoir pris connaissance de la situation de Mme Munche (**doc. 4**), apportez-lui une réponse par mail (**annexe 2**).

MISSION 2

Assurer le suivi de la commande du produit et/ou service

pix 2.1. Interagir

Comme chaque matin en prenant votre poste, vous suivez l'évolution des commandes réalisées en ligne à l'aide des recommandations de Caly Fendi (**doc. 5**).

3 Vous venez de recevoir la livraison des artisans verriers Bulle (**doc. 6**). Identifiez, à l'aide du **doc. 7**, les produits issus des commandes en ligne et surlignez-les.

4 Prévenez les clients concernés (**annexe 3**) en suivant les consignes de Caly Fendi (**doc. 5**).

5 Préparez une grille d'auto-évaluation basée sur la méthode CROC pour évaluer votre prestation téléphonique. Puis en binôme, jouez l'appel deux fois (vous inverserez les rôles la seconde fois). Vous évaluerez votre prestation sur la grille que vous avez créée.

MISSION 3

Mettre en œuvre le(s) service(s) associé(s)

pix 2.2. Partager et publier
3.1. Développer des documents textuels

Caly Fendi souhaite répondre aux demandes des clients plus rapidement. Elle hésite à mettre en place un tchatbot pour soulager la gestion du tchat client. Vous vous référez aux conditions de livraison (**doc. 8 à 10**).

6 Formulez des réponses personnalisées à la cliente sur le tchat (**annexe 4**). Vous vous appuierez sur le **doc. 10**. Relisez en binôme le dialogue du tchat afin de vous assurer de la cohérence des réponses.

7 En binôme, consultez la vidéo du **doc. 11** et le site **www.videotelling.fr/chatbot**, puis rédigez sur le support de votre choix une courte note d'information à l'attention de Mme Fendi sur l'intérêt d'un tchatbot.

MISSION 4

Traiter les retours et les réclamations du client

pix 2.3. Collaborer

Les flux de clients sont importants en cette fin de semaine et vous avez parfois des situations conflictuelles à gérer.

8 Préparez une grille d'auto-évaluation en complétant l'**annexe 5** en vue d'analyser la qualité de votre gestion des situations conflictuelles. Prévoyez trois critères d'évaluation de vos compétences et quatre critères de savoir-être.

9 En demi-classe, répartissez-vous les différentes situations conflictuelles listées dans le **doc. 13**. Par groupes de deux ou trois, vous réaliserez la simulation d'au moins une situation conflictuelle en tenant compte des consignes de Caly Fendi (**doc. 12**) et en exploitant les différents documents et annexes du scénario, en particulier le **doc. 14**. *Chaque élève jouera au moins une fois le rôle du vendeur.*

10 Analysez vos propres prestations en mettant en avant vos points forts et vos points faibles sur votre grille d'auto-évaluation (**annexe 5**).

MISSION 5 S'assurer de la satisfaction du client

pix 1.3. Traiter des données

Caly Fendi souhaite s'assurer de la satisfaction des clients commandant sur le site. Elle est passée par une société d'étude, Alpha, pour la mise en place d'un questionnaire en ligne (**doc. 15**).

11 La société Alpha vous a transmis les résultats de l'étude (**annexe 6** et **SC02_resultats.xls**). Calculez les totaux et les pourcentages à l'aide des fonctionnalités d'Excel.

12 Mettez en valeur les résultats à l'aide de représentations graphiques et proposez des solutions pour améliorer la satisfaction client.

13 Partagez au sein du groupe les résultats obtenus. Apportez si nécessaire des corrections à votre travail.

MISSION 6 Présenter ses travaux

Caly Fendi vous demande de présenter l'une des missions que vous avez réalisées durant ces derniers jours.

14 Complétez le compte rendu d'activités (**annexe 7**).

Évaluez votre réussite du scénario P. 9

BASE DOCUMENTAIRE

DOC. 1 Attentes de Caly Fendi au sujet des ventes en ligne

Une foire aux questions, c'est quoi ?
liennathan.fr/933vjr

« La satisfaction de notre clientèle lors des achats en ligne est notre priorité. Nous avons choisi d'allonger le délai de rétractation* dans cet objectif. Le client doit avoir le temps de réfléchir. Vous allez être amené(e) à répondre à des questions sur le délai de retour à travers la rubrique « Aide et contact ». J'ai rédigé pour vous une liste de questions types possibles. Pouvez-vous rédiger les réponses à publier sur le site dans la rubrique foire aux questions ? Il est essentiel pour cela de bien maîtriser la réglementation en matière de protection du consommateur.
Cette rubrique limitera les questions posées au service client et nous fera gagner du temps. Lorsque vous repérerez une question récurrente, il faudra l'ajouter. »

Délai de rétractation : délai de 14 jours dont dispose le consommateur pour changer d'avis (en cas de vente à distance). Le vendeur doit alors rembourser le bien ou la prestation de service.

SCÉNARIO 2

DOC. 2 Le délai de rétractation

RÉFLEXION[1] OU RÉTRACTATION[2]

ACHAT D'UN BIEN

- Rétractation : 14 jours — ACHAT SUR INTERNET
- Rétractation : 14 jours — DEMARCHAGE A DOMICILE
- Rétractation : 14 jours — DEMARCHAGE TELEPHONIQUE
- Rétractation : 48 heures — REVENTE DE METAUX PRECIEUX

CONCLUSION D'UN CONTRAT DE PRESTATION DE SERVICES

- Rétractation : 7 jours — AGENCE MATRIMONIALE
- Rétractation : 15 jours — HEBERGEMENT POUR PERSONNES AGEES (inscription)
- Rétractation : 14 jours — CREDIT A LA CONSOMMATION
- Réflexion : 15 jours — CHIRURGIE ESTHETIQUE
- Rétractation : 10 jours — FORMATION PROFESSIONNELLE
- Rétractation : 14 jours — DEPANNAGE REPARATION ENTRETIEN (sauf urgence)
- Réflexion : 10 jours — CREDIT IMMOBILIER
- Rétractation : 30 jours — ASSURANCE VIE PREVOYANCE
- Réflexion : 7 jours — COURS PAR CORRESPONDANCE

1. Délai pour accepter ou refuser l'offre.
2. Délai pour changer d'avis une fois l'offre acceptée.

© INC - 05/2019
www.inc-conso.fr

Les achats en magasin ne sont pas concernés par ce droit.

DOC. 3 Retourner une commande (extrait du site Empreintes)

Si un produit ne répond pas à vos attentes, vous pouvez nous le renvoyer. En plus du droit de rétractation légal, Empreintes vous accorde un droit de retour pour tous les achats de marchandises pendant un total de 30 jours à compter de la réception de la marchandise. Pour cela, veuillez contacter notre service clientèle :

Dans la rubrique « Mes commandes » dans votre compte client :
- Sélectionner quelle commande et quel article vous souhaitez retourner.
- Sélectionner « Voir ma commande » dans votre commande.
- Modifier votre commande.
- Sélectionner l'article que vous souhaitez renvoyer et précisez la raison du retour.

Pour exercer votre droit de retour, vous devez nous retourner la marchandise complète, non endommagée dans son état d'origine, dans l'emballage de vente.

SCÉNARIO 2

DOC. 4 Message reçu dans la rubrique « Aide et contact »

AIDE ET CONTACT	
Prénom Chloé	**Nom** MUNCHE
Nom MUNCHE	
E-mail chmunche@free.fr	
Échange ou retour	
Commande 807674729 du 15/01/N reçue le 17/01/N	
Message Bonjour, J'ai bien reçu ma commande le 17/01/N comme prévu. En revanche, le plat, qui était un cadeau pour ma fille, ne lui plaît pas du tout. Est-il encore temps de l'échanger ? Et comment faire ? Merci.	

DOC. 5 Recommandations de Caly Fendi pour les livraisons

De : calyfendi@empreintes.com
À : contact@empreintes.com
Objet : Recommandations pour la réception des livraisons

Bonjour,

Chaque matin, vous devez réceptionner les livraisons. Parmi les produits que nous recevons, il y a les **commandes réalisées par les clients sur notre site et livrées en magasin**. À réception des produits, vous devez :
- identifier les produits provenant des commandes en ligne ;
- puis envoyer un SMS au client lui indiquant l'arrivée de sa commande. Si vous n'avez pas de numéro de portable, appelez sur le fixe.
- En cas de retard de livraison, appeler directement le client et s'excuser du retard.
- La livraison en 24 h au magasin se fait uniquement pour les commandes passées avant 10 h.

Vous avez également à suivre les commandes **Click & Collect**. Elles sont préparées par Manon. À vous d'envoyer un message au client dès que la commande est prête ; relancez Manon en cas de retard dans la préparation.

Merci.
Bonne journée,
Caly

DOC. 6 Livraison commande Artisans Verriers Bulles le 06/02/N

Bon de livraison n° 602

Artisans Verriers Bulles
48 impasse S. Dali
06410 Biot

Empreintes
26 rue du Port
34200 Sète

Commande n° 53 du 5 février N

Code	Désignation	Quantités commandées	Quantités livrées	Quantités restant à livrer	Observations
VL07	Vase lumière 20 cm	2	2	0	
VL08	Vase lumière 30 cm	2	2	0	
VP04	Vide-poche Soleil	1	0	1	Livraison prévue le 10/02
VP05	Vide-poche Lune	1	1	0	
Visa du client et observations éventuelles				Visa du fournisseur	
Reçu le :		Réserves de livraison :		Livré le :	

SCÉNARIO 2

DOC. 7 Commandes livraison en 24 h magasin

Code	Désignation	Quantités commandées	Nom du client	Téléphone	Mail
TS98	T-shirt Octopus T40	1	Mme Fotin	06485632xx	tfotin@free.fr
AST04	Assiettes Léo 30cm	6	M. Théodi	04422234xx	theodi@orange.fr
VP04	Vide-poche Soleil	1	Mme Lita	04567021xx	chlita@free.fr
VP05	Vide-poche Lune	1	M. Barca	06127890xx	cbarca@aol.fr
CS454	Coussin Galaxie	3	Mme Dilo	06342282xx	fdilo@sfr.fr

Commandes passées sur le site le 5 février avant 10 h et livrées au magasin de Sète le 6 février.

DOC. 8 Organisation des livraisons des produits disponibles sur le site

Pour les produits hors mobiliers*, la livraison s'effectue de la manière suivante :

– au magasin :
Livraison en 24 h : pour toute commande passée avant 10 h, les produits sont disponibles à partir de 14 h le lendemain dans le point de vente. La livraison est gratuite. L'expédition est confirmée par e-mail avec numéro de suivi.

– à domicile :

en 24 h Chronopost	8,99 € Livraison offerte à partir de 100 € d'achat.
en 48 h Colissimo	3,99 € Livraison offerte à partir de 50 € d'achat.

– en point-relais :

en 24 h Chronopost Point relais	5,99 € Livraison offerte à partir de 80 € d'achat.
en 3-4 jours Mondial Relay	2,99 € Livraison offerte à partir de 35 € d'achat.

L'expédition est confirmée par e-mail avec numéro de suivi.

* L'achat de meubles n'est pas encore possible sur le site. La livraison des gros volumes reste à organiser en ligne.

SCÉNARIO 2

DOC. 9 Le service Click & Collect

Click & Collect

Achetez en ligne, récupérez votre achat en 1 heure !
Avec la possibilité de faire emballer vos achats.

Si le produit est en stock en magasin, le client a la possibilité d'acheter son produit en ligne et de le récupérer 1 heure après, au magasin, emballé dans un joli paquet en tissu pour 2 euros de plus. Il reçoit un SMS lui indiquant que sa commande est prête et qu'il peut venir la chercher.

DOC. 10 Livraison des produits volumineux

L'organisation de la livraison des meubles se fait systématiquement en magasin.

Le client peut prendre en charge lui-même la livraison :

- À l'aide de son véhicule personnel
- En louant un véhicule. Empreintes a établi un partenariat avec l'entreprise LocSète qui met à disposition de ses clients un véhicule utilitaire de 7/9 m³ pour 12 € de l'heure.

Le magasin prend en charge la livraison dans un rayon de 50 km.
Le tarif varie en fonction du lieu :

- Sur Sète : **forfait livraison de 10 €**
- Sur Frontignan, Poussan, Balaruc-les-Bains, Mèze : **forfait livraison de 16 €**
- Sur Marseillan, Florensac, Bessan, Agde, Vias : **forfait livraison de 22 €**
- Sur Villeneuve-lès-Maguelone, Pézenas, Servian, Villeneuve-lès-Béziers, Sérignan et Valras-Plage : **forfait livraison de 31 €.**

DOC. 11 Vidéo recommandée par Caly Fendi

Les notes d'information et de service
liennathan.fr/vp42k3

DOC. 12 La gestion des tensions – mémo

Vous allez être amené(e) à gérer des situations difficiles, en face à face ou par téléphone, pour des ventes réalisées en magasin ou sur notre site. Vous devez en toutes circonstances **garder la maîtrise de vous-même** :
– respirez profondément et doucement, ne jamais hausser la voix ;
– identifiez le problème rencontré par le client et la part de responsabilité de l'entreprise.

Proposez une solution adaptée au préjudice :
– en cas de retard de livraison, offrir un bon d'achat du montant des frais de livraison ;
– en cas d'erreur de livraison ou de produit arrivé abîmé, vérifier les stocks afin de proposer le bon produit de suite en face à face. Le faire livrer en 24 h après retour du produit en cas d'achat en ligne et proposer un bon d'achat de 5 € pour les commandes inférieures ou égales à 50 €, et de 10 € pour les commandes supérieures à 50 € ;
– lors de situations conflictuelles en face à face, n'hésitez pas à offrir une boisson au client dans l'espace cosy afin de l'apaiser.

SCÉNARIO 2

DOC. 13 Situations d'accueil de clients

Attendus pour chaque scénario
– Accueillir le client (en face à face ou par téléphone) – Identifier le client – Pratiquer l'écoute active, l'apaisement – Identifier le(s) problème(s) rencontré(s) par le client – Proposer une solution adaptée en tenant compte des procédures de l'entreprise – Se montrer rassurant, proposer une solution
Scénario n° 1
Face à face – Personnages : 2 **Situation :** Il est 15 h vendredi, un client arrive au magasin, très énervé : « Cela fait trois fois que j'essaie de commander une lampe sur votre site et ça ne fonctionne pas. Je suis obligé de me déplacer et je n'ai pas que ça à faire ! »
Scénario n° 2
Téléphone – Personnages : 2 **Situation :** « J'ai demandé le remboursement de ma commande et je n'ai toujours rien reçu ! Cela représente quand même 60 € ! C'est la commande n° 205678 ou n° 205618 ou n° 205605 ou n° 205594 » *(au choix du client ou jouer 4 scènes différentes).*
Scénario n° 3
Face à face – Personnages : 2 **Situation :** Il est 16 h vendredi, une cliente arrive au magasin, énervée : « J'ai reçu ce matin ma commande : une combinaison bleue en lin. J'avais commandé une taille 40 et j'ai reçu une taille 44 ! J'avais prévu de la porter ce soir ! Je reviens exprès sur Sète pour que vous trouviez une solution… »
Scénario n° 4
Face à face - Personnages : 3 **Situation :** Pris(e) par le traitement d'une réclamation, vous avez oublié d'apporter la commande de thé et *cup-cake* au groupe de six personnes installé déjà depuis 20 minutes dans l'espace cosy. Un monsieur arrive, énervé : « Nous étions venus pour nous détendre et, finalement, nous sommes agacés parce que nous attendons toujours notre commande ! Votre attitude n'est pas professionnelle ! »
Scénario n° 5
Face à face – Personnages : 3 **Situation :** Un couple arrive : la dame sort des rideaux d'un sac sans dire bonjour : « Je les ai commandés sur votre site, ils étaient censés être bleu-vert et ils sont bleu roi… ça ne va pas du tout dans mon intérieur ! » Le monsieur montre le produit sur son smartphone : « Regardez : la couleur n'a rien à voir ! »
Scénario n° 6
Téléphone – Personnages : 2 **Situation :** Il est 18 h 30, le téléphone sonne : « Bonjour, je viens de recevoir mon colis : le vase Pablo que j'ai commandé est cassé, je suis vraiment déçue. Comment dois-je faire ? »
Scénario n° 7
Face à face – Personnages : 2 **Situation :** « Bonjour, j'ai passé commande pour une livraison en 48 h. Cela fait plus de 72 h et je n'ai rien reçu. J'ai un mail avec un numéro de suivi : le WS0 002 951 mais je n'y comprends rien ; à mon âge on aime les choses simples ! »
Scénario n° 8
Téléphone – Personnages : 2 **Situation :** Il est 15 h 15 samedi, une cliente appelle, très agacée : « Votre livreur devait arriver à 14 h pour m'apporter la table et les chaises que j'ai commandées. Je l'attends toujours ! Pourtant la livraison n'est pas donnée ! Et à 16 h, je dois partir au mariage du fils d'une amie. »

SCÉNARIO 2

DOC. 14

Documents supports pour animer les situations en magasin

– Suivi des remboursements (scénario 2) :

N° de commande	Suivi
N° 205678	Remboursement effectué
N° 205618	Remboursement en attente
N° 205605	Remboursement refusé (hors délai)
N° 205594	Remboursement effectué

– Extrait stocks produits en magasin (scénario 3) :

Désignation	Référence	Quantité	Informations complémentaires
Combinaison lin verte	TRL90	Taille 36 :0 Taille 38 : 2 Taille 40 : 1 Taille 42 : 1 Taille 44 :1	Réassortiment pour les stocks à 0 ou à 1 : le 08/02
Combinaison lin bleue	TRL91	Taille 36 :0 Taille 38 : 2 Taille 40 : 0 Taille 42 : 1 Taille 44 :1	Réassortiment pour les stocks à 0 ou à 1 : le 08/02
Vase Paloma 20 cm	VVP1	0	Rupture de stock du fournisseur
Vase Pablo 20cm	VVP2	2	
Vase Pablo 30 cm	VVP3	1	

– Suivi colis (scénario 7)

colis privé

PARTICULIERS | ENTREPRISES | DISTRIBUTEURS

ACCUEIL | NOS OFFRES | NOS ENGAGEMENTS | VOTRE ASSISTANCE | ESPACE RECRUTEMENT | CONTACTEZ-NOUS

SUIVI DE VOTRE COLIS EXPÉDIÉ PAR (Empreintes)

N° de colis	Statut	Adresse du destinataire
WS0 002 951	Votre colis a été expédié par votre webmarchand mais n'a pas encore été pris en charge par Colis Privé	26 rue Magritte 34200 SÈTE

HISTORIQUE DE VOTRE COLIS

Date	Statut du colis
7/02	Votre colis a été expédié par votre webmarchand mais n'a pas encore été pris en charge par Colis Privé

ATTENTION : Nos livraisons s'effectuent de 8h à 19h.

Définir une date de livraison :
Replanification non disponible, le colis doit vous être présenté une première fois.

Déposer une réclamation :
Vous ne pouvez pas saisir de réclamation car le colis n'est pas encore parti de notre agence.

SCÉNARIO 2

DOC. 15 Questionnaire de satisfaction

Voici le questionnaire mis en place par la société Alpha. Il est envoyé systématiquement à tout client passant commande sur le site.
Il est simple et très rapide à remplir (5 points à évaluer à l'aide d'étoiles) :
– 1 étoile : le client n'est pas du tout satisfait ;
– 5 étoiles : il est très satisfait.
Si le client coche 1 ou 2 étoiles, une question ouverte apparaît : « Pouvez-vous nous en dire plus ? », afin de lui permettre d'expliquer son mécontentement.
J'aimerais obtenir une note moyenne de 4 étoiles.

Votre avis nous intéresse !
Partagez avec nous votre expérience.

Évaluez votre commande :
– navigation sur le site ☆☆☆☆☆
– produits ☆☆☆☆☆
– paiement ☆☆☆☆☆
– livraison ☆☆☆☆☆

En fonction du mode retenu :
☐ Magasin ☐ Point-relais
☐ Domicile ☐ Click & Collect

– service client ☆☆☆☆☆

ANNEXES

ANNEXE 1 Réponses à mettre en ligne dans la FàQ

<table>
<tr><th>Questions types</th><th>Votre réponse</th></tr>
<tr><td>Quel est le délai légal de rétractation pour une vente en ligne ?</td><td>……………
……………</td></tr>
<tr><td>Pourquoi proposer un délai de rétractation de 30 jours ?</td><td>……………
……………</td></tr>
<tr><td>Le délai de rétractation est-il le même si j'achète en magasin ?</td><td>……………
……………</td></tr>
<tr><td>À quel moment démarre le délai de rétractation ?</td><td>……………
……………</td></tr>
<tr><td>Par exemple, pour la commande suivante :

<table><tr><th>Validation</th><th>Préparation</th><th>Expédition</th><th>Livraison</th></tr><tr><td>02/02/N</td><td>03/02/N</td><td>04/02/N</td><td>05/02/N</td></tr></table>
– Quand débute le délai légal de rétractation ?
– Quand finit le délai de rétractation établi par Empreintes ?</td><td>……………
……………
……………
……………
……………
……………
……………
……………
……………
……………</td></tr>
</table>

ANNEXE 2 Mail de réponse à Mme Munche

De : contact@empreintes.com

À :

Objet :

....

....

....

....

....

....

....

....

....

....

....

....

ANNEXE 3 Supports de contact client

Nom du client : ....

Téléphone : ....

C	....
R	....
O	....
C	....

ANNEXE 4 Tchat client

Mme Tavarès : « Bonjour, j'ai vu sur le site un meuble qui me plaît et j'aimerais l'acheter. C'est le bureau Frida. Par contre, je ne peux pas venir le chercher car ma voiture est beaucoup trop petite. Je n'ai pas compris comment se passe la livraison… »	
Vous : …………………………	
Mme Tavarès : « J'habite à Servian. »	
Vous : …………………………	
Mme Tavarès : « C'est cher pour un bureau de 229 €, j'hésite… »	
Vous : …………………………	
Mme Tavarès : « Oui, cela reviendrait moins cher… Je vais réfléchir. »	
Vous : …………………………	
Mme Tavarès : « Non, c'est tout, merci. »	
Vous : …………………………	

ANNEXE 5 Grille d'auto-évaluation

Situation n° …………………………

Critères liés à la gestion de situations conflictuelles				
Compétences				
Savoir-être				
Solution(s) apportée(s)				
…………………………				
Auto-analyse				
…………………………				

ANNEXE 6 Dépouillement des 38 questionnaires collectés (fourni sous Excel)

	Réponses et nombre					Total
1. Navigation sur le site	★☆☆☆☆	★★☆☆☆	★★★☆☆	★★★★☆	★★★★★	
En nombre	2	6	8	12	10	
En pourcentage						
Pouvez-vous nous en dire plus ?	Un peu lent. Pas rapide. Coupures par moment.					
2. Produits	★☆☆☆☆	★★☆☆☆	★★★☆☆	★★★★☆	★★★★★	
En nombre	9	10	5	12	2	
En pourcentage						
Pouvez-vous nous en dire plus ?	Décalage entre la couleur du produit sur le site et le produit reçu. J'ai commandé une robe que je pensais être rouge, elle est plutôt rose. Manque de visuel produit. Proposer au moins deux photos par produit. Présenter les vêtements portés et non sur cintre.					
3. Paiement	★☆☆☆☆	★★☆☆☆	★★★☆☆	★★★★☆	★★★★★	
En nombre	1	5	5	14	13	
En pourcentage						
Pouvez-vous nous en dire plus ?	Un peu lent. Proposer des facilités de paiement. On ne peut pas payer en 3 fois sans frais comme sur d'autres sites.					
4. Livraison (selon le mode retenu)	★☆☆☆☆	★★☆☆☆	★★★☆☆	★★★★☆	★★★★★	
Magasin	0	1	1	3	2	
Domicile	0	1	1	4	2	
Point-relais	0	1	3	4	2	
Click & Collect	3	4	3	2	1	
Total						
Total en %						
Pouvez-vous nous en dire plus ?	J'ai commandé en Click & Collect pour retirer mon colis en 1 heure, ça a pris 3 heures pour le récupérer... Click & Collect qui ne respecte pas les délais. Click & Collect qui n'est pas de 1 heure mais plus... Je ne repasserai plus par le Click & Collect : délai de plus de 2 h et non 1 h ! Accueil point-relais pas aimable.					
5. Service client	★☆☆☆☆	★★☆☆☆	★★★☆☆	★★★★☆	★★★★★	
En nombre	2	4	8	13	11	
En pourcentage						
Pouvez-vous nous en dire plus ?	Arrangeant mais long à répondre. Réponse trop lente : j'ai dû relancer deux fois. Difficile à joindre par téléphone (mieux sur le tchatbot).					**Note globale : 3,5** ★★★½☆

Entraînement à l'épreuve E32

ANNEXE 7 Compte rendu d'activités

1 L'organisation support de l'activité

– Identification : ....

....

– Ses principales activités : ....

....

2 Ma place et mon rôle dans l'organisation

– Missions confiées : ....

....

....

3 Situation de travail

– Contexte : ....

....

– Objectif de ce travail : ....

....

– Personnes concernées (statut) : ....

....

4 Activités réalisées

....

....

5 Outils et supports utilisés

....

....

6 Difficultés rencontrées

....

....

7 Résultat(s) obtenu(s)

....

....

8 Compétences développées

- ☐ Assurer la veille commerciale
- ☐ Réaliser la vente dans un cadre omnicanal
- ☐ Assurer l'exécution de la vente
- ☐ Assurer le suivi de la commande
- ☐ Traiter les retours et les réclamations du client
- ☐ S'assurer de la satisfaction du client

9 Documents à joindre pour illustrer la situation

....

DOSSIER 14

Traiter et exploiter l'information dans le cadre de la fidélisation du client

COMPÉTENCES

Traiter et exploiter l'information ou le contact client

- Traiter les messages et/ou les demandes des clients
- Recueillir, extraire, exploiter, synthétiser les données : de sources internes, de sources externes
- Rendre compte des données appropriées
- Proposer des actions de fidélisation et/ou de développement de la relation client en adéquation avec les données recueillies et l'orientation commerciale de l'entreprise

RÉSULTATS ATTENDUS

- Les réponses apportées sont adaptées
- L'information sélectionnée est fiable, récente et utile
- Les informations remontées sont claires et transmises au bon interlocuteur
- Les actions proposées sont cohérentes et appropriées

Kiabi teste la carte de fidélité connectée
liennathan.fr/95un9c

- Quelles sont les informations collectées sur la cliente ?
- Que permet la collecte de ces données ?

Contexte professionnel

Suite à votre PFMP au sein de l'enseigne de prêt-à-porter Kiabi, vous avez été embauché(e) dans le magasin de Mers-les-Bains. À votre arrivée, Édouard Vannier, le manageur, vous explique qu'il dispose de plusieurs sources de données sur ses clients, qu'il utilise pour mieux les connaître et les fidéliser. Il vous met en garde quant au respect de la réglementation sur la protection des données : dans une démarche de fidélisation de la clientèle, une stricte application est de rigueur, que ce soit dans le magasin de Mers-les Bains ou à l'échelle du groupe.

Fiche d'identité de l'entreprise

Raison sociale	....
Activité	....
Type de commerce	....
Statut juridique	SARL (Société à responsabilité limitée)
Localisation	....
Concurrents	La Halle, Bonobo, Celio, Auchan

1. Dans quel but Édouard Vannier récolte-t-il des informations sur ses clients ?
2. Selon vous, à quoi devra-t-il veiller pour conserver et utiliser ces données ?

MISSION 1

Identifier les données recueillies

Vous êtes en charge du poste caisse pour une partie de la journée. C'est souvent l'opportunité de proposer au client la carte de fidélité ou bien de mettre à jour les informations des clients qui en ont déjà une. À l'aide des doc. 1 et 2, j'aimerais que vous réfléchissiez à l'intérêt de recueillir chacune de ces informations pour le magasin et au risque d'une saisie incomplète (annexe).

DOC. 1 Typologie des informations recueillies

Les entreprises recueillent régulièrement des informations sur leurs clients. On distingue :
- les informations « d'identification », qui permettent d'identifier et de localiser le client ;
- les informations de « personnalisation », qui permettent d'affiner la connaissance du client.

DOC. 2 Formulaire de carte de fidélité

◉ Madame ○ Monsieur

Prénom* | Nom*

Date de naissance*
jj/mm/aaaa

Email*

Mot de passe*

Le programme fidélité Kiabi c'est :
1€ d'achat = 1 point, 500 points = 15% de réduction ! Simple non ?

☐ Je souhaite reçevoir les bons plans par e-mail

Aidez-nous à mieux vous connaître...

1. Quelle est votre CSP (catégorie socioprofessionnelle) ?
   ☐ Artisan, commerçant, chef d'entreprise
   ☐ Cadre et professions intellectuelles supérieures
   ☐ Employé ☐ Ouvrier
   ☐ Retraité ☐ Autre
2. Avez-vous des enfants ? Si oui, combien ?
   ☐ oui : .... ☐ non
   Si oui, dans quelle(s) tranche(s) d'âge ?
   ☐ de 0 à 5 ans ☐ de 5 à 10 ans
   ☐ de 10 à 16 ans
3. Autres enseignes fréquentées :
   ....
   ....

ANNEXE Exploitation des données et enjeux

	Liste des données	Intérêts / Enjeux
Données d'identification recueillies	....	....
Données de personnalisation recueillies	....	....

MISSION 2

Recueillir les données clients

L'efficacité du recueil des données passe par la multiplication des points de contact avec le client (doc. 1 et 2). Indiquez dans quel(s) canal(aux) les points de contact peuvent être activés en reportant leurs numéros sur le schéma (annexe).
Édouard

DOC. 1 Les sources d'information

L'entreprise recueille des informations commerciales via deux types de sources :
- les sources internes : les données proviennent de l'entreprise elle-même (base de données) ;
- les sources externes : les informations sont commandées à des spécialistes (instituts d'enquêtes, associations…).

DOC. 2 Les points de contact clients

Comment saisir toutes les opportunités pour récupérer des informations sur les clients :

1. Carte de fidélité : enregistre les achats en boutique et via le site de Kiabi (date d'achat, produits achetés, panier moyen…)
2. Jeux-concours : pour jouer et tenter de gagner, il faut renseigner ses coordonnées (sur les réseaux sociaux ou en magasin)
3. Inscription à la newsletter : toutes les actualités et bons plans
4. Enquête de satisfaction client (formulaires à la caisse, borne tactile en point de vente, en ligne…)
5. Inscription aux événements du point de vente (vente privée…)
6. Application pour smartphone : pour s'inscrire, il faut remplir un formulaire ou se connecter via son compte Facebook et autoriser l'accès aux données principales de son profil
7. Collecte de données commune avec une autre enseigne visant la même clientèle
8. Collecte et analyse de données commerciales sur le marché
9. Recours à un organisme spécialisé (sondages…)
10. Réactions (like et commentaires) sur les réseaux sociaux (Facebook, Instagram…) et avis sur Google

ANNEXE Le multicanal chez Kiabi

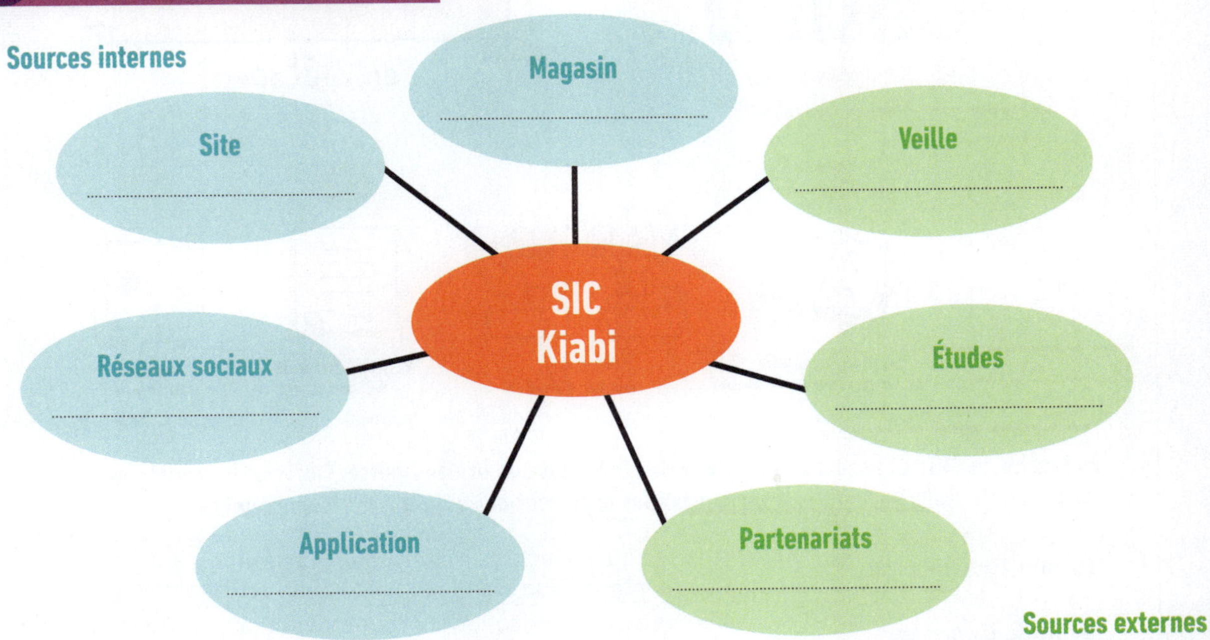

À VOUS DE JOUER !
Flashez le QR Code et répondez aux questions à l'aide de la vidéo « Comment enrichir facilement sa base de données client ? ».
liennathan.fr/8crj7k

pix 1.2. Gérer des données
2.2. Partager et publier
4.2. Protéger les données personnelles et la vie privée

MISSION 3 Respecter la réglementation sur l'utilisation des données personnelles

Nous venons de recevoir la demande d'une cliente concernant ses données personnelles (doc. 1). Prenez connaissance de la réglementation en vigueur (doc. 2) et de la procédure interne (doc. 3). Je vous laisse le soin de répondre à cette cliente (annexe).

ÉCO-DROIT
MODULE 2
liennathan.fr/5x16qt

DOC. 1 Mail de la cliente

De : patriciavanlaecken@gmail.com
À : contact@kiabi.com
Objet : Droit d'accès à mes données personnelles

Madame, Monsieur,
Je reçois trop de messages publicitaires. Je ne suis pas intéressée par les informations qu'ils contiennent et ma boîte mail sature très rapidement. Aussi, j'aimerais que vous supprimiez mon adresse mail de vos listes de diffusion et que vous me transmettiez la liste de mes autres données personnelles que vous détenez.
Je vous prie d'agréer, Madame, Monsieur, l'expression de mes salutations distinguées.
Patricia Van Laecken

DOC. 2 L'utilisation des données personnelles

Le RGPD (Règlement général sur la protection des données) encadre le traitement des données personnelles sur le territoire de l'Union européenne.

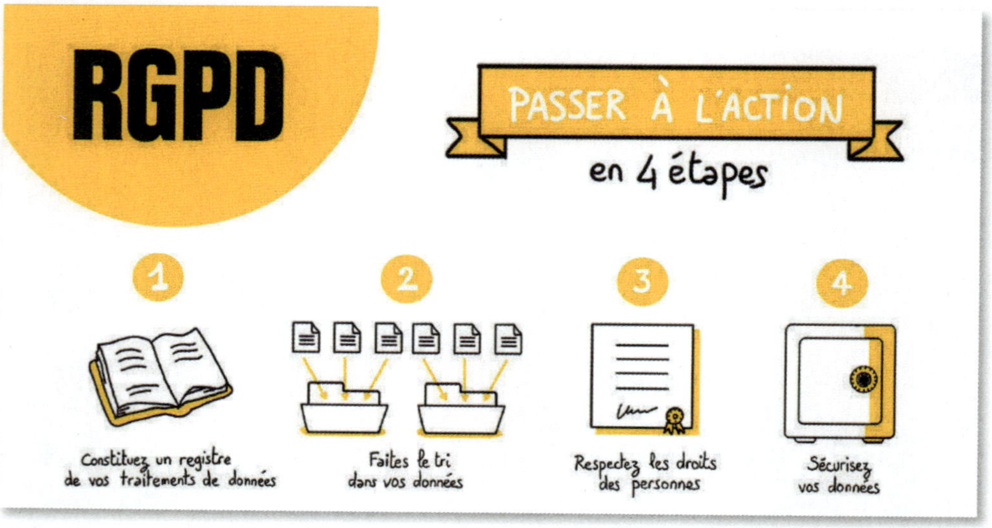

En France, la CNIL (Commission nationale de l'Informatique et des Libertés) informe les consommateurs sur les droits qu'ils peuvent exercer auprès des organisations qui utilisent leurs données :

Droit d'être informé	Une entreprise qui collecte des informations sur un consommateur doit proposer une information claire sur l'utilisation de ses données et sur ses droits.
Droit de s'opposer	Le consommateur peut s'opposer à tout moment à ce qu'une entreprise utilise certaines de ses données.
Droit d'accès à ses données	Le consommateur peut obtenir et vérifier les données qu'une entreprise détient sur lui.
Droit de rectifier ses données	Le consommateur peut rectifier les informations inexactes le concernant.

DOC. 3 La sécurité des données chez Kiabi

Les données collectées
Pour vous garantir le meilleur service possible, et notamment pour assurer la gestion de la relation client, Kiabi doit collecter certaines de vos données personnelles (telles que votre prénom, nom, votre adresse postale, votre adresse e-mail, votre numéro de téléphone, votre date de naissance, etc.) que vous lui communiquez ou que Kiabi obtient au fil de vos achats.

Le délégué à la protection des données
Afin de garantir la sécurité et confidentialité de vos données, Kiabi a nommé un délégué à la protection des données à caractère personnel (Data Protection Officer). Il tient un registre de traitements de données opérés par le groupe Kiabi.

L'exercice de mes droits
Pour exercer vos droits, vous devez présenter une pièce d'identité en magasin, par envoi électronique ou courrier. Sans cette pièce, pour la protection de vos informations personnelles, il nous est impossible de vous les divulguer ou de les modifier. Vous pouvez exercer vos droits d'accès et de rectification par email à contact@kiabi.com et, en cas de difficulté, à dataprotectionofficer@kiabi.com ou en écrivant à Kiabi – DPO – 100 rue du Calvaire, HEM France (59510). Une réponse vous sera alors adressée dans un délai de 1 mois suivant la réception de la demande.

www.kiabi.com

ANNEXE Réponse à la cliente

Consignes de rédaction
- Présenter des excuses à la cliente
- Reformuler sa demande
- L'informer sur ses droits
- Lui indiquer la procédure à suivre pour récupérer ses données
- Conclure en lui assurant l'importance du respect du RGPD pour Kiabi

De : contact@kiabi.com
À : patriciavanlaecken@gmail.com
Objet : RE - Droit d'accès à mes données personnelles

....
....
....
....
....
....
....
....
....
....
....
....
....
....
....
....
....

À VOUS DE JOUER !
Flashez le QR Code et relevez les raisons qui ont conduit Amazon et Google à être condamnés par la CNIL.
liennathan.fr/fk8t7h

MISSION 4

Exploiter l'information client pour fidéliser

Nous menons des actions pour développer la fidélité client (doc. 1). À partir du fichier clients (doc. 2), identifiez les différentes catégories de clients (doc. 3) et analysez sur l'annexe 1 l'expérience client chez Kiabi (doc. 4). Proposez sur l'annexe 2 des actions de fidélisation (doc. 5) en cohérence avec le profil des clients.

DOC. 1 La fidélité client

La fidélité d'un client se caractérise par la répétition d'achats issus d'une même marque ou entreprise. Fidéliser ses clients, c'est créer avec eux une relation durable. La fidélité attitudinale désigne le comportement d'un client ayant une réelle préférence pour la marque. La fidélité comportementale résulte de l'habitude ou de la praticité : on peut être fidèle à un point de vente proche de chez soi ou situé sur un trajet habituel.

DOC. 2 Fichier clients Kiabi (extrait)

Clients	Adresse mail	Âge	Nature des achats (univers)	Montant des achats annuel	Fréquence d'achat annuelle	Ancienneté dans le fichier	Récence du dernier achat (en jours)
Prat Salomé	salomeprat@gmail.com	23	Femme	65 €	2	2 ans	70
Favier Noé	noefavier@gmail.com	32	Homme	130 €	5	3 ans	15
Julien Elsa	elsajulien@gmail.com	45	Enfant	200 €	12	5 ans	8
Gras Inès	inesgras@gmail.com	50	Enfant	250,70 €	8	3 ans	15
Fischer Léo	leofischer@gmail.com	21	Homme	57,30 €	1	6 mois	92
Cornu Amaury	amaurycornu@gmail.com	25	Homme	71 €	1	1 an	170
Grosjean Ambre	ambregrosjean@gmail.com	37	Enfant	365 €	8	5 ans	15
Fleury Léon	leonfleury@gmail.com	42	Enfant	312 €	6	4 ans	13
Raymond Florentin	florentinraymond@gmail.com	24	Homme	62,40 €	2	1 an	125
Tessier Marine	marinetessier@gmail.com	29	Femme	93 €	3	3 ans	60
Leleu Marine	marineleleu@gmail.com	31	Enfant	282,70 €	6	5 ans	23
Joly Françoise	francoisejoly@gmail.com	62	Enfant	105 €	5	3 ans	28
Lemaire Nathan	nathanlemaire@gmail.com	34	Enfant	32,50 €	2	2 ans	160
Lebrun Maxence	maxencelebrun@gmail.com	33	Enfant	13 €	1	1 an	14
Tanguy Alexandre	alexandretanguy@gmail.com	47	Enfant	212,30 €	6	2 ans	5
Moreno Clara	claramoreno@gmail.com	22	Femme	27 €	1	6 mois	180
Grenier Baptiste	baptistegrenier@gmail.com	24	Homme	63 €	2	1 an	140
Marie Lucas	lucasmarie@gmail.com	36	Enfant	122,20 €	2	4 ans	32
Bouvier Margot	margotbouvier@gmail.com	38	Enfant	378 €	12	3 ans	7
Maillet Guillemine	guilleminemaillet@gmail.com	41	Enfant	190 €	4	4 ans	23

DOC. 3 Les catégories de clients

Les clients VIP assurent l'essentiel du CA et recommandent la marque. Pour soigner la relation client, il faut les inviter à des événements en petit comité.

Les clients fidèles fréquentent peu la concurrence et participent fortement au CA. Il faut les remercier en leur accordant des avantages.

Les chasseurs d'opportunités ne sont pas fidèles à l'enseigne, ils recherchent les nouveautés et les bonnes affaires. Il faut leur proposer des promos régulièrement.

DOC. 4 La personnalisation de l'expérience client chez Kiabi

À son entrée dans le magasin, le client est détecté grâce à sa carte de fidélité. Le système envoie alors un SMS personnalisé au client et l'informe d'une réduction qui peut l'intéresser.
Dans les rayons et en caisse, des écrans d'affichage dynamique proposent une sélection de produits au client, en lien avec ses derniers achats.
L'ensemble de la communication de l'enseigne passe par la carte de fidélité et l'historique d'achat du client.

www.digital-instore.fr

DOC. 5 Actions de fidélisation Kiabi via la carte de fidélité

- **Avantages :** 15 % de remise sur un passage en caisse tous les 500 points (1 point = 1 €) ;
- **Ventes privées :** les clients fidèles profitent des déstockages ou fins de série avant les autres ;
- **Livret bébé :** une cagnotte se constitue pour chaque achat réalisé dans l'univers enfant pendant un an (10 % du montant cumulé offert) ;
- **Offres promotionnelles :** opérations « prix cassés ».

ANNEXE 1 Analyse du fichier clients

Repérez dans le fichier clients les trois critères qui vous permettront d'identifier les catégories de clients.	....
Quel est le critère déterminant pour qualifier un client de fidèle ?	....
À quelle catégorie appartiennent respectivement les trois premiers clients du fichier ?	....
Quelle est la catégorie de clients qui génère le plus de CA ?	....
Sur quelle catégorie de produits en particulier ?	....
Pourquoi peut-on parler de personnalisation de la relation client ?	....
Sur quoi repose l'efficacité de la personnalisation de la relation client ?	....

ANNEXE 2 Les actions à mettre en place

Salomé Prat	Noé Favier	Elsa Julien
....	....	....

Évaluez votre réussite du dossier P. 9

SYNTHÈSE

liennathan.fr/ypq95l

1 Identifier les données recueillies

Afin de satisfaire au mieux ses clients, l'entreprise doit les connaître.

Les informations d'identification :

- Nom
- Prénom
- Adresse
- ....
- ....

.... :

- ....
- ....
- ....

Elles permettent de mieux connaître les clients, de créer une relation et de proposer des offres adaptées.

2 Recueillir les données clients

Les entreprises recueillent des informations à plusieurs moments de la relation client.
Ces informations proviennent de deux types de sources :

Exemples de sources internes :	Exemples de sources externes :
•	• ....
•	• ....
•	• ....

3 Respecter la réglementation sur l'utilisation des données personnelles

Traiter les données des clients en respectant la réglementation encadrée par :

- ....(échelle nationale)
- ....(échelle européenne)

4 Exploiter l'information client pour fidéliser

Analyser les données clients : récence du dernier achat, fréquence et montant des achats... → Classer les clients selon leur degré de fidélité → ....
....

MOTS-CLÉS

CNIL • fidélisation • RGPD • source interne • source externe

QUIZ liennathan.fr/m8fqdy SCORE ....

APPLICATION ★ pix 1.3. Traiter des données

1 Identifier et recueillir les données

Vous travaillez au sein de l'agence de voyages GoodTravels. Votre responsable, Mme Carmen, vous demande d'actualiser le formulaire de création de compte client sur le site Internet de l'enseigne.

1 **Quelles adaptations convient-il d'apporter au formulaire d'après le doc. 2 ?**

2 **Rédigez le nouveau formulaire, sur Google Forms, de manière à obtenir un maximum d'informations de personnalisation. Vous vous limiterez à dix questions.**

DOC. 1 Formulaire actuel de création de compte client

CRÉATION D'UN COMPTE CLIENT

Nom : ______ Prénom : ______

Nationalité : ______ Date de naissance : __ / __ / __

Adresse : ______

Code postal : ______ Ville : ______

Tél. : ______ E-mail : ______

N° Passeport : ______ Émis le : __ / __ / __ Expire le : __ / __ / __

DOC. 2 Les 5 données indispensables à collecter sur les clients

En dehors de l'adresse e-mail et du nom du contact, qui sont des données incontournables quel que soit le contexte, la nature des données à collecter varie si vous êtes une entreprise B2B ou B2C.

1. L'âge de vos clients – L'âge est un déterminant important du mode de consommation. La nature des produits achetés varie en général beaucoup en fonction de l'âge du client. Il est difficile de créer une segmentation pertinente sans cette donnée.

2. Le genre de vos clients – Même remarque que pour l'âge : les femmes et les hommes ont, sur la plupart des marchés, des comportements d'achat différents. Cela permet également de mieux personnaliser vos interactions, en accordant le genre dans vos e-mails, par exemple.

3. Les données relatives au comportement d'achat et au parcours client – Le nombre de commandes, le panier moyen, la date du dernier achat… Ces données vous permettent de distinguer les petits et gros clients, et d'adapter en conséquence votre stratégie promotionnelle ou de fidélisation.

4. Les centres d'intérêt de vos clients – Connaître les centres d'intérêt de vos clients est très utile pour connaître leurs désirs et cibler vos offres marketing.

5. Les données liées au niveau de satisfaction client – La connaissance et l'optimisation du niveau de satisfaction de vos clients sont essentielles afin de déterminer les points de friction réguliers de votre expérience client. Au niveau individuel, cette information est notamment primordiale en amont d'un échange avec le service client. À noter que dans certains cas et pour certains secteurs, il est important également de collecter les données relatives à la localisation géographique des clients.

www.myfeelback.com

À VOUS DE JOUER !
Testez votre formulaire au sein de votre classe puis cliquez sur l'onglet « Réponses » afin de visualiser les résultats.

2 Exploiter l'information client pour fidéliser

Vous travaillez dans l'entreprise CIA Design, spécialisée dans la communication. Votre responsable, M. Becquet, souhaite renforcer la relation avec ses clients fidèles en proposant un book photo à moins 60 % à l'occasion de l'anniversaire de l'enseigne.
La communication se fera par publipostage via l'envoi d'une carte d'anniversaire. Il souhaite limiter cette offre à ses cinq meilleurs clients.

1 **Quels seront vos deux critères de sélection des destinataires de l'offre ?**

2 **Vous avez décidé de retenir une ancienneté de cinq ans et de CA de 200 euros minimum. Combien de clients sont concernés par l'offre ?**

3 **Quelles sont les données dont vous avez besoin pour envoyer votre offre ?**

4 **Sélectionnez vos clients à partir du fichier Excel (D14_appli2_fichier_clients.xls) en utilisant les fonctionnalités de tri.**

5 **Réalisez le publipostage qui sera envoyé par mail aux clients sélectionnés. Rédigez le message sur traitement de texte.**

DOC.

Extrait du fichier clients de CIA Design (fourni sous Excel)

Nom	Prénom	Adresse	Code postal	Ville	Date de naissance	Montant des achats (en €)	Ancienneté (en années)
Favre	Lutécia	112 cours Debille	80100	Abbeville	16/03/1973	30	5
Delorme	Charlotte	162 rue du Général-Brunet	80000	Amiens	04/10/1998	250	6
Grenier	Anna	223 avenue Daniel-Lesueur	80140	Oisemont	18/01/1985	460	3
Weber	Romain	25 rue de la Cerisaie	80270	Allery	11/04/1992	600	7
Thierry	Capucine	187 rue Guillaume-Apollinaire	80000	Amiens	25/02/1978	60	9
Levêque	Agathe	61 rue Dulac	80100	Abbeville	15/11/1983	120	3
Gallet	Alicia	58 rue Geoffroy-l'Angevin	80230	Saint-Valéry	21/12/1979	387	6
Faivre	Guillaume	77 rue Georges-Ville	80400	Ham	13/10/1983	268	4
Huguet	Enzo	159 avenue Caffieri	80200	Péronne	24/05/1987	950	9
Dias	Mélanie	104 rue Félibien	80000	Amiens	30/06/1983	157	7
Auger	Aaron	187 rue du Général-Blaise	80800	Corbie	17/11/1985	70	5
Guichard	Manon	43 villa Adrienne-Simon	80115	Querrieu	3/04/1990	20	7
Paul	Émilie	20 rue Guillaumot	80120	Rue	28/05/1981	689	3
Gonçalves	Lucie	49 rue du Baigneur	80550	Le Crotoy	5/03/1972	809	6
Besson	Lisa	280 rue des Chantiers	80150	Machy	8/05/1982	218	6
Rossignol	Kevin	222 rue Henner	80000	Amiens	10/11/1980	60	5
Faure	Zacharis	13 square Alboni	80210	Feuquières	8/12/1974	870	7
Lebon	Élouan	207 Rue Jacques-Prévert	80100	Abbeville	22/06/1969	435	8
Lambert	Lina	5 rue Dupuytren	80260	Rubempré	30/03/1977	345	4
Joly	Émile	136 avenue du Général-Sarrail	80230	Saint-Valéry	25/02/1988	100	7
Maurice	Célia	207 cité Beauharnais	80460	Ault	15/01/1992	76	2

JEU de RÔLE 6

Proposer des actions de fidélisation

Mise en situation

Vous réalisez une PFMP en qualité de vendeur(se) dans un magasin Jeff de Bruges. Chocolatier depuis 1986, tous les produits sont proposés à la vente en boutique et sur le site Internet de l'entreprise. Votre mission, au sein du magasin, est d'accueillir les clients qui souhaitent se faire plaisir ou offrir des chocolats de qualité, de les conseiller pour leur proposer des gammes adaptées à leur demande et de les fidéliser en leur présentant le programme Jeff Club.

ACTEUR 1 — Vendeur(se) en boutique

- Il/elle présente la carte et ses avantages.
- Il/elle recueille, extrait et exploite et synthétise les données.
- Il/elle propose des actions de fidélisation et/ou de développement de la relation client.
- Il/elle participe à la mise en œuvre d'opérations de fidélisation.

ACTEUR 2 — Client(e) occasionnel(le)

- Il/elle vient pour la 4e fois.
- Il/elle n'a pas de carte de fidélité.
- Il/elle souhaiterait connaître les conditions pour être membre et les avantages de la carte.

ACTEUR 2 Tirez au sort un billet d'humeur et une carte SONCASE à la fin du livre.

- Préparez votre prestation orale à l'aide des documents de la page suivante et de l'annexe téléchargeable *via* le QR Code ci-contre. Vous pouvez vous aider d'une recherche sur le site www.jeff-de-bruges.com.
- Par groupes, jouez le jeu de rôle.
- Observez-vous et évaluez-vous à l'aide de la grille téléchargeable *via* le QR Code ci-contre.

Annexe liennathan.fr/sa4wyq

Grille d'analyse liennathan.fr/10zln0

DOC. 1 La carte de fidélité pour gagner du temps en magasin

Retrouvez dès à présent votre carte de fidélité Jeff Club dans votre portefeuille Google Play ou Apple Wallet pour gagner du temps en magasin grâce au QR Code à scanner en caisse.

www.jeff-de-bruges.com

DOC. 2 Les avantages Jeff Club

DOC. 3 Extrait des conditions générales de vente

7.2. Conditions d'adhésion au programme Jeff Club
L'adhésion au Jeff Club est gratuite. Il suffit au Membre d'avoir accepté d'adhérer au Jeff Club en magasin (en renseignant les champs demandés *a minima* lors de son inscription : adresse électronique, nom, code postal) ou de se créer un Compte vente en ligne sur notre site.
Les conditions d'adhésion pour devenir Membre du Jeff Club sont les suivantes :
•être une personne physique agissant à des fins personnelles ;
• être majeur ;
• être domicilié en France métropolitaine, Monaco ou Luxembourg ;
• être en possession d'une adresse électronique personnelle.
L'inscription se fait en magasin Jeff de Bruges ou en se créant un Compte vente en ligne sur le site directement ou via le scan d'un QR Code spécifique donnant accès au même formulaire en ligne que celui présent sur le site. Le compte du Membre est strictement personnel et ne peut être utilisé par des tiers. Une entreprise ne peut être Membre du Jeff Club.

7.3. Conditions d'application des offres
Seuls les Membres du Jeff Club ont accès et peuvent bénéficier des offres proposées dans ce programme. Pour bénéficier d'une offre, le membre devra, avant le paiement de sa commande :
• en magasin : donner son nom et code postal ou son adresse électronique, ou présenter sa carte dématérialisée Jeff de Bruges s'il a accès à un smartphone équipé de l'application Apple Wallet, Apple Cartes ou Google Pay selon les modèles de smartphones. La carte dématérialisée est téléchargeable à partir des applications susmentionnées. Elle n'est pas obligatoire. Pour information, il n'existe pas d'équivalent carte matérielle pour ce programme. [...]

www.jeff-de-bruges.com

DOSSIER 15

Adopter une démarche mercatique

COMPÉTENCES

Traiter et exploiter l'information ou le contact client

- Proposer des actions de fidélisation et/ou de développement de la relation client en adéquation avec les données recueillies et avec l'orientation commerciale de l'entreprise

RÉSULTAT ATTENDU

- Les actions proposées sont cohérentes et appropriées

Boxy, un nouveau concept de magasin
liennathan.fr/7j7q5p

- Expliquez l'intérêt de ce nouveau type de point de vente.
- Quelle démarche a pu permettre de déterminer qu'il y avait un besoin pour ce type de commerce ?

Contexte professionnel

Vous démarrez votre période de formation en milieu professionnel à Auchan Louvroil (Nord). Vous êtes affecté(e) au secteur « Bio ». Votre tuteur, Tarek Ramzi, s'inquiète de la baisse des ventes de cette catégorie de produits dans son magasin. Il tient à satisfaire au maximum sa clientèle et se demande quel comportement avoir face à cette diminution. Il pense qu'il vaut mieux adapter son offre de produits bio aux attentes des clients.

Fiche d'identité de l'entreprise

Raison sociale	....
Activité	Vente de produits de grande consommation
Type de commerce	....
Statut juridique	SAS (Société par actions simplifiée)
Localisation	....
Concurrents	....

1. **Pourquoi Tarek Ramzi envisage-t-il de revoir son offre de produits bio ?**
2. **Citez deux moyens qu'il pourrait mettre en place pour mieux cerner les attentes de sa clientèle.**

pix 1.1. Mener une veille et une recherche d'informations

MISSION 1 Mesurer les enjeux d'une démarche mercatique

Nous avons remarqué que nos clients réclamaient de moins en moins de produits bio. Je me demande s'il ne faut pas réduire notre offre. D'un autre côté, je ne veux pas prendre le risque de me tromper... Je vous invite à prendre connaissance des grandes étapes de la démarche mercatique (doc. 1). J'ai réuni quelques articles sur des exemples de succès et d'échec commercial de produits bio (doc. 2). À l'aide du doc. 3, vous allez m'aider à repérer les raisons du succès ou de l'échec de ces produits (annexe).

DOC. 1 Les principales étapes de la démarche mercatique

Phases	Techniques	Objectifs
1 Phase d'étude	Enquêtes, panels, observations en magasin, entretiens, études documentaires, études de concurrence...	Connaître le marché, les clients et l'environnement en collectant des informations.
2 Phase stratégique	Méthodes de fixation des prix, de positionnement, de marchandisage, plan média...	Définir un plan de marchéage cohérent (4 P : Produit, Prix, Place, Promotion).
3 Phase opérationnelle	Techniques de vente, de mise en rayon, de promotion des ventes, de motivation de l'équipe, d'analyse des ventes...	Définir des actions à mettre en place sur le terrain pour atteindre les objectifs fixés.

DOC. 2 Quelques exemples de *tops* et *flops* de produits bio

Barres de céréales bio – En un an, les ventes ont chuté de 11,5 % (source linéaires). Quid d'une barre de céréales bio, dont les ingrédients viennent des 4 coins du monde ? Même si sa production a engendré moins de rejet de pesticides dans l'environnement, si les ingrédients parcourent ensuite des milliers de kilomètres avant d'être utilisés pour la fabrication de la barre, on ne peut pas dire que le résultat final soit bénéfique pour la planète. Le bio, c'est bon pour l'environnement, mais à condition qu'il n'abîme pas la planète d'une autre manière. Ajouté à cela un prix plus élevé, les consommateurs s'en sont détournés.

https://l-hexagone.fr

Kiri bio – Lancé en 2022 par la marque Bel, Kiri bio est un fromage pour enfants. Le prix de vente est de 25 % plus élevé que la version traditionnelle. La marque a apposé la mention « bon et responsable » sur son packaging et s'engage avec le WWF dans un projet d'agroforesterie dont le but est de planter des arbres et des haies autour des fermes dans le but d'améliorer le bien-être des vaches. La marque cible des parents avec de jeunes enfants. Ces familles sont très en demande de produits bio donc il y a du potentiel. Les débuts sont prometteurs.

Yaourt bio – Les ventes sont en augmentation de 4,8 % en un an. Les yaourts sont associés positivement à la santé dans l'esprit des consommateurs. Mais ce n'est pas leur seul avantage. Effectivement, les yaourts sont vus comme des produits gourmands et sont largement consommés pour le plaisir qu'ils apportent. Enfin, ces derniers sont abordables et pratiques, car peuvent être déclinés sous différents formats.

www.lactalisingredients.com

Saumon fumé bio – Les ventes ont baissé de 6,5 % en un an. La raison : les saumons estampillés bio affichent un taux de contamination, notamment en métaux lourds (mercure, arsenic), plus élevé que celui des saumons traditionnels. Des traces de pesticides ont également été retrouvées uniquement dans les saumons issus de la filière bio. Vendu 50 % plus cher qu'un saumon normal, le consommateur n'a plus confiance.

https://odelices.ouest-france.fr

Vin bio – Les ventes connaissent une augmentation de 9 % en un an. Les ventes de vins bio maintiennent leur croissance grâce au fort développement des ventes en direct. Le client accepte de débourser en moyenne 14 € par bouteille (contre 11,70 € pour un vin traditionnel). Le client achète ce type de vin car il est rassuré sur sa traçabilité.

www.vitisphere.com

Produits cosmétiques bio – Les ventes ont augmenté de 20 % des ventes en 6 ans, + 0,4 % en un an. Ces produits sont de plus en plus plébiscités par les consommateurs désireux de prendre soin de leur peau.

DOC. 3 Les enjeux

Les enseignes doivent sans cesse adapter leur offre à l'évolution de la demande des consommateurs, elles doivent donc bien connaître le marché et les attentes des clients afin de réaliser des choix stratégiques en matière d'offre produit, de prix, de communication et de distribution. Le plan de marchéage représente l'ensemble des décisions relatives au produit, au prix, à la communication et à la distribution (4 P).

Produit	***Avoir le bon produit :*** quelles caractéristiques ? quel positionnement : haut de gamme ? bas de gamme ?
Prix	***Au bon prix :*** à quel prix proposer le produit : prix élevé, prix bas, prix aligné sur la concurrence ?
Place (distribution)	***Sélectionner le bon canal de distribution*** pour mettre l'offre à disposition : vente directe ou par intermédiaire ? distribution sélective ? exclusive ?
Promotion (communication)	***Faire connaître le produit :*** quels supports publicitaires utiliser ?

ANNEXE Analyse des échecs et des succès

Exemple	Échec ou succès	Raisons	Élément du plan de marchéage responsable du succès ou de l'échec
Barres de céréales bio	☐ Succès ☐ Échec	....	☐ Produit ☐ Publicité ☐ Prix ☐ Place
Kiri bio	☐ Succès ☐ Échec	....	☐ Produit ☐ Publicité ☐ Prix ☐ Place
Yaourts bio	☐ Succès ☐ Échec	....	☐ Produit ☐ Publicité ☐ Prix ☐ Place
Saumon bio	☐ Succès ☐ Échec	....	☐ Produit ☐ Publicité ☐ Prix ☐ Place
Vin bio	☐ Succès ☐ Échec	....	☐ Produit ☐ Publicité ☐ Prix ☐ Place
Cosmétiques bio	☐ Succès ☐ Échec	....	☐ Produit ☐ Publicité ☐ Prix ☐ Place

À VOUS DE JOUER !

Flashez le QR Code et consultez l'article. Retrouvez les causes d'échec des produits concernés.

liennathan.fr/u6t6v9

MISSION 2 Identifier le profil des clients

De :	tarek.ramzi@auchan.fr
À :	stagiaire@auchan.fr
Objet :	Analyse de notre clientèle
PJ :	Résultats de l'enquête menée auprès de 400 clients du magasin

Bonjour,
Je suis convaincu que, si nous voulons avoir des produits bio adaptés aux attentes de nos clients, nous devons mieux les connaître. J'ai donc demandé à des étudiants de réaliser une enquête dans le magasin.
Vous trouverez les principaux résultats en pièce jointe. J'aimerais que vous identifiiez dans l'annexe le profil de nos clients, au travers des critères de segmentation (doc. 1 et 2).
Merci d'avance pour votre travail.
Tarek

DOC. 1 Les critères de segmentation

Si une entreprise souhaite fidéliser ses clients en menant des actions ciblées, elle doit commencer par les connaître. Il faut donc segmenter la clientèle selon différents critères.

Critères liés au consommateur	Démographiques : âge, sexe, taille et composition de la famille Géographiques : région, type d'habitat (urbain, rural), catégorie d'agglomération (ville +50 000 habitants, ville –50 000 habitants)… Socio-économiques : revenu, niveau d'instruction, profession… Psychographiques : personnalité, style de vie (ou sociostyle)
Critères liés au produit	Critères comportementaux : niveau de consommation Avantages recherchés (ex. pour un dentifrice : blancheur, antitartre, fraîcheur…)

DOC. 2 Résultats de l'enquête menée auprès de 400 clients du magasin (pièce jointe)

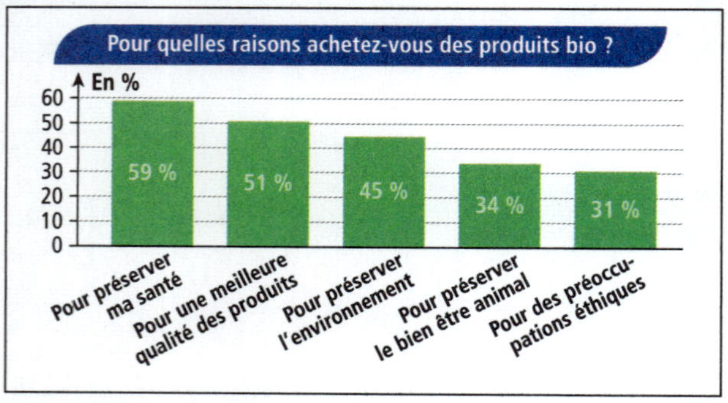

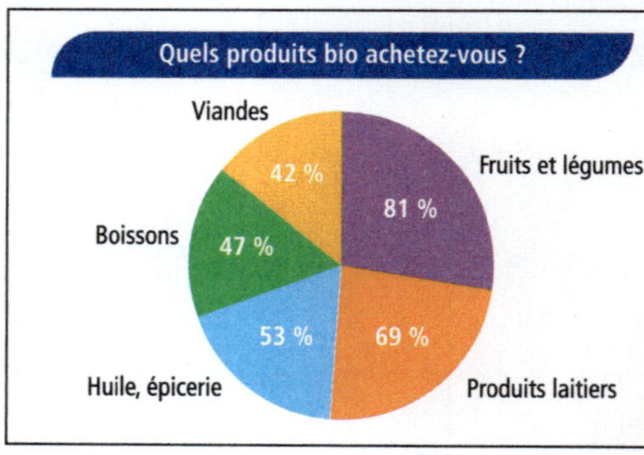

Sexe des personnes interrogées

Hommes	42 %
Femmes	58 %

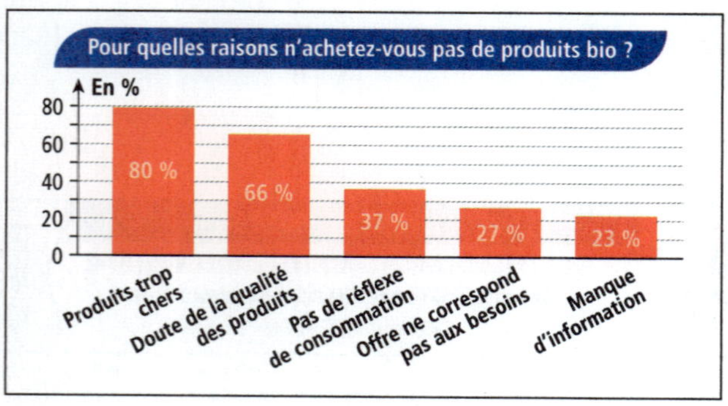

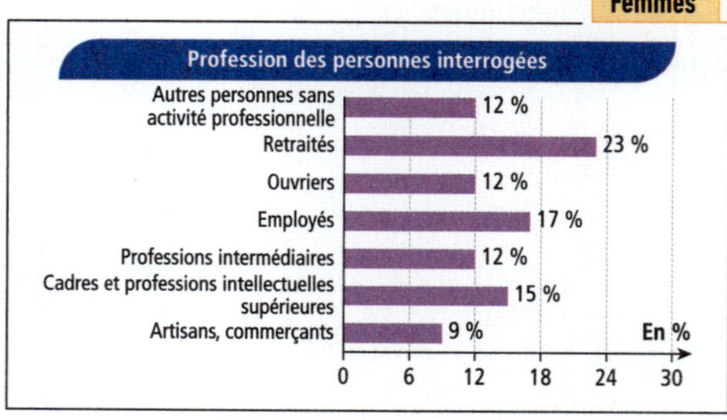

ANNEXE Profil de la clientèle du magasin

Critères liés consommateur	
Démographiques	………………………………………………
Socio-économiques	………………………………………………
Comportementaux	………………………………………………
Critère lié au produit	
Avantages recherchés	………………………………………………

Autres propositions de critères intéressants pour segmenter le marché des produits bio :

………………………………………………………………………………………

………………………………………………………………………………………

………………………………………………………………………………………

………………………………………………………………………………………

………………………………………………………………………………………

À VOUS DE JOUER !

Flashez le QR Code pour visualiser l'infographie sur les offres de leasing de voitures.
Quels critères pourriez-vous utiliser pour segmenter le marché du leasing ?
liennathan.fr/49ev8m

MISSION 3

Segmenter la clientèle

Bonjour,
Au vu de vos conclusions, j'ai fait réaliser une expertise afin d'affiner les résultats de l'enquête (doc.). Pour savoir quels produits bio proposer à nos clients, j'aimerais que vous complétiez l'arbre de segmentation que la société d'études a réalisé pour nous. Vous calculerez le chiffre d'affaires potentiel pour chaque segment (annexe). Vous rédigerez vos conclusions sur traitement de texte.
Merci,
Tarek

DOC.

Analyse des résultats de l'enquête

Êtes-vous consommateur de produits bio ?

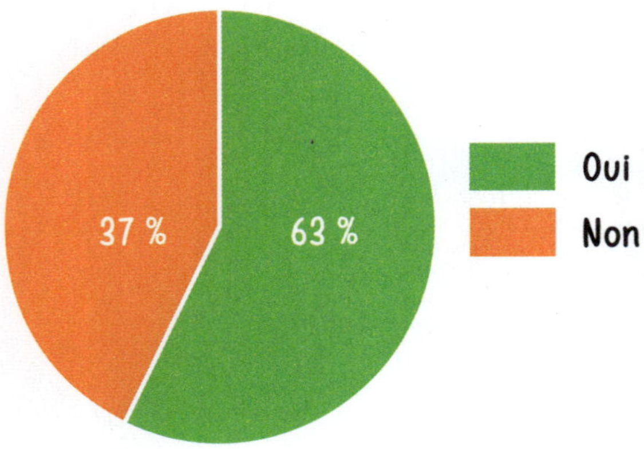

Sexe des personnes qui ont répondu « oui »

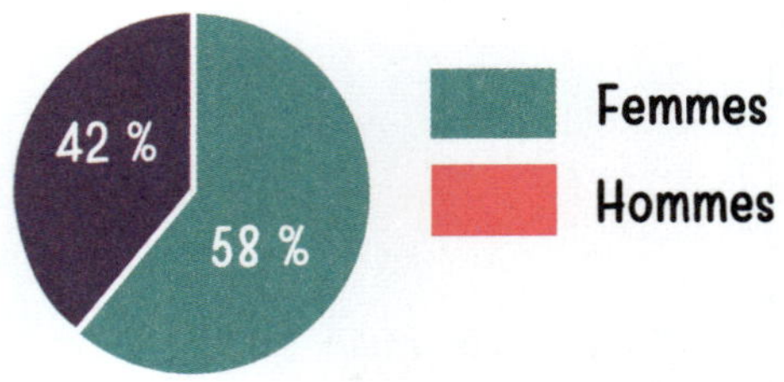

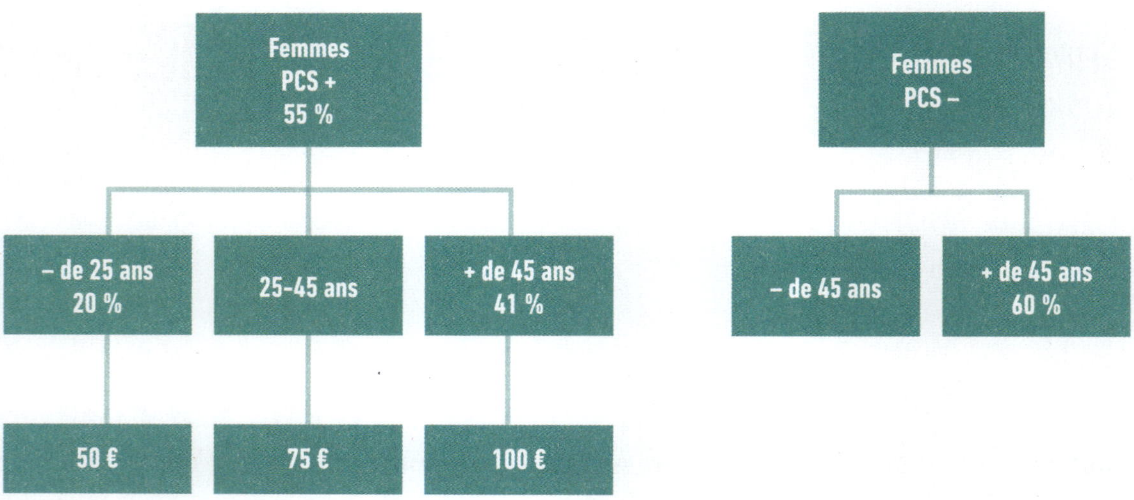

Selon l'enquête menée auprès de 400 clients, les 63 % de consommateurs bio comprennent 58 % de femmes. Parmi elles, 55 % sont issues de PCS+ ; 41 % d'entre elles ont plus de 45 ans et 20 % ont moins de 25 ans, les autres ont entre 25 et 45 ans. Les plus de 45 ans dépensent en moyenne 100 euros par mois, les moins de 25 ans dépensent 50 euros, les autres dépensent en moyenne 75 euros. 65 % de celles qui dépensent le plus viennent deux à trois fois par semaine dans le magasin, 35 % viennent une fois par semaine, le reste vient deux à trois fois par an. Dans les PCS–, 60 % ont plus de 45 ans, le reste a moins de 45 ans. Les plus âgées dépensent en moyenne 60 euros par mois et les plus jeunes 30 euros. Quant aux hommes, s'ils achètent des produits bio, c'est pour préserver leur santé à 72 %, les autres le font pour le goût. Ils dépensent en moyenne 40 euros par mois.

ANNEXE Arbre de segmentation

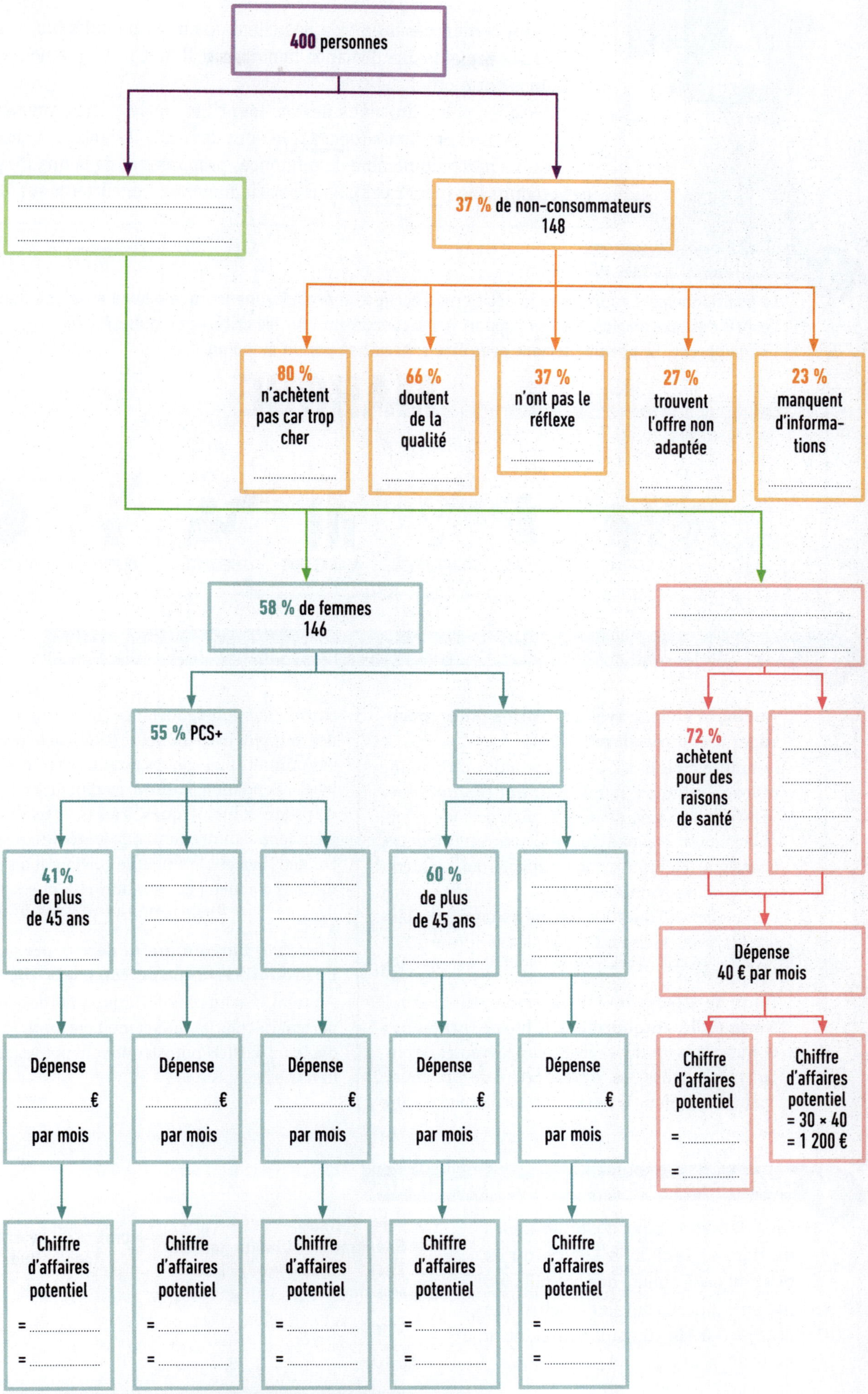

* Calcul du CA potentiel = nombre de clients potentiels × dépense moyenne mensuelle

MISSION 4

Positionner l'offre

Malgré un certain désintérêt de nos clients pour les produits bio, il s'avère qu'il existe toujours une demande importante. Il faut juste que nous repositionnions notre offre.
Avant d'aller plus loin, nous devons identifier notre positionnement par rapport à nos concurrents (doc. 1). Je vous demande d'élaborer un mapping (annexe) à partir du nombre de références proposées et de la qualité perçue des produits bio (doc. 2 et3). Vous positionnerez les concurrents sur la carte.

DOC. 1 Le positionnement

Le positionnement représente la position qu'occupe un produit, une marque ou une enseigne dans l'esprit des consommateurs par rapport à ses concurrents sur les critères de qualité, prix, image perçue. Le positionnement peut être schématisé par un mapping.

DOC. 2 Comparaison de notre positionnement avec celui de nos concurrents

Auchan s'engage avec Transition pour encourager les conversions au bio
Depuis le mois d'octobre, les produits de la jeune marque éthique, Transition, qui rémunère au juste prix les agriculteurs en cours de conversion, rejoignent les rayons d'Auchan. Avec cette initiative, l'enseigne réaffirme ses engagements pour soutenir une agriculture durable.
[...] Auchan et Transition veulent accompagner plus de 300 producteurs en 2022 et plus de 500 en 2023.
Camille Harel, www.lsa-conso.fr, 11 octobre 2021.

Pour le directeur d'Intermarché à Vire Normandie, « aujourd'hui, le bio ne suffit plus »
Comme dans toutes les enseignes, les ventes de produits biologiques ont, pour la première fois, chuté, début 2022, dans le magasin Intermarché de Vire Normandie (Calvados). Les consommateurs sont devenus plus exigeants et se détournent petit à petit des produits biologiques pour tendre vers d'autres labels. Pendant le premier confinement, les ventes de produits biologiques, frais et issus des rayons traditionnels, ont connu une grosse augmentation. Les gens avaient le temps de cuisiner mais aussi les moyens d'acheter des produits plus chers.
N. Baudoin, www.ouest-france.fr, 6 juillet 2022.

Carrefour Bio continue de développer sa gamme de produits issus de partenariats filières
Au total, ce sont plus de 30 produits développés en partenariat pluriannuel et multipartite avec nos producteurs de BIO Français que vous pouvez retrouver dans nos magasins.
www.carrefour.fr

DOC. 3 Qualité perçue par les consommateurs

On a demandé aux consommateurs de donner leur avis sur ce qu'ils pensent de la qualité des produits bio par enseigne. Ils devaient mettre une note de 1 à 10, 10 étant la meilleure note.

Enseigne	Qualité perçue	Nombre de références bio vendues
Carrefour	7	4 000
Intermarché	3	700
Auchan	8	3 000

Résultats fictifs

ANNEXE Carte de positionnement des enseignes

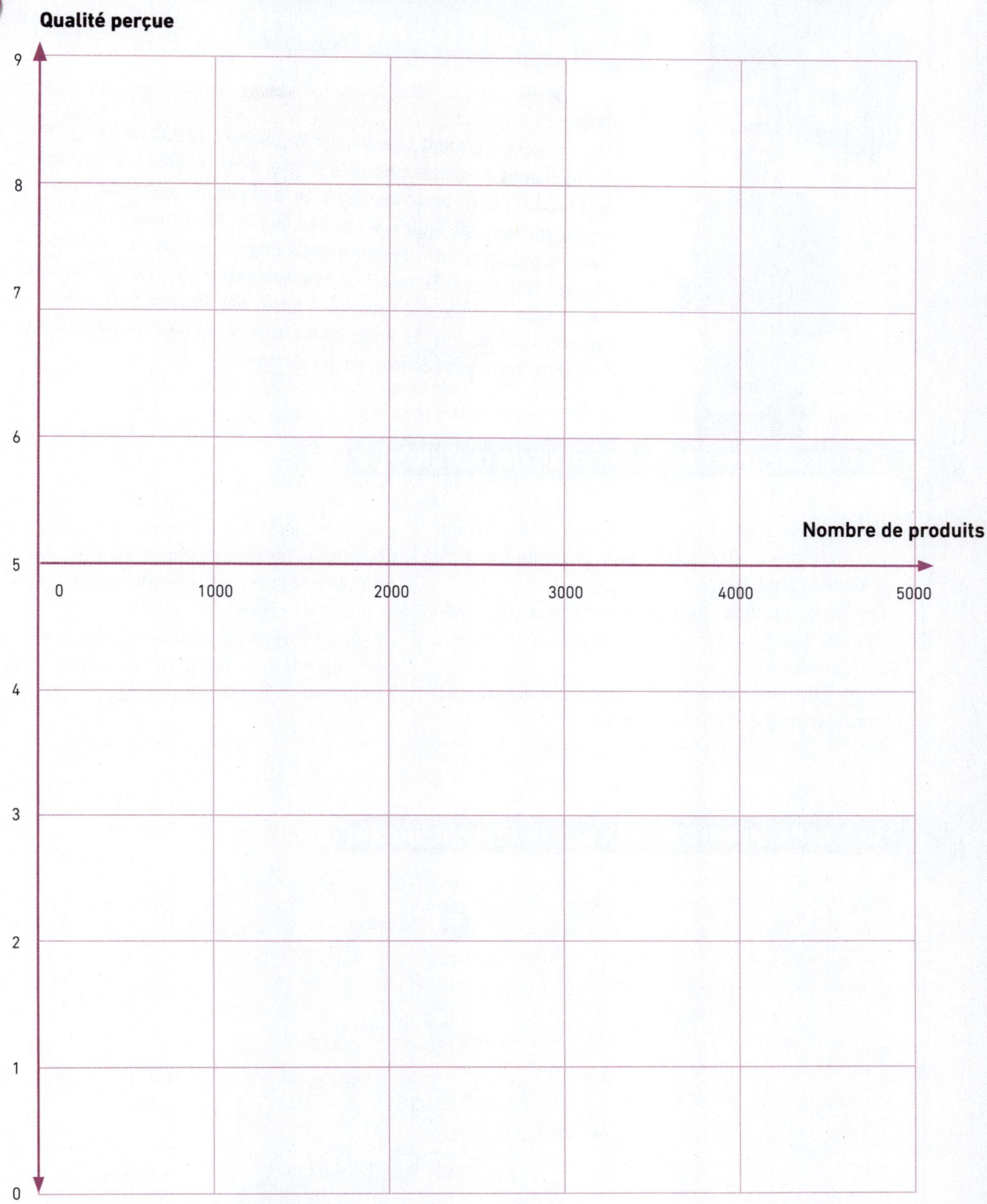

Commentaire : ....

....

....

....

....

À VOUS DE JOUER !

Flashez le QR Code et, à l'aide de la vidéo, répondez à la question suivante : comment et pourquoi l'enseigne Lidl va-t-elle modifier son positionnement ?

liennathan.fr/qw7wk6

MISSION 5

Adapter le plan de marchéage au positionnement

Bonjour,
Nous devons à présent sélectionner la gamme de produits à proposer à nos clients. Je pense préférable d'opter pour un circuit court avec des produits frais des producteurs de la région. On pourrait nommer cette gamme « Bio Frais ». Au niveau du prix, je pensais m'aligner sur les prix pratiqués par nos concurrents directs (pas les magasins bio : ils sont trop chers). Il faudra aussi communiquer sur notre offre dans le magasin et sur le site Internet. À partir des documents à votre disposition (doc. 1 et 2), merci de me donner des idées et de m'aider à définir notre plan de marchéage (annexe).

DOC. 1 Démarche mercatique et plan de marchéage

La démarche mercatique consiste à analyser son marché en termes d'offre, de demande, de positionnement et de segmentation.
Le plan de marchéage est une réponse aux besoins du marché en termes de 4P (produit, prix, distribution, communication).
Le plan de marchéage doit être cohérent avec le positionnement choisi par l'entreprise.
Par exemple, si le positionnement choisi est le bas de gamme, les prix pratiqués doivent être bas et le produit doit être commercialisé dans un maximum de points de vente.
De plus, les 4P doivent être cohérents entre eux. Les décisions relatives aux 4P ne peuvent être prises indépendamment les unes des autres.

DOC. 2 Les concurrents locaux sur le marché du bio

www

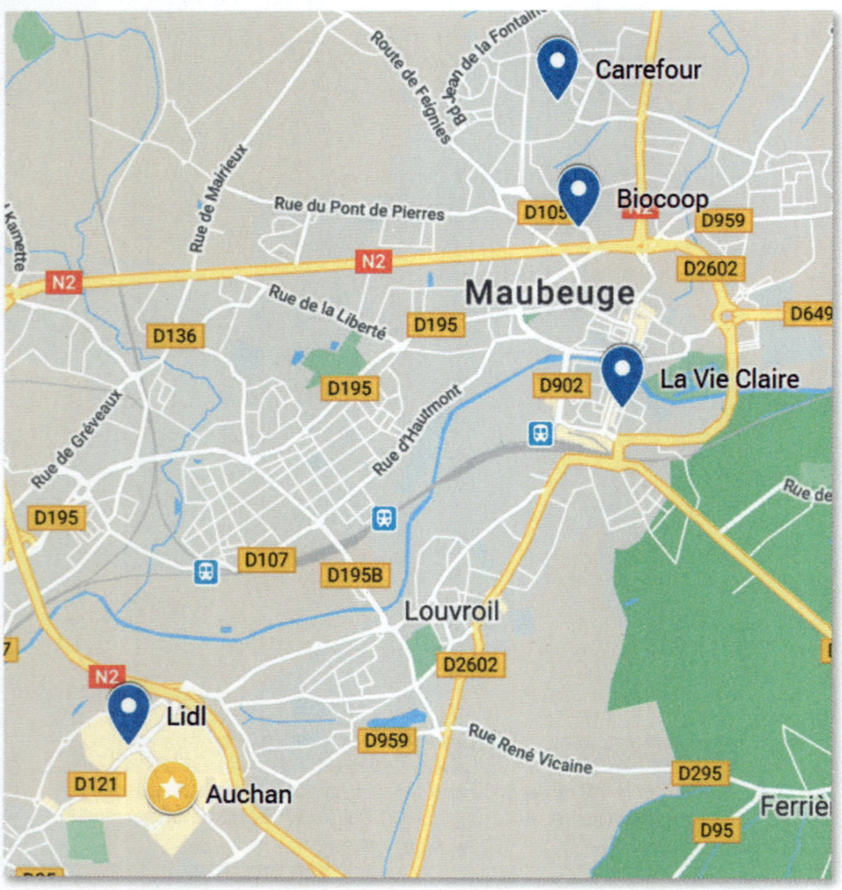

Distances :

Lidl : 200 mètres
Biocoop : 6 km
La Vie Claire : 7 km
Carrefour : 8 km

ANNEXE Plan de marchéage à mettre en place

Éléments du plan	Actions envisageables	Justification
Produit	Choix des produits : ☐ Fruits et légumes ☐ Produits laitiers ☐ Viandes ☐ Boissons ☐ Huiles, épicerie	……………………………………………… ……………………………………………… ……………………………………………… ……………………………………………… ……………………………………………… ……………………………………………… ……………………………………………… ………………………………………………
Prix	☐ Appliquer la marge habituelle ☐ Réaliser un relevé de prix chez les concurrents ☐ S'aligner systématiquement sur les prix les plus bas constatés ☐ S'aligner sur les prix des concurrents uniquement si on est plus cher ☐ S'aligner sur les prix des concurrents si on est plus cher sauf si on vend à perte	……………………………………………… ……………………………………………… ……………………………………………… ……………………………………………… ……………………………………………… ……………………………………………… ……………………………………………… ………………………………………………
Place (Distribution)	☐ Séparer les produits bio des produits traditionnels ☐ Placer les produits par famille, qu'ils soient bio ou non ☐ Présenter les produits bio en tête de gondole ☐ Présenter les produits en îlots ☐ Utiliser des matériaux recyclables ☐ Emballer chaque produit dans un film plastique pour le protéger et le distinguer du non-bio ☐ Vendre en vrac	……………………………………………… ……………………………………………… ……………………………………………… ……………………………………………… ……………………………………………… ……………………………………………… ……………………………………………… ………………………………………………
Promotion (Communication)	☐ Vendre sous la marque « Auchan bio » ☐ Mettre des stop-rayons ☐ Mettre des panneaux signalétiques en rayon pour présenter les produits bio ☐ Faire des annonces micro ☐ Mettre de la PLV ☐ Prévoir un marquage (autocollant, bague en papier…) à apposer sur les produits pour les distinguer	……………………………………………… ……………………………………………… ……………………………………………… ……………………………………………… ……………………………………………… ……………………………………………… ……………………………………………… ………………………………………………

Évaluez votre réussite du dossier P. 9

SYNTHÈSE

liennathan.fr/n80v0n

1 Mesurer les enjeux d'une démarche mercatique

1 .... ▶ 2 .... ▶ 3 ....

2 3 Identifier le profil des clients et segmenter la clientèle

Les critères de segmentation

Relatifs au consommateur :

- ....
- ....
- ....
- ....

Relatifs à la consommation du produit :

- ....
- ....

4 Positionner l'offre

Positionnement

Idée que se fait le client d'un produit, d'une marque ou une enseigne sur des critères de :

- ....
- ....
- ....

Il peut être représenté à l'aide d'un :

....

5 Adapter le plan de marchéage au positionnement

Plan de marchéage

P....................

P....................

P....................

P....................

MOTS-CLÉS

Démarche mercatique • plan de marchéage • positionnement • segmentation de la clientèle • typologie

QUIZ ☑ liennathan.fr/z8txyn

SCORE ....

APPLICATION ★

1 Repérer les critères de segmentation

Vous êtes en stage chez Lidl. Votre tuteur, M. Albert, vous remet le projet d'une enquête qui sera administrée aux clients du magasin (doc.).

1 **Distinguez les critères relatifs à l'identification du client et ceux relatifs au comportement d'achat.**

....

....

....

2 **Proposez d'autres critères pertinents.**

....

....

....

DOC. **Le questionnaire**

1 À quelle fréquence faites-vous vos courses dans notre magasin ?

☐ **1.** Deux à trois fois par semaine ☐ **2.** Une fois par semaine ☐ **3.** Plusieurs fois par mois
☐ **4.** Une fois par mois ☐ **5.** Deux à trois fois par an

2 Parmi les rayons présentés, quels sont ceux que vous fréquentez le plus ?

☐ **1.** Épicerie ☐ **2.** Boissons ☐ **3.** Produits frais ☐ **4.** Bazar

3 Combien dépensez-vous en moyenne à chaque visite ?

☐ **1.** Moins de 50 € ☐ **2.** Entre 50 et 100 € ☐ **3.** Entre 100 et 150 € ☐ **4.** Plus de 150 €

4 Sexe

☐ **1.** Homme ☐ **2.** Femme

5 Catégorie socio-professionnelle

☐ **1.** Agriculteur ☐ **2.** Commerçant, artisan, chef d'entreprise ☐ **3.** Cadre prof. intellectuelle sup.
☐ **4.** Profession intermédiaire ☐ **5.** Employé(e) ☐ **6.** Ouvrier
☐ **7.** En recherche d'emploi ☐ **8.** Élève, étudiant ☐ **9.** Inactif ☐ **10.** Autre

6 Classe d'âge

☐ **1.** 18-24 ans ☐ **2.** 25-34 ans ☐ **3.** 35-49 ans ☐ **4.** 50-64 ans ☐ **5.** 65 ans et +

7 Quelle est votre situation familiale ?

☐ **1.** Célibataire ☐ **2.** En couple ☐ **3.** Pacsé(e) ☐ **4.** Marié(e)
☐ **5.** Veuf(ve) ☐ **6.** Divorcé(e) ☐ **7.** Séparé(e)

APPLICATION ★ pix 1.3. Traiter des données

2 Identifier une cible de clients

Vous êtes en stage chez Leclerc. À l'occasion de l'anniversaire de votre magasin, vous souhaitez mettre en place une action promotionnelle reposant sur des bons de réduction proposés à vos meilleurs clients. Vous disposez des données de la carte de fidélité (doc. 2) et décidez d'utiliser la méthode du scoring (doc. 1) pour sélectionner les clients auxquels envoyer des bons de réduction.

1 Calculez les scores de chaque client en complétant le tableau.

Critères \ Clients	Mme Bertrand	Mme Hydé	M. Louni	Mme Monteyne	M. Delestre
Panier moyen					
Ancienneté					
Âge					
TOTAL					

Remarque : L'offre sera adressée aux clients obtenant un score au moins égal à 40 points.

2 Déterminez quels seront les clients à qui vous proposerez les bons de réduction.

DOC. 1 Méthode de calcul

Panier moyen par achat	**5 points par tranche de 50 €**
Ancienneté de la carte de fidélité	< 1 an : 0 point De 1 à 3 ans : 10 points De 4 à 6 ans : 20 points Plus de 6 ans : 30 points
Âge du client possédant la carte	Moins de 25 ans : 1 point 26 à 40 ans : 5 points 41 à 60 ans : 10 points Plus de 60 ans : 30 points

DOC. 2 Extrait des données de la carte de fidélité

Noms des clients	Âge	Panier moyen	Ancienneté
Mme Bertrand	67 ans	152 €	10 ans
Mme Hydé	38 ans	230 €	5 ans
M. Louni	45 ans	50 €	4 ans
Mme Monteyne	22 ans	90 €	2 mois
M. Delestre	62 ans	300 €	3 ans

APPLICATION ★★

3 Fixer le bon prix

Vous travaillez en tant que vendeur(euse) dans une parfumerie Nocibé au rayon Maquillage. Vos concurrents directs sont Sephora, et depuis peu de temps l'enseigne Kiko, qui propose des produits à prix cassés, ce qui vous inquiète beaucoup. C'est bientôt la Saint-Valentin : votre responsable, attentive aux tarifs proposés par la concurrence, vous a demandé d'effectuer un relevé de prix chez vos concurrents ; vous avez tenu compte des prix réduits des articles basiques proposés en promotion pour la Saint-Valentin.

- **Comparez les prix pratiqués dans votre magasin avec ceux des concurrents. Que constatez-vous ? Quelle décision conseillez-vous à votre responsable ?**

	Classement (par prix moyens)	Commentaires
Concurrents	....	....
Décision à prendre	....	

DOC. 1 Relevé des prix au 1er février N

	Prix promotionnels			
	Nocibé	Auchan	Sephora	Kiko
Palette fard à paupières	8,99 €	5,99 €	10,99 €	6,50 €
Mascara	9,95 €	4,99 €	12,99 €	6,99 €
Crème mains	4,99 €	2,99 €	4,00 €	4,19 €
Rouge à lèvres 1er prix	4,78 €	3,99 €	5,99 €	3,99 €
Prix moyen	**7,18 €**	**4,49 €**	**8,49 €**	**5,42 €**

DOC. 2 Sephora, Nocibé et Kiko

Les prix attractifs séduisent les jeunes. D'ailleurs, la majorité des ventes des distributeurs de cosmétiques se fait en promotion. La marque italienne Kiko l'a bien compris : elle vise une clientèle féminine de moins de 25 ans avec ses rouges à lèvres à moins de quatre euros. Face au succès de leur nouveau concurrent, les géants Sephora et Nocibé ont lancé leur propre marque de produits bon marché.

« En moyenne, Sephora distribue 26 % plus de produits que Nocibé. Bien que les écarts de prix soient faibles, c'est Nocibé qui apparaît comme le moins cher », selon Pricing Assistant. Chez Sephora, c'est Lancôme qui est fortement mis en avant. Nocibé quant à elle « favorise davantage Guerlain que Chloé et Paco Rabanne », toujours selon Pricing Assistant. De son côté, Kiko ne distribue aucune grande marque.

APPLICATION ★★

4 Mettre en place un plan de marchéage

Vous effectuez votre stage chez Xerox, fabricant de matériel informatique. Votre responsable souhaite développer les ventes d'une toute nouvelle imprimante (doc.). Ce produit haut de gamme sera commercialisé auprès de distributeurs spécialisés en informatique, mais aussi auprès de grandes surfaces spécialisées comme Bureau Valley. Dix commerciaux ont été recrutés pour assurer le démarchage de ces distributeurs. Ils auront chacun un secteur à prospecter et devront couvrir l'ensemble du territoire français. Ils seront assistés par des télévendeurs qui prendront leurs rendez-vous et se chargeront d'établir les devis et factures. Une PLV sera fournie aux enseignes partenaires pour aider à développer les ventes. Le produit sera vendu dans un emballage carton haut de gamme facile à transporter. Le mode d'emploi sera téléchargeable sur le site Internet de Xerox. Un tchat sera disponible en ligne pour aider à l'installation ou à l'utilisation de l'imprimante.

● **Mettez en place le plan de marchéage correspondant au positionnement de l'imprimante, en vous aidant du descriptif produit (document).**

Produit	Prix	Distribution	Communication

DOC. Imprimante multifonctions Xerox® VersaLink C605

L'imprimante multifonctions couleur Xerox® VersaLink C605 avec technologie ConnectKey® propose une fiabilité sans faille, une intégration transparente et une productivité avancée. Connectée aux référentiels de Cloud, compatible avec les appareils mobiles et facile à personnaliser, la C605 est votre assistant professionnel au cœur de votre environnement de travail, vous permettant de donner le meilleur aujourd'hui tout en vous préparant pour l'avenir.

Votre personnel a un accès instantané et sécurisé aux documents, aux données et aux flux de travail dont il a besoin pour travailler plus rapidement et plus efficacement à partir de n'importe où et avec n'importe quel périphérique.

Puissantes et évolutives, conçues pour les applications de bureau les plus exigeantes.

Fonctionnalités de copie, impression, numérisation, télécopie, e-mail, Cloud et connectivité mobile intégrée.

Prix : 4 186 € garantie 5 ans

DOSSIER 16

Contribuer aux actions de fidélisation et de développement de la relation client

COMPÉTENCES

Contribuer à des actions de fidélisation de la clientèle et de développement de la relation client

- Sélectionner et mettre en œuvre les outils de fidélisation [...]
- Concourir à la préparation et à l'organisation d'évènements et/ou d'opérations de fidélisation [...]
- Participer à la mise en œuvre des évènements et/ou opérations de fidélisation [...]
- Effectuer des ventes au rebond
- Réaliser les opérations de suivi post-évènement
- Mobiliser les outils d'Internet et les réseaux sociaux

RÉSULTATS ATTENDUS

- La sélection des outils est adaptée au profil du client et au canal de communication
- L'organisation est maîtrisée, la contribution est utile au bon déroulé de l'événement et/ou de l'opération
- L'action répond aux attentes qualitatives et quantitatives de l'entreprise
- La proposition est adaptée et faite au bon moment
- Le suivi client est réalisé dans les délais
- Les outils numériques sont utilisés à bon escient

Les enseignes Casino : la référence du bien manger et de l'expérience d'achat omnicanale
liennathan.fr/xyb94y

- Comment Casino facilite-t-il le parcours d'achat en utilisant l'omnicanalité ?

Contexte professionnel

Vous réalisez votre stage dans le supermarché Casino de Lyon. Pour fêter ses 124 ans d'existence, le groupe Casino organise plusieurs vastes opérations commerciales entre le 11 juillet et le 11 septembre. C'est l'occasion pour les clients de profiter de promotions et de participer à un jeu pour tenter de gagner des voitures. Luc Gossens, directeur du magasin, vous demande de participer à l'organisation et au suivi de cet évènement.

1) **Quel est l'objectif de cette grande opération commerciale ?**

2) **Cette opération peut-elle permettre de fidéliser les clients ?**

Fiche d'identité de l'entreprise

Raison sociale	....
Activité	Groupe français de la grande distribution
Type de commerce	....
Statut juridique	SAS (Société par actions simplifiée)
Localisation	....
Concurrents	....

MISSION 1

Mettre en place des offres promotionnelles

Bonjour,
Nous allons mettre en place des offres promotionnelles dans le cadre de l'anniversaire Casino. Avant de les annoncer, classez-les par type de promotion (annexe) en vous référant au doc. 1 et vérifiez qu'elles respectent bien la loi EGalim (doc. 2).
Merci d'avance.
Luc

DOC. 1 Les différents types de promotion des ventes

Promotion par l'objet	
Prime directe	Cadeau remis avec l'achat du produit
Prime différée	Cadeau remis après l'achat ou après plusieurs achats successifs
Prime contenant	Le conditionnement sert de contenant (ex. : le verre qui contient le Nutella sera réutilisable comme verre à eau)
Échantillon	Une petite quantité de produit est remise gratuitement afin d'essayer le produit
Promotion par le prix	
Offre spéciale	Baisse temporaire du prix
Prix coûtant	Produit vendu sans marge
Bon de réduction	Réduction immédiate ou différée
Vente flash	Réduction de prix immédiate de très courte durée
Offre de remboursement	Réduction différée sur présentation d'une preuve d'achat
Offre de reprise	Rachat d'un produit usagé contre achat d'un produit neuf
Produit girafe	Conditionnement modifié pour offrir une quantité de produit supplémentaire (ex. : + 25 % gratuit)
Vente par lot	Vente de plusieurs articles au sein d'un même surconditionnement. Dans le cadre d'opérations promotionnelles, le prix unitaire au sein d'un lot est théoriquement inférieur à celui du produit vendu seul.
Vente jumelée	Vente de différents produits pour un prix présenté comme avantageux par rapport aux produits vendus séparément
Soldes	Réduction de prix de fin de saison
Promotion par le jeu	
Loterie	Jeu avec promesse de gain obtenu par tirage au sort
Concours	Compétition faisant appel aux qualités de réflexion, d'observation ou créativité
Autres techniques	
Animations, dégustation de produits (souvent associées à une baisse de prix)	

DOC. 2 La loi EGalim

Selon la loi pour l'équilibre des relations commerciales dans le secteur agricole et une alimentation saine et durable (EGalim), les grandes surfaces ont le droit, au maximum, d'appliquer 34 % de réduction sur 25 % de leur chiffre d'affaires annuel total.
Cette loi concerne seulement les rayons alimentaires (solide et liquide), qui représentent une grande part du chiffre d'affaires des grandes surfaces.
L'offre commerciale « 1 acheté, 1 gratuit » est interdite ; l'offre « 2 produits achetés, 1 offert » demeure.
Les distributeurs doivent reverser 10 % de leur marge aux producteurs afin de leur garantir un revenu minimum.

ANNEXE — Identifier les techniques et mesurer les réductions

Promotion proposée	Technique utilisée	Calcul de la réduction
Taboulé à l'orientale  -25% sur le 2e — L'UNITÉ 1€ — SOIT PAR 2 L'UNITÉ : 0.88 €		
Kiwi  L'UNITÉ 0,89€ — LOT DE 5 À : 3 €		
Raisin français  - 15 % en bon d'achat		
Bain de bouche Colgate 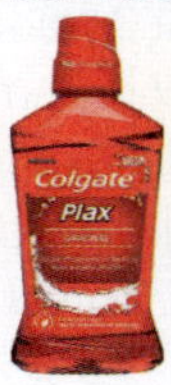 1+1 OFFERT — L'UNITÉ 3,70€ — LOT DE 2 À : 3.70 € – AU LIEU DE : 7.40 € — * Le 2e bain de bouche a un parfum différent du premier.		

À VOUS DE JOUER !

Flashez le QR Code et effectuez des recherches à l'aide du site www.bonial.fr.
Parmi les catalogues proposés, repérez :
- **les offres « 1 acheté, 1 gratuit » ;**
- **les offres à prix coûtant.**

liennathan.fr/as3l3y

MISSION 2

Respecter la réglementation concernant la publicité

De : luc.gossens@casino.fr
À : stagiaire@casino.fr
Objet : Opération « anniversaire 124 ans »
PJ : Recommandations opération « anniversaire 124 ans »

Bonjour,
Nous venons de recevoir les recommandations du siège pour la publicité de l'opération « Anniversaire 124 ans ». J'aimerais que vous en preniez connaissance (doc. 1).
Nous avons aussi reçu la maquette du futur prospectus de la semaine (annexe). Je vous demande de vérifier que les mentions obligatoires y figurent bien (doc. 2) : je ne veux pas risquer d'avoir une amende à payer !
Merci,
Luc

DOC. 1 Recommandations pour l'opération « Anniversaire 124 ans » (pièce jointe)

L'ANNIVERSAIRE CASINO ENCORE + DE POUVOIR D'ACHAT
Casino 124 ANS ET TOUJOURS UN TEMPS D'AVANCE
Géant | Casino | Casino | Casino | Casino

Dates de validité :
29 août au 11 septembre

Magasins concernés :
19 magasins Casino

Communication : diffusion de prospectus dans les boîtes aux lettres des habitants de la zone de chalandise chaque semaine à partir du 24 août ; diffusion du prospectus sur la page Facebook, newsletter envoyée par e-mailing aux clients possédant la carte de fidélité dès le 24 août ; affichage sur les panneaux publicitaires devant chaque magasin ; affichage dans les magasins participants.

DOC. 2 Mentions légales devant figurer sur les prospectus

Nom et l'adresse de l'imprimeur

Informations légales de la société bénéficiaire des prospectus
Tout document publicitaire doit faire figurer les coordonnées de l'entreprise et son numéro SIRET.

Utilisation de la langue française pour la rédaction des prospectus
Toute publicité doit être en langue française.

Utilisation des couleurs et des images
Seules les administrations publiques peuvent imprimer leurs textes en noir sur fond blanc. Les entreprises doivent imprimer sur un fond de couleur si elles utilisent des caractères noirs.

Respect du Code de l'environnement
Une mention incitant à la collecte ou à la valorisation des déchets (« *Ne pas jeter sur la voie publique* ») doit figurer sur le prospectus. Il est obligatoire aussi de faire figurer le logo Triman sur tous les produits relevant d'une consigne de tri.

Cas particuliers
Produits alimentaires manufacturés : les informations à caractère sanitaire telles que « *Pour votre santé, mangez au moins cinq fruits et légumes par jour* » ou « *Pour votre santé, pratiquez une activité physique régulière* », sont obligatoires.
Pour les produits alcoolisés, la mention « *L'abus d'alcool est dangereux pour la santé, à consommer avec modération* » doit figurer sur le prospectus.
La mention « dans la limite des stocks disponibles » ou « stocks suffisants pour répondre à la demande » est obligatoire.

ANNEXE — Le prospectus de la semaine

Fond :

....

....

Langue :

....

....

....

....

....

pix 1.2. Gérer des données
1.3. Traiter des données
4.2. Protéger les données personnelles et la vie privée

MISSION 3 Sélectionner les outils de fidélisation

Début septembre, nous mettons en place une opération spéciale pour la rentrée, intitulée « Rentrée, pouvoir d'achat au max ». Nos clients peuvent gagner des cadeaux ou bons d'achat. Notre prospectus actuel propose également de faire des économies en achetant à prix cassé des produits comme la charcuterie, le fromage, les fruits de saison. J'aimerais que vous m'aidiez à sélectionner les outils pour communiquer sur l'opération auprès de nos clients fidèles (doc. 1). N'hésitez pas à proposer quelques offres exclusives ! Pensez à prendre en compte les avis clients sur Facebook (doc. 2). Vous préciserez aussi comment vous pensez communiquer (annexe).

DOC. 1 Les principaux outils de fidélisation et de communication

Moyens	Principe	Avis de M. Gossens
Carte de fidélité	Garder les clients en leur proposant des avantages. Collecter des informations pour segmenter la clientèle.	Permet de proposer des réductions / promotions aux clients fidèles, de sélectionner les clients à inviter pour des événements et d'informer des nouveautés.
Couponing	Bon de réduction personnalisé.	Permet de faire venir les clients.
Newsletter	Tenir les clients informés de l'actualité et des opérations en cours.	Peu de clients la lisent.
Événements premium	Ventes privées pour proposer des achats en avant-première, dégustations pour se rapprocher des clients.	Les clients en sont friands.
Réseaux sociaux	Être suivi sur nos pages Facebook, Instagram, Twitter ; créer une communauté virtuelle.	Nous sommes attentifs aux avis des clients sur la page Facebook et avons créé un club sur Whatsapp afin que les clients puissent consulter les catalogues, passer des commandes, échanger avec le magasin.
Blog	Être suivi, découvrir l'actualité du magasin.	Nous n'avons pas de blog.
Parrainage	Inciter un client à parrainer une de ses connaissances en échange d'un cadeau.	Renforce la fidélité du parrain qui se sent lié au point de vente.

DOC. 2 Avis recueillis sur la page Facebook du magasin

www

Laura M. J'aime bien les jeux-concours, la dernière fois, j'ai gagné un home cinéma.

Jean I. J'ai eu un coupon de réduction de 10 € valable durant tout le mois, je suis content…

Sylvie O. J'ai vu sur la page Facebook du magasin qu'il y a des promos intéressantes en ce moment.

Léa V. Quand refaites-vous une opération Produits à –70 % comme pour le Nutella… ?

Marguerite C. Allez-vous refaire une dégustation de fromages cette année ?

Justine S. J'espère que vous allez faire des offres spéciales sur les produits alimentaires !

ANNEXE Sélection des outils

Sélection des outils	Justification
…………	…………
…………	…………
…………	…………
Mode de communication : …………	

MISSION 4

Déterminer la cible de l'action de fidélisation

Je souhaite récompenser nos clients les plus fidèles (doc. 1) en offrant 3 bons de 5 € à valoir sur tout achat de plus de 50 € durant 3 semaines. Je vous demande de prendre connaissance du barème fourni (doc. 2) et des moyens de communication possibles (doc. 3), afin de sélectionner les clients à retenir ainsi que le(s) moyen(s) de communication approprié(s) (annexe).

DOC. 1 Logiciel de GRC – Fichier clients

Nom	Ancienneté de la carte	Dépense hebdomadaire moyenne	Nbre moyen de visites par mois
Chakrid	10 mois	40 €	6
Feddi	2 ans	130 €	2
Delattre	4 ans	190 €	3
Fossato	5 ans	75 €	4
Colinet	6 ans	85 €	5

DOC. 2 Barème de notation (scoring)

Ancienneté	Nbre de points attribués	Dépense hebdomadaire moyenne	Nbre de points attribués	Nbre de visites	Nbre de points attribués
< 1 an	2	< 50 €	2	≤ 1	2
1 à 2 ans	4	50 à 80 €	4	2 à 3	4
3 à 4 ans	6	81 à 120 €	6	4 à 5	6
5 ans et plus	8	Plus de 120 €	8	Plus de 5	8

Pondération : ancienneté 20 %, dépense 30 %, visites 50 %. Les meilleurs clients ont une note supérieure à 5,5.

DOC. 3 Moyens de communiquer sur une action promotionnelle

Moyens	Justification
SMS	Moyen direct, permet une communication immédiate, simple et personnelle.
E-mailing	Permet d'informer sur les nouveautés et les opérations. Il doit être personnalisé et envoyé à des moments clés (fête, anniversaire, soldes…).
Réseaux sociaux	Crée une proximité avec le client. Facebook sera utilisé pour l'alimentaire, Twitter pour les nouveautés, Instagram pour le textile, la décoration et une clientèle jeune.
PLV	Supports publicitaires sur le lieu de vente : kakemono, affiches, stop-rayon, écrans.
Prospectus	Imprimé ou petit catalogue distribué gratuitement à des fins publicitaires.

ANNEXE Clients sélectionnés

* Reportez le nombre de points attribués avant pondération.

Nom	Ancienneté*	Dépense*	Visites*	Total pondéré	Sélection
Chakrid	*2 points*	*2 points*	*8 points*	*2 × 0,2 + 2 × 0,3 + 8 × 0,5 = 5*	*Non*
Feddi	....	....	....	....	....
Delattre	....	....	....	....	....
Fossato	....	....	....	....	....
Colinet	....	....	....	....	....
Moyens de communication retenus :					

MISSION 5 Préparer une animation commerciale

Cette semaine est importante pour nous, nous espérons que les clients viendront nombreux ! Vous allez vous occuper toute la semaine du rayon « Rentrée, pouvoir d'achat au max », en ayant pour objectif de développer le volume de nos ventes. Il faudrait prévoir un affichage à l'entrée du magasin. Vous concevrez cette affiche sur le logiciel de votre choix en respectant les consignes de rédaction et de présentation (doc. 1 et 2). Il faut aussi installer le stand dès demain matin. Merci de réfléchir à la mise en place de l'animation et au matériel dont nous aurons besoin (annexes 1 et 2).

DOC. 1 Consignes pour réaliser une affiche : méthode AIDA

- Phrase d'Accroche
- Susciter l'Intérêt par un avantage
- Provoquer le Désir
- Pousser à l'Action

DOC. 2 Cahier des charges de l'affiche

Durée du prospectus « Rentrée, pouvoir d'achat au max » : 24 août au 11 septembre
Impression : blanc sur fond rouge
Mentions obligatoires : « dans la limite des stocks disponibles »
Nom du magasin « Casino Lyon »
Indication « imprimé par nos soins »
Il faut communiquer sur le fait que les prix seront cassés, qu'il y aura des dégustations de petits fours et de verrines, et un jeu avec des lots à gagner sur le stand.

ANNEXE 1 Check-list des techniques d'animation

Techniques d'animation	Propositions	Justification
Dégustation : quels produits ?		
Théâtralisation du stand ?		
Ventes flash : quand ?		
Organisation d'un jeu : comment ? quel lot à gagner ?		

ANNEXE 2 Matériel nécessaire à l'animation

	Liste et détail du matériel
Matériel de présentation et de vente des produits	
Matériel d'animation et de dégustation	
Matériel d'information de la clientèle	
PLV (Publicité sur le lieu de vente)	
Matériel nécessaire au jeu	
Matériel de distribution	

À VOUS DE JOUER !

Flashez le QR Code et repérez le matériel de PLV déployé pour l'action de promotion autour du lait en visionnant la vidéo.

liennathan.fr/gunkao

MISSION 6 Réaliser une vente au rebond

Je viens de consulter notre page Facebook : ce matin un client a posté un mauvais commentaire à propos de notre « Grand Jeu Anniversaire » (doc. 1). Prenez connaissance des conditions de participation (doc. 2) et de la réglementation en vigueur (doc. 3), puis formulez une réponse au client directement sur poste informatique. Profitez-en pour effectuer une vente au rebond (doc. 4) et l'inviter à participer à l'autre jeu gratuit proposé sur le stand, il y aura des bouteilles de champagne à gagner. Puis, pour être efficace sur le stand, vous anticiperez les rebonds possibles dans les situations les plus courantes (annexe).

DOC. 1 Message du client sur Facebook

Patrick G.

Je suis passé ce matin dans votre magasin mais je n'ai pas trouvé ce que je voulais, je n'ai donc rien acheté. Je voulais quand même participer au jeu pour tenter de gagner une voiture électrique ou 1 an de courses ou de carburant, et je n'ai pas pu. L'hôtesse d'accueil m'a dit qu'il fallait que j'achète pour pouvoir jouer, c'est honteux et totalement illégal…

DOC. 2 Règlement du « Grand jeu anniversaire » (extrait)

Comment jouer sur www.supercasino.fr/grand-jeuanniversaire ?

Tentez de gagner une Citroën AMI électrique, 1 an de courses ou 1 an de carburant avec vos achats Casino. Le « Grand Jeu Anniversaire de Casino » prend la forme d'un jeu-concours avec obligation d'achat qui est réservé à toutes les personnes physiques majeures domiciliées en France métropolitaine. Il est ouvert entre le 24 août et le 11 septembre N et est accessible via la plateforme web www.supercasino.fr/grandjeu-anniversaire. […]
Pour tenter de gagner une voiture 100 % électrique, 1 an de courses ou 1 an de carburant, vous devez effectuer un achat dans un magasin participant avant le 11 septembre N. Une fois votre ticket de caisse en poche (à conserver en cas de gain). […] Téléchargez votre preuve d'achat. Le tirage au sort désignant les 76 gagnants aura lieu le 30 septembre N au plus tard. Si vous faites partie des plus chanceux, vous serez invité à suivre les modalités d'obtention de votre lot qui seront décrites dans l'e-mail envoyé par l'organisateur.

www.supercasino.fr

DOC. 3 La réglementation des jeux avec obligation d'achat

Avant 2011, la participation à un jeu devait être gratuite et libre à tous. Le client n'avait pas besoin d'acheter quoi que ce soit pour pouvoir participer à un jeu. Depuis le 17 mai 2011, il est légal d'organiser un jeu avec obligation d'achat. Pourquoi réserver son jeu à ses clients ? En organisant un jeu avec obligation d'achat, vous pouvez garantir le retour sur investissement en augmentant vos ventes.

www.winbuz.com

DOC. 4 La vente au rebond

Le rebond commercial consiste à profiter d'un contact généralement pris à l'initiative du client pour évoquer ou formuler une offre commerciale après avoir traité sa demande initiale.
Il s'agit de « rebondir » sur une remarque du client pour placer un produit ou service complémentaire.
La vente au rebond peut se pratiquer en face-à-face comme à distance. Le « rebond » peut aussi se pratiquer pour décrocher un rendez-vous ou tout autre objectif commercial.

Technique	Principe
Appui	Vous rebondissez sur l'objection en démarrant votre phrase par « C'est justement la raison pour laquelle… ».
Silence	Vous laissez un moment de silence puis continuez votre propos sans répondre à l'objection.
Franchise	Vous faites preuve de franchise en approuvant ce que dit le client.
Ouverture	Dans le cas d'un refus, vous rebondissez sur un autre produit.

ANNEXE Les opportunités de rebond possibles

Objections émises	Technique	Formulation rebond
Je n'ai jamais mangé de jambon, ma religion me l'interdit…	☐ Appui ☐ Silence ☐ Franchise ☐ Ouverture	……………………
Désolé, je suis pressé, je suis juste venu faire quelques courses.	☐ Appui ☐ Silence ☐ Franchise ☐ Ouverture	……………………
Manger de la charcuterie à 9 h du matin ? Et puis quoi encore !	☐ Appui ☐ Silence ☐ Franchise ☐ Ouverture	……………………
J'ai acheté ce fromage l'autre jour, il avait un goût vraiment désagréable.	☐ Appui ☐ Silence ☐ Franchise ☐ Ouverture	……………………

À VOUS DE JOUER !

En binôme, jouez les objections formulées par les clients.
Pour chaque objection, déclinez les 4 techniques de vente au rebond.
liennathan.fr/x0x3lq

MISSION 7 Réaliser les opérations de suivi post-événement

De : luc.gossens@casino.fr
À : stagiaire@casino.fr
Objet : Résultat de l'opération « Rentrée, pouvoir d'achat au max »

Bonjour,
L'animation promotionnelle « Rentrée, pouvoir d'achat au max », vient de se terminer et j'aimerais savoir si elle a été rentable. J'avais fixé un objectif de + 10 % de chiffre d'affaires global pour la semaine par rapport à l'an dernier : a-t-il été atteint ? Merci aussi de calculer le panier moyen des porteurs de la carte de fidélité : celui des non-porteurs est de 21 €, sommes-nous gagnants ? (annexe 1).
Durant l'animation, nous avons réduit nos prix de 34 % sur ces produits et obtenu une remise de 10% de notre fournisseur. Pouvez-vous me dire si la prévision des ventes que j'avais établie (doc. 1) a atteint son objectif ? (annexes 2 et 3). Commentez les résultats SVP.
Enfin, pouvez-vous mesurer les retombées de la dégustation par la technique de l'entonnoir ? (doc. 2 et annexe 4). Je misais sur un taux de transformation de 10 %.
Merci d'avance,
Luc

DOC. 1 Objectif de ventes

La promotion devrait permettre d'augmenter les ventes de jambon de Bayonne de 40 %, celles de tomme de Savoie de 45 % et celles des pommes Golden de 30 %.

DOC. 2 Retombées de l'opération sur toute la semaine

Nombre de visiteurs sur le stand	3 200
Nombre de contacts argumentés	2 500
Nombre de dégustations	800
Nombre d'achats	400

ANNEXE 1 Logiciel de GRC – Résultats de la carte de fidélité de la semaine dernière

Jour de la semaine	Nombre de tickets de caisse N	Chiffre d'affaires N	Chiffre d'affaires N-1	Taux d'évolution du CA*	Panier moyen N**
Mardi	2 201	34 500 €	31 200 €	....	....
Mercredi	1 802	28 500 €	29 700 €	....	....
Jeudi	1 570	52 300 €	49 030 €	....	....
Vendredi	2 501	24 500 €	23 000 €	....	....
Samedi	2 850	93 500 €	90 300 €	....	....
Dimanche	950	32 100 €	29 700 €	....	....
Total	....	....	....	....	....
Moyenne	....	....	....	....	....

* taux d'évolution = $\frac{(\text{CA N} - \text{CA N-1})}{\text{CA N-1}} \times 100$ ** panier moyen = $\frac{\text{CA N}}{\text{Nbre de tickets de caisse}}$

Commentaires : ....
....
....

ANNEXE 2 — Calcul du taux de réalisation de l'objectif

Produits	Ventes avant promotion	Ventes prévisionnelles	Ventes après promotion	Taux de réalisation de l'objectif
Jambon de Bayonne	210 kg		310 kg	
Tomme de Savoie	290 kg		410 kg	
Pomme Golden	110 kg		150 kg	

ANNEXE 3 — Tableau de bord de la semaine

Résultats hors promotion					
Produits	**Prix de vente TTC au kg**	**Coût d'achat HT au kg**	**Ventes hebdomadaires en kg**	**CA HT**	**Marge****
Jambon de Bayonne	37,50	15,00	210	7 464,45 €*	4 314,45 €
Tomme de Savoie	23,90	10,00	290		
Pomme Golden	3,79	1,80	110		
Total					

* (37,50 / 1,055) × 210 ** CA HT – (coût d'achat HT × ventes hebdomadaires) 7 464,45 – 3 150 (15 x 210) = 4 314,45 €

Résultats de la promotion					
Produits	**Prix de vente promo. TTC* au kg**	**Coût d'achat promo HT** au kg**	**Ventes durant la promotion en kg**	**CA HT promo.**	**Marge promo.**
Jambon de Bayonne	24,75	13,50	310		
Tomme de Savoie			410		
Pomme Golden			150		
Total					
Écart					

*PV TTC normal × 0, 66 ** Coût d'achat normal × 0,9

Commentaires : ……………………………………………………………………

……………………………………………………………………

ANNEXE 4 — Retombées de la dégustation

FORMULES

Taux de contacts argumentés

$$= \frac{\text{Nombre de contacts argumentés}}{\text{Nombre de visiteurs}} \times 100$$

Taux de dégustation

$$= \frac{\text{Nombre de dégustations}}{\text{Nombre de visiteurs}} \times 100$$

Taux de transformation

$$= \frac{\text{Nombre d'achats}}{\text{Nombre de visiteurs}} \times 100$$

Commentaires : ……………………………………………………………………

……………………………………………………………………

Évaluez votre réussite du dossier P. 9

SYNTHÈSE

liennathan.fr/v76qfu

1 2 Mettre en place des offres promotionnelles et respecter la réglementation concernant la publicité

Promotion des ventes :
- Promotion par l'objet
- Animations
- ....
- ....

Mentions obligatoires sur un prospectus	
–	– ....
–	– ....
–	– Cas particuliers : produits alimentaires et produits alcoolisés

3 4 Sélectionner les outils de fidélisation et déterminer la cible de l'action de fidélisation

Outils de fidélisation	
– Carte de fidélité	– ....
–	– ....
–	– ....
–	

Supports de communication
– SMS
– PLV
– ....
– ....
– ....

5 6 Préparer une animation commerciale et réaliser une vente au rebond

– Affichage	– La vente au rebond consiste à ....(en face à face ou à distance)
– Matériel nécessaire	

7 Réaliser les opérations de suivi post-événement

Clients

Taux de contacts argumentés = ...

Taux de transformation = ...

MOTS-CLÉS

Communication promotionnelle • entonnoir • loi EGalim • outils de fidélisation • promotion des ventes • vente au rebond

QUIZ ☑ liennathan.fr/c0vgrh SCORE ....

APPLICATION ★

1 Apprécier la légalité d'un affichage de soldes

Vous êtes en stage dans un magasin de l'enseigne Connect-Home à Nantes. Les soldes d'hiver commencent le 8 janvier prochain. Votre tutrice, Léa Piazzi, vous demande de vous assurer que l'affichage des soldes est bien réglementaire.
À partir du doc. 1, appréciez la légalité de l'affiche (doc. 2).

1 L'affichage « soldes » du téléviseur OLED 55'' est-il conforme à la législation (il coûtait 1 599 € sur le site de Connect Home le 12 décembre) ?Justifiez.

....

....

2 Quel est le pourcentage de réduction accordé ?

....

....

DOC. 1 Réglementation des soldes

Prix et affichage

La distinction entre les articles soldés et ceux qui ne le sont pas doit être clairement apparente (via l'étiquetage, la séparation claire des rayons...). Dans le cas contraire (et notamment lorsque tous les produits soldés et non soldés sont mélangés les uns aux autres), cette ambiguïté est susceptible de constituer une publicité mensongère.

Attention aux pourcentages de réductions artificiellement « gonflés » avant d'acheter. Sachez que le commerçant a des obligations en matière d'affichage des prix. Il doit ainsi procéder à un double marquage :
- l'un avec l'ancien prix barré ;
- l'autre avec le nouveau prix réduit.

Le montant de la remise indiquée doit être calculé à partir d'un prix de référence qui ne peut pas dépasser le prix le plus bas effectivement pratiqué lors des 30 jours qui précèdent le début des soldes.

https://droit-finances.commentcamarche.com.

DOC. 2 Offre sur le site de Connect Home

Téléviseur OLED 55''
LG OLED55B8S Noir

EN SOLDE
1 499 € au lieu de 2 299 €
(soit une réduction de 35 %)

CONNECT **HOME**

APPLICATION

2 Réaliser une vente au rebond

Vous êtes chargé(e) de vendre des abonnements téléphoniques pour l'opérateur Free. Vous avez comme consigne de pratiquer dès que possible la vente au rebond en repérant les opportunités d'une telle vente et en utilisant les bons mots pour accrocher le client. Vous êtes chargé(e) de répondre au téléphone et de traiter les réclamations (doc. 1). Vous devez respecter le plan d'appel imposé par Free (doc. 2) et tenter de rebondir en proposant aux clients un abonnement à 19,99 € par mois avec 210 Go en 5G sans engagement. Vous êtes l'opérateur le moins cher sur le marché.

- **En binôme, simulez une vente au rebond dans chacune des situations en mobilisant l'une des techniques vues dans le dossier.**

DOC. 1 Appels de clients

Mme Patil

« Je viens de recevoir ma facture du mois dernier : j'ai 60 € de hors forfait à cause d'un dépassement d'utilisation de données mobiles. Je suis allée en vacances au Maroc et personne ne m'a informé que ce pays n'était pas couvert par mon forfait. »

M. Nicolas

« Je suis victime d'interruptions de service tous les jours depuis une semaine à raison de deux heures par jour. Je suis furieux : mon smartphone, c'est mon outil de travail, je travaille pour la plateforme Uber Eats et je ne peux plus assurer mes livraisons ! Pourtant, j'ai pris un forfait illimité appels et 5G ! J'ai appelé la semaine dernière : apparemment, il y a des perturbations sur le réseau à cause de travaux d'amélioration… Combien de temps cela va-t-il encore durer ? »

M. Hottelet

« Je vous appelle car le tarif de mon forfait a augmenté le mois dernier. Il y avait une offre promotionnelle de 110 Go à 13.99 € par mois pendant un an, j'entame la deuxième année et le tarif passe à 19.99 € par mois ! C'est trop cher, je pense changer d'opérateur… »

DOC. 2 Plan d'appel à respecter : méthode CERC

Contact	Décrocher avant la 4e sonnerie et se présenter. Identifier son correspondant s'il ne s'est pas présenté. Lui faire préciser son nom.
Écoute	Questionner et reformuler. On peut s'appuyer sur la technique QQOQCCP : qui ? quoi ? où ? quand ? comment ? combien ? pourquoi ?
Réponse	En fonction des informations à disposition : traiter la demande aussitôt, mettre le correspondant en attente pour chercher la solution, ou transmettre la demande à son supérieur.
Conclusion	Reformuler la réponse, demander au client s'il a une autre question, puis prendre congé. Toujours conclure positivement, même si la demande n'a pas été satisfaite. Toujours raccrocher après votre interlocuteur.

APPLICATION ★

3 Sélectionner des techniques d'animation

Vous travaillez chez Leclerc-Atlantis en Loire-Atlantique. M. Lagasse, le directeur, vous demande de mettre en place différentes actions dans les rayons les moins fréquentés.

● **Pour chaque situation ci-dessous, indiquez les techniques d'animation possibles et décrivez les moyens les mieux adaptés.**

Situation	Technique(s) d'animation choisie(s)	Moyens humains	Moyens matériels
Au rayon Beauté, vous venez de recevoir la nouvelle gamme de produits de maquillage au nom de l'enseigne. Vous réfléchissez au moyen de la mettre en valeur.	....	....	....
Pour l'opération « Semaine italienne », vous souhaitez faire découvrir à vos clients les différentes variétés de fromages italiens que vous venez de rentrer dans votre stand.	....	....	....
Au rayon Bricolage, vous venez de recevoir du carrelage mural à poser sans colle. Cette action se fait en collaboration avec le fournisseur de la marque. Vous réfléchissez au moyen de faire connaître ce produit et d'inciter vos clients à l'acheter.	....	....	....

APPLICATION ★★ pix 1.1. Mener une recherche et une veille d'information

4 Préparer la mise en œuvre d'une action de FDRC

Lors de votre stage chez Darty, vous avez tapé le nom du magasin sur Google pour connaître les notes et avis laissés par les clients. Vous avez lu un post récent d'une cliente qui partage sa mauvaise expérience en magasin. Vous vous souvenez bien de cette cliente car, lors de sa visite, vous étiez occupé(e) à faire du facing.

DOC. 1 Commentaire de la cliente

Marilyne Corman

★☆☆☆☆

il y a 2 jours

18 décembre : ça y est, je suis enfin en congé, je vais pouvoir aller acheter mes cadeaux de Noël. Pour mon mari, j'ai envie d'acheter un smartphone, ça fait longtemps qu'il veut en changer. Après quelques recherches sur Internet pour me faire une idée du modèle qui lui conviendrait, je me rends chez Darty. Je pense que c'est l'endroit idéal pour trouver cet article, ils ont du choix et si je trouve moins cher ailleurs, ils remboursent la différence. Devant les vitrines dans le rayon (fermées à clé), je dois me contorsionner pour lire les fiches produit, quand il y en a… elles sont bien cachées par des accessoires qui n'ont rien à faire là… pas moyen de voir les prix…

À 1 mètre de moi, quatre personnes dont deux vendeurs avec leurs blouses Darty sont en train de discuter avec animation de leurs projets pour le Nouvel An… Ils n'ont même pas remarqué ma présence. Une vendeuse d'un autre rayon s'approche enfin et me demande si elle peut m'aider… après quelques questions bien posées, elle m'aide à faire mon choix. Je vais enfin pouvoir acheter le téléphone. Elle se rend à son bureau pour faire les papiers et consulter les stocks, et là, elle me dit que le produit est en rupture de stock. Elle me propose de passer commande… super ! Mais pendant les fêtes, les délais sont un peu plus longs que d'habitude, je recevrai le smartphone au plus tôt le 26 décembre. Mais moi, je veux qu'il soit sous le sapin le 24. Je quitte donc le magasin, bien décidée à me rendre chez le concurrent, Auchan, qui se trouve dans la même zone commerciale. En arrivant, je trouve facilement le rayon ; beaucoup de produits sont présentés, j'ai un peu de mal à m'y retrouver mais j'ai encore en mémoire les arguments de la vendeuse Darty et je trouve enfin deux smartphones qui pourraient convenir. Je n'ai pas trouvé exactement le même modèle que chez Darty mais je ne vais pas repartir les mains vides, le temps presse. Je cherche un vendeur parce que je n'arrive pas à me décider entre les deux : pas moyen d'en trouver un ! et cette musique de Noël agaçante qui passe en boucle, ça me donne la migraine, j'ai hâte de quitter cet endroit.

Tant pis, je vais me débrouiller seule, je compare les deux téléphones, je consulte sur mon smartphone les avis clients sur les forums, je cherche à nouveau un vendeur, mais toujours personne à l'horizon... Je me décide pour un des deux modèles, je prends le bleu (mon mari aime bien cette couleur) et je vais en caisse. « Bonjour, 599 € s'il vous plaît, tapez votre code, gardez le ticket pour la garantie, au revoir »… si j'avais acheté un paquet de biscuits, j'aurais eu le même accueil.

DOC. 2 Le contrat de confiance Darty

- ☑ Prix
- ☑ Service
- ☑ Conseil
- ☑ Durabilité

Consultez la rubrique « Nos services pour vous faciliter la vie » sur le site de Darty.
liennathan.fr/5vq6o4

1 Relevez les points forts du Contrat de confiance sur lesquels repose la promesse de Darty.

....

....

....

....

....

....

2 Analysez la situation vécue par la cliente. Vous repérerez notamment les erreurs commises chez Darty et les comparerez à celles commises chez Auchan. Vous conclurez sur l'impact que cette mauvaise expérience peut avoir sur un magasin.

Darty	Auchan
....	....
....	....
....	....
....	....
....	....
....	....
....	....
....	....
....	....
Impact sur un magasin	
....	
....	
....	

3 Proposez deux actions qui permettraient de résoudre le problème et de développer la satisfaction client et la fidélisation dans votre magasin.

....

....

....

....

....

....

....

4 Proposez des indicateurs qui permettraient d'évaluer l'impact et l'efficacité des deux actions mises en place.

....

....

....

....

Entraînement à l'épreuve E33

5 Présenter la mise en œuvre de l'action de FDRC

1 **Repérez dans le dossier 16 (exemple de Casino) les éléments correspondant à la démarche attendue dans le cadre de l'épreuve. Complétez la colonne « Démarche suivie et résultats attendus (tableau fourni sous Word : D16_appli5_entrainement_E33.doc) en répondant aux questions de la colonne « Démarche de questionnement ».**

2 **Transposez cette démarche à votre lieu de PFMP en répondant aux mêmes questions. Si nécessaire, vous adapterez le questionnement à votre lieu de PFMP.**

Objectifs et contenus de l'épreuve – Évaluation des capacités du candidat à :	Démarche de questionnement en lien avec les objectifs de l'épreuve et le lieu de PFMP	Critères d'évaluation	Étape de mise en œuvre en PFMP
– Réaliser une analyse de la mise en œuvre de la fidélisation et/ou du développement de la relation client dans l'organisation d'accueil	– Quel est le contexte commercial ? – Quelle est la politique de fidélisation de l'enseigne ? – Quelles sont les techniques de fidélisation mises en œuvre ? – Quels sont les outils de communication mobilisés ? – Etc.	– Qualité du traitement des sollicitations clients – Pertinence du choix des sources d'information, des données recueillies et des remontées – Pertinence des actions proposées – Cohérence du choix des outils de fidélisation et/ou de développement de la relation client avec le contexte – Qualité de la communication orale et écrite – Utilisation des outils numériques lors de la présentation	**– PFMP 1 en année de terminale** **– Phase préparatoire à la mise en œuvre** Situation d'évaluation 1 : – Étape 1 : Présentation orale, dans l'organisation d'accueil, des 2 actions de fidélisation envisagées, à l'aide d'un outil numérique au choix du candidat – Étape 2 : Entretien avec la commission – Remise d'une « feuille de route » après concertation de la commission qui précise l'action retenue et à mettre en œuvre
– Prendre en compte les objectifs, les contraintes et l'environnement de l'organisation en vue de proposer de nouvelles actions de fidélisation de la clientèle et/ou de développement de la relation client	– Quel est l'objectif des actions de fidélisation menées ? – Quelles sont les contraintes ? – Quelle est la cible de l'action ? – Etc.		
– Contribuer à la mise en œuvre d'une action de fidélisation et/ou de développement de la relation client	– Quelles sont les deux actions mises en œuvre dans le cadre du développement de la fidélisation ? – Quelle est mon rôle dans l'action ? – Etc.	– Qualité de la contribution à l'opération de fidélisation et/ou de développement de la relation client – Opportunité de la proposition de ventes au rebond – Justesse de l'enrichissement et de l'actualisation du SIC – Pertinence de l'analyse des résultats – Intérêt des propositions d'amélioration – Qualité de la communication orale et écrite	**– PFMP 2 en année de terminale** **– Phase de présentation de la mise en œuvre** Situation d'évaluation 2 : – Étape 1 : Présentation orale, dans l'organisation d'accueil ou le centre de formation, de l'action de fidélisation retenue, à l'aide d'un outil numérique au choix du candidat – Étape 2 : Entretien avec la commission
– Établir le bilan commercial de l'action et mesurer les apports personnels de la démarche mise en œuvre	– Quels sont les résultats obtenus ? – Quelle a été ma contribution aux résultats obtenus ? – Etc.		

DOSSIER 17

Évaluer les actions de fidélisation et proposer des améliorations

COMPÉTENCES

Évaluer les actions de fidélisation et de développement de la relation client

- Enrichir et actualiser le SIC
- Mesurer et analyser les résultats
- Rendre compte des actions et des résultats par écrit et/ou à l'oral
- Proposer des axes d'amélioration

RÉSULTATS ATTENDUS

- Le fichier clients est renseigné, actualisé et enrichi en continu
- Les résultats sont justes et appréciés dans leurs aspects quantitatifs et qualitatifs
- Les éléments du compte rendu sont synthétiques, pertinents et favorisent la prise de décision
- Les actions correctives proposées sont adaptées

Le boom des cosmétiques DIY
De 0'00 à 2'59
liennathan.fr/jv049y

- Expliquez le concept de l'enseigne Aroma-Zone.

Contexte professionnel

AROMA-ZONE.COM

Entreprise familiale créée en 1999, Aroma-Zone est spécialisée dans les produits d'aromathérapie, cosmétiques et soins bio. Elle propose également des ingrédients naturels pour fabriquer soi-même ses cosmétiques. Aroma-Zone s'approvisionne directement auprès de producteurs bio et communique essentiellement sur ses valeurs éthiques et écoresponsables. Disponibles exclusivement en ligne au début de son activité, ses produits sont désormais en vente dans six magasins à Paris, Lyon, Metz, Strasbourg, Aix-en-Provence et Lille. Pour votre dernière période de formation, vous intégrez le magasin Aroma-Zone de Paris-Haussmann. Votre tutrice, Mme Vausselin, vous confie l'évaluation des dernières actions de fidélisation mises en place.

Fiche d'identité de l'entreprise

Raison sociale	....
Activité	....
Type de commerce	....
Statut juridique	SASU (Société par actions simplifiée unipersonnelle)
Concurrents	Yves Rocher, Sephora, Marionnaud
Type de marché	Concurrentiel

1. **Quelles sont les actions de fidélisation que vous connaissez dans les magasins de produits cosmétiques et/ou les parfumeries ?**
2. **Quels sont les avantages de la fidélisation pour Aroma-Zone ?**

MISSION 1

Enrichir et actualiser le SIC

Aroma-Zone dispose d'un SIC (Système d'information commercial) alimenté par les magasins ainsi que par la direction commerciale de l'enseigne. Ce SIC permet notamment à l'enseigne de collecter des informations en permanence et d'actualiser le fichier clients. Cet été, une opération de parrainage a été mise en place. Prenez connaissance des doc. 1 et 2, puis complétez l'annexe 1.

DOC. 1 Fonctionnement du parrainage

→ Lors de sa première commande, votre filleul indique votre adresse mail, et vous bénéficiez de 8 € de bon d'achat pour une commande de 45 €. Vous pouvez parrainer un nombre illimité de filleuls.

DOC. 2 Inscription du nouveau client sur le site Internet

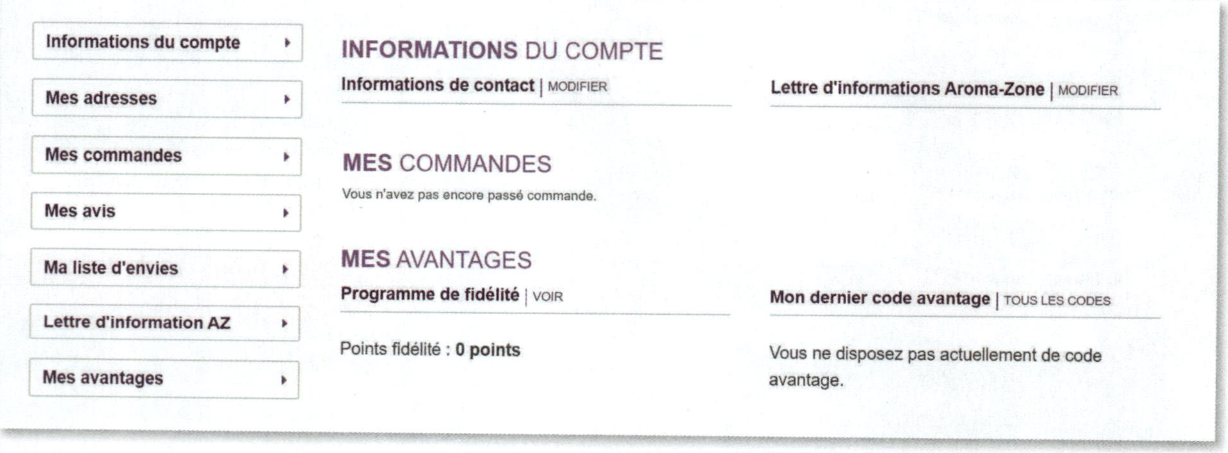

ANNEXE 1 Le parrainage Aroma-Zone et la collecte d'informations

1 En quoi consiste le parrainage ?	....
2 Qu'est-ce qu'un parrain ? Qu'est-ce qu'un filleul dans le cadre de cette action ?	....
3 Quel est l'intérêt du parrainage pour Aroma-Zone ?	....
4 Lors de l'inscription, quelles informations seront récoltées dans les onglets « Informations du compte » et « Mes adresses » ?	....
5 Quel est l'intérêt des onglets « Mes avis », « Ma liste d'envies » et « Mes recettes préférées » pour l'entreprise ?	....

Le SIC fournit une vue globale de l'activité mais permet aussi d'exploiter des informations plus ciblées. Complétez l'extrait du SIC (annexe 2) concernant les ventes par gamme de produits du 2e trimestre dans le magasin de Paris-Haussmann et analysez vos résultats (annexe 3). Selon vos résultats, de nouveaux objectifs de vente sur ces produits seront enregistrés sur le SIC de façon à remobiliser l'équipe du magasin Paris-Haussmann.

ANNEXE 2 Extrait du SIC Aroma-Zone : ventes par gamme de produits 2e trimestre N

Ventes en volume et en valeur Paris-Haussmann								
Nombre de produits vendus								
	Huiles essentielles		Cosmétiques naturels et bio		Produits entretien maison au naturel		Coffrets et idées cadeaux	
	En volume	En k€*	En volume	En k€*	En volume	En k€*	En volume	En k€*
Avril	1 237	6,7	489	27,2	512	6,1	569	9,7
Mai	1 264	6,9	433	28,9	516	6,2	551	9,4
Juin	1 385	7,5	501	29,7	523	6,4	544	9,2
Total 3 derniers mois								
Part de la gamme sur le total								
Part moyenne de la gamme dans les autres magasins Aroma-Zone								
	65,5	32,5	15,4	51,8	14,1	11,9	5	7,5

*k€ = 1 000 €

ANNEXE 3 Analyse des données du SIC

1 Identifiez les gammes de produits les plus vendues en volume et en valeur ces trois derniers mois.	En volume : .... En valeur : ....
2 Pourquoi faut-il surveiller autant les cosmétiques bio que les huiles essentielles ?	
3 Pourquoi la gamme des coffrets est-elle à surveiller ?	
4 Quelles consignes seront enregistrées dans le SIC à l'attention des vendeurs du magasin ?	
5 Comparez les résultats du magasin Haussmann et les résultats des autres magasins Aroma-Zone.	

MISSION 2

Mesurer l'efficacité d'une action de fidélisation

Une action de fidélisation a lieu dans tous les magasins de l'enseigne durant le mois de septembre : l'opération « Mon guide des huiles essentielles ». Dès 15 € d'achat, nous offrons au client un guide qui répertorie tous les bienfaits des huiles essentielles proposées par notre enseigne. Cette action va nous permettre d'augmenter le panier moyen et donc le chiffre d'affaires de nos magasins.

Voici les résultats chiffrés de la journée test de l'offre (doc.) qui a eu lieu samedi, jour le plus favorable à une action commerciale. Comparez-les à ceux de l'an dernier, en complétant les annexes 1 et 2.

DOC. Offre du mois de septembre

ANNEXE 1 Résultats de l'action « Mon guide des huiles essentielles »

	Résultats 1er samedi de sept. N	Résultats 1er samedi de sept. N-1	Écart N par rapport à N-1	Taux d'évolution : [N – (N-1)] × 100 (N–1)
CA réalisé	29 930 €	27 125 €	+2 805 ↗	....
Nombre de visiteurs	1 352	1 167	+185 ↗	....
Nombre de visiteurs détenteurs de la carte de fidélité	875	710	+165 ↗	....
Nombre de passages en caisse	1 083	945	+138 ↗	....
Nombre de produits achetés dans le magasin	518	451	+67 ↗	....
Nombre d'achats rayon Huiles essentielles	263	219	+44 ↗	....
Nombre de guides offerts en caisse	75	59	+16 ↗	....

Constats

....

....

ANNEXE 2 Les ratios de l'action « Mon guide des huiles essentielles » pour l'année N

Calcul des ratios	Résultats	Analyse du ratio
Nombre de visiteurs détenteurs de la carte de fidélité / Nombre de visiteurs		
CA / Nombre de passages en caisse		
Nombre d'huiles essentielles vendues / Nombre de produits achetés dans le magasin		
Nombre de guides offerts / Nombre d'achats d'huiles essentielles		
Nombre de passages en caisse / Nombre de visiteurs = Taux de conversion		

Constats sur la réussite de l'opération :

MISSION 3 Analyser et rendre compte des résultats

De : carole.vausselin@aroma-zone.fr
À : stagiaire@aroma-zone.fr
Objet : Résultats du jeu-concours
PJ : Retours terrain de l'équipe du magasin

Bonjour,
En fin d'été, nous avons lancé un jeu-concours dans le point de vente Paris-Haussmann et sur notre site Internet (doc. 1). Il avait pour but principal d'inciter les clients non enregistrés dans le fichier du magasin à communiquer leurs coordonnées, pour leur proposer ensuite des offres ciblées par mail.
Analysez les résultats de cette action en complétant l'annexe 1, puis proposez des actions correctives pour le prochain jeu-concours (annexe 2) à l'aide des avis postés sur Facebook (doc. 2), des commentaires de l'équipe de vente en pièce jointe (doc. 3) et de mes conseils (doc. 4).
J'attends un compte-rendu structuré des résultats de vos analyses et de vos propositions par mail.
Mme Vausselin

DOC. 1 Post sur le compte Facebook d'Aroma-Zone

Aroma-Zone
27 août 2019

Pour une rentrée zen et plein d'énergie, nous vous avons concocté un superbe jeu-concours
5 magnifiques lots sont à gagner, contenant notre guide « Huiles essentielles », 1 an d'abonnement au magazine Happinez, un diffuseur Aquilon et 2 coffrets d'huiles essentielles.
Rendez-vous vite sur notre site pour tenter votre chance
http://bit.ly/jeuconcoursderentree

DOC. 2 Avis postés sur Facebook

- Je n'ai pas participé car il y avait trop de questions.
- J'ai participé en magasin, comment savoir si j'ai gagné ?
- Je n'ai pas participé, il n'y avait que 5 lots à gagner... Je n'avais aucune chance vu le nombre de participants !
- Puis-je participer même si je ne suis pas enregistré dans le fichier clients ?
- Je n'ai pas vu les questionnaires du jeu dans le magasin...

DOC. 3 Retours terrain de l'équipe du magasin (pièce jointe)

- « Les clients m'ont demandé s'ils devaient renseigner toutes les questions sur leur identité, je n'ai pas su leur répondre. »
- « J'ai entendu plusieurs clients dire qu'ils participeraient plutôt sur le site Internet. »
- « Un client m'a dit qu'il ne souhaitait pas participer car les lots n'avaient pas assez de valeur. »
- « Une cliente m'a dit qu'elle craignait d'être contactée par d'autres entreprises si elle donnait ses coordonnées. »

DOC. 4 Note de Mme Vausselin

Vos propositions d'amélioration doivent :
– respecter la stratégie commerciale et l'image de l'enseigne ;
– être réalisables et adaptées aux produits proposés ;
– être pertinentes et en lien avec les dysfonctionnements constatés.

ANNEXE 1 Résultats du jeu-concours sur la période du 27 août au 10 septembre

• **Dans le magasin :**

	Objectifs	Paris-Haussmann	Taux de réalisation
Nbre de visiteurs sur la période	17 000	15 650	
Nbre de participants au jeu-concours	3 500	3 250	
Nbre de nouveaux clients encartés	85	89	
% de nouveaux encartés par rapport au nbre de visiteurs			
Taux de conversion du jeu-concours*			
Constats			

*Taux de conversion = (Nombre de participants / Nombre de visiteurs) x 100

• **Sur le site Internet :**

	Objectifs	Site Aroma-Zone	Taux de réalisation
Nbre de sessions ouvertes	82 000	83 500	
Durée moyenne de visite	12 min	14 min	
Nbre de nouveaux inscrits	1500	1 750	
Nbre de participants au jeu	12 000	13 800	
Nbre d'abonnements à la newsletter	1 200	1 340	
% nbre de nouveaux inscrits / Nbre de sessions ouvertes			
% d'abonnements newsletter / Nbre de sessions ouvertes			
Constats			

ANNEXE 2 Solutions pour améliorer les résultats du jeu-concours en magasin

	Dysfonctionnements	Solutions proposées
Personnel		
Communication		
Théâtralisation en magasin		

À VOUS DE JOUER !

Flashez le QR Code et réalisez la simulation orale à l'aide des indications fournies

liennathan.fr/4qx7c6

Évaluez votre réussite du dossier P. 9

SYNTHÈSE

liennathan.fr/kdbrhx

1 Enrichir et actualiser le SIC

Moyens utilisés pour enrichir ou actualiser le SIC

- Actions de fidélisation
- ....
- ....
- Achats des clients

2 Mesurer l'efficacité d'une action de fidélisation

Taux de conversion	....
Taux de réalisation	....
CA	Ventes réalisées sur une période donnée
Taux d'évolution	....

3 Analyser et rendre compte des résultats

L'analyse des résultats d'une action de fidélisation permet de :
☐ mesurer la réussite de l'action.
☐ connaître l'impact sur la satisfaction des clients.
☐ prendre des décisions sur le renouvellement de l'action.

MOTS-CLÉS

Panier moyen • taux d'évolution • taux de conversion

QUIZ liennathan.fr/7e0khy SCORE ....

APPLICATION

1.3. Traiter des données

1 Proposer des axes d'amélioration

Vous êtes en période de formation dans le magasin L'Occitane à La Rochelle. Votre tutrice, Mme Duchemin, vous communique les résultats d'une enquête par mail menée auprès des clients encartés. Elle souhaite connaître l'avis de sa clientèle sur le programme de fidélité de la carte, en place depuis l'ouverture du magasin. Mme Duchemin sait qu'elle doit personnaliser davantage ses actions de fidélisation ; grâce à votre analyse, elle pourra se décider entre proposer de nouvelles opérations ou bien modifier son programme de fidélité.

● **Par groupe de deux ou trois élèves, analysez les résultats de l'enquête (doc. 1). À l'aide des doc. 2 et 3 et du site Internet L'Occitane (fr.loccitane.com), proposez à Mme Duchemin des axes d'amélioration. Vous présenterez votre travail sous la forme d'une note structurée en trois parties : 1. Constats sur les actions de fidélisation menées par le magasin ; 2. Constats sur le programme de fidélisation ; 3. Axes d'amélioration.**

DOC. 1 Résultats de l'étude de satisfaction

Questions	Niveau de satisfaction*				
	1	2	3	4	5
1 De manière générale, êtes-vous satisfait(e) des opérations commerciales proposées par votre magasin ?	0	5	13	42	40
2 Êtes-vous satisfait(e) des avantages procurés par la carte de fidélité ?	0	4	18	47	31
3 Quel est votre niveau de satisfaction concernant les ventes privées (jusqu'à 50 % de remise) ?	0	2	8	67	23
4 Êtes-vous satisfait(e) des services offerts par la carte de fidélité ?	5	11	12	39	33
5 Êtes-vous satisfait(e) de l'offre promotionnelle « Spécial anniversaire : – 20 % sur le magasin » ?	18	42	35	5	0
6 Êtes-vous satisfait(e) du nombre d'actions promotionnelles proposées dans l'année par le magasin ?	21	38	28	13	0

* de 1 (très insatisfait) à 5 (très satisfait). Les résultats dans chaque colonne sont donnés en pourcentages.

Le programme de fidélité L'Occitane + Moi
liennathan.fr/9jo9l3

DOC. 2 Avantages de la carte de fidélité L'Occitane

Points cumulés : 1 € = 1 point.
Plus vous cumulez de points, plus vous bénéficiez d'avantages.
Des points bonus attribués si vous donnez votre avis sur les produits ou si vous complétez votre profil.

DOC. 3 Avis des clients sur la page Facebook du magasin

Je trouve la promotion pour mon anniversaire peu intéressante… Si je n'ai pas de besoin, je n'achèterai pas.

Le magasin ne fait pas beaucoup de promotions dans l'année, contrairement à d'autres magasins.

Il n'y a pas beaucoup d'événements ni d'animations dans le magasin, c'est dommage !

Je ne reçois aucun message personnalisé de ce magasin ; il est un peu en décalage par rapport aux autres enseignes.

APPLICATION ★ pix 1.3. Traiter des données

2 Analyser les résultats quantitatifs d'une opération

Vous êtes en période de formation dans le magasin franchisé « Tout pour les petits » à Carpentras (Vaucluse), qui propose des vêtements et du matériel de puériculture. Votre responsable, Mme Dutarte, souhaite que vous l'aidiez à analyser les résultats de l'opération « Ventes privées » de la collection printemps-été. Les clients ont été informés par courrier quelques jours auparavant de l'organisation de cet événement, et les ventes privées ont été proposées sur les journées du vendredi 19 et samedi 20 juin. Mme Dutarte vous demande d'analyser les résultats de cette opération en vous aidant du tableau de bord du magasin pour la période des ventes privées (doc. 1) et du tableau récapitulatif des résultats du groupe (doc. 2).

1 **Calculez l'évolution du chiffre d'affaires et l'évolution du panier moyen entre N et N-1 pour les différents secteurs du magasin (doc. 1).**

2 **Calculez le CA total pour N et N-1 ainsi que son évolution entre les deux années (doc. 1).**

3 **Quels constats faites-vous :**

– en termes de chiffre d'affaires ? ....

– en termes de panier moyen ? ....

4 **Quels constats faites-vous lorsque vous comparez vos résultats avec les objectifs fixés ?**

....

....

....

5 **Quelles propositions pouvez-vous faire à Mme Dutarte pour améliorer les résultats des ventes privées ?**

....

....

....

6 **Calculez la moyenne du groupe pour le chiffre d'affaires et le panier moyen des différents secteurs (doc. 2).**

7 **Quels constats faites-vous après analyse des résultats du magasin et de la moyenne du groupe ?**

....

....

....

8 **Quel est le magasin le plus performant ? Pourquoi, selon vous ?**

....

....

....

9 **Mme Dutarte vous indique qu'une information du groupe lui a confirmé la baisse globale des ventes de vêtements enfant depuis plusieurs années, contrairement au secteur puériculture. À l'aide du doc. 3, donnez des explications à ce phénomène et conseillez-la pour maintenir son CA.**

....

....

DOC. 1 Tableau de bord du magasin « Tout pour les petits »

	Secteur puériculture	Objectifs	Secteur vêtements 0 à 24 mois	Objectifs	Secteur vêtements 3 à 6 ans	Objectifs
CA ventes privées N	6 230	6 200	2 446	2 800	1 765	2 000
CA ventes privées N-1	5 850	5 800	2 634	2 700	1 992	1 800
% évolution CA	....	....	....	....	....	....
Panier moyen N	345,90	340	33,70	35	35,83	40
Panier moyen N-1	320,75	320	36,76	35	39,55	40
% évolution panier moyen	....	....	....	....	....	....

DOC. 2 Tableau récapitulatif des résultats du groupe

		CA N ventes privées			Panier moyen N ventes privées		
Magasins	**Nombre habitants**	**Secteur puériculture**	**Secteur vêtements 0 à 24 mois**	**Secteur vêtements 3 à 6 ans**	**Secteur puériculture**	**Secteur vêtements 0 à 24 mois**	**Secteur vêtements 3 à 6 ans**
Aix-en-Provence	143 000	9 102	3 678	2 157	417,85	39,88	42,11
Carpentras	28 700	6 230	2 446	1 765	345,90	33,70	35,83
Lunel	25 175	4 640	1 992	1 388	301,79	32,70	34,07
Pertuis	19 645	5 559	2 595	1 602	319,56	32,98	31,78
Uzès	8 540	5 996	2 440	1 720	341,80	30,15	35,03
Moyennes groupe		....	....	....	....	....	....

DOC. 3 Achats en magasin versus achats sur Internet

Le e-commerce séduit pour :

1. sa praticité
2. les prix proposés
3. un choix élargi

Le magasin est privilégié pour :

1. tester les produits
2. en disposer immédiatement
3. limiter le risque d'être déçu

3 Mesurer la rentabilité d'une action de fidélisation

Vous êtes en période de formation dans l'entreprise « Côté Jardin » à Honfleur (Calvados), spécialisée dans l'outillage de jardin. Votre tuteur, M. de Sousa, a constaté une baisse du chiffre d'affaires sur les tondeuses et les outils d'entretien du jardin. Pourtant, la période du printemps est propice aux ventes de ces produits. Pour redynamiser sa relation client, M. de Sousa a réalisé une opération promotionnelle ciblée sur les clients encartés de son fichier. La promotion était valable tout le mois de mai sur le matériel d'entretien du jardin, avec des remises différentes selon la gamme de produits : 10 % de remise sur les tondeuses et 20 % sur les outils de coupe (tronçonneuses, taille-haies, débroussailleuses) ; 400 courriers ont été envoyés.

1 Calculez l'évolution des ventes entre le mois de mai N et le mois de mai N–1.

	CA mai N	CA mai N–1	Évolution escomptée	Évolution constatée
CA HT total réalisé clients encartés	53 540	42 100	+ 25 %	....
CA HT tondeuses clients encartés	33 650	28 000	+ 20 %	....
CA HT outils de coupe clients encartés	19 890	14 100	+ 30 %	....

2 Quels constats pouvez-vous faire sur les résultats de l'opération en les comparant aux objectifs fixés ?

....

....

3 Référez-vous aux coûts de l'opération (doc.). Sachant que l'achat des marchandises vendues aux clients encartés a coûté 55 825 € TTC, calculez la rentabilité de l'opération.

Éléments	Détail des calculs	Résultat
CA avant remise clients encartés	....	....
Perte remise 10 % sur tondeuse	....	....
Perte remise 20 % sur outils de coupe	....	....
Coût des marchandises vendues	....	....
Coût de conception		....
Coût de fabrication		....
Coût d'envoi		....
Résultat	....	....

4 Concluez sur la rentabilité de l'opération de fidélisation de M. de Sousa.

....

DOC.

Coûts de l'opération

Conception du mailing	Fabrication	Envoi
950 €	0,45 € par courrier	0,30 € par courrier

SCÉNARIO 3

Fidéliser la clientèle

Entraînement à l'épreuve E33

Contexte professionnel

Vous êtes en PFMP dans le magasin de sport Cheval pro, spécialisé dans la vente de produits destinés aux cavaliers et à leurs chevaux.
En plus d'un accueil personnalisé, ce magasin offre un grand choix dans les marques et le conseil technique. L'équipe se compose de la directrice, Marie Billard, et de deux vendeurs, Mélodie et Marc. Durant votre PFMP, vous renforcez l'équipe de vente et participez à la fidélisation client.

Formez des groupes pour effectuer les missions. Selon les activités, le travail est à réaliser individuellement ou de manière collaborative.

COMPÉTENCES

Traiter et exploiter l'information ou le contact client

- Recueillir, extraire, exploiter, synthétiser les données : de sources internes, de sources externes
- Rendre compte des données appropriées
- Contribuer à des actions de fidélisation de la clientèle et de développement de la relation client
- Sélectionner et mettre en œuvre les outils de fidélisation et de développement de la relation client de l'entreprise
- Concourir à la préparation et à l'organisation d'évènements, d'opérations de fidélisation/développement de la relation client
- Participer à la mise en œuvre des évènements et/ou opérations de fidélisation/développement de la relation client

Évaluer les actions de fidélisation de la clientèle et de développement de la relation client

- Mesurer et analyser les résultats
- Rendre compte des actions et des résultats à l'écrit/l'oral

COMPORTEMENTS PROFESSIONNELS

- Respecter les règles de confidentialité et de déontologie
- Faire preuve d'autonomie et de proactivité
- Faire preuve d'organisation et de méthode
- Faire preuve d'aisance relationnelle
- Être méthodique et rigoureux

SCÉNARIO 3

MISSION

1 Découvrir l'entreprise et sa stratégie commerciale

pix 3.1. Développer des documents textuels

Votre tutrice vous présente le positionnement de l'enseigne Cheval Pro ainsi que sa stratégie commerciale (**doc. 1 et 2**). De votre côté, vous consultez les chiffres clés de la filière « Activités équestres » : liennathan.fr/c01qr4.

1 Constituez un dossier comprenant : les éléments clés de la filière « Activités équestres » ; la fiche signalétique de Cheval pro ; le plan de marchéage de Cheval pro (**annexes 1 à 3**).

MISSION

2 Sélectionner des outils de fidélisation et de développement de la relation client

pix 3.1. Développer des documents textuels

Marie Billard vous demande de réfléchir aux actions de fidélisation et développement de la relation client autour de la nouvelle collection Printemps/Été qui sera en magasin fin mars. Elle vous invite à consulter les avis et commentaires des clients sur la page Facebook du magasin afin de tenir compte de leurs attentes (**doc. 3**).

2 En binôme et à l'aide de l'**annexe 4** vous préparez un diaporama présentant deux idées d'actions de fidélisation opportunes.

3 Vous présentez et détaillez oralement à votre classe une de ces deux actions après avoir établi votre feuille de route (**annexe 5**), en justifiant votre choix. Votre prestation sera appréciée en fonction de l'**annexe 6**.

MISSION

3 Contribuer à la fidélisation et au développement de la relation client

pix 1.3. Traiter des données
3.1. Développer des documents textuels

Marie Billard a retenu une de vos propositions, l'organisation d'une soirée évènementielle. Elle profitera de l'occasion pour remercier ses meilleurs clients. Vous accompagnez la préparation de l'évènement en suivant les consignes qu'elle vous a transmises (**doc. 4**).

4 Vous dressez une check-list des impératifs auxquels répondre pour la réussite de l'évènement (**annexe 7**).

5 À l'aide des **doc. 5 et 6**, calculez les scores des clients dans le fichier Excel (**SC03_fichier_client.xls**).

6 À partir du scoring et en utilisant la fonction filtre d'un tableur (par exemple Excel), sélectionnez dans le fichier numérique clients ceux qui recevront un bon-cadeau et imprimez cette liste.

7 En binôme et à l'aide d'un logiciel de présentation comme Publisher ou Canva, rédigez le carton d'invitation qui accompagnera le bon-cadeau.

MISSION 4 Mesurer la rentabilité et l'efficacité d'une action de fidélisation

pix 1.3. Traiter des données
3.1. Développer des documents textuels

Marie Billard souhaite évaluer précisément l'impact des deux précédentes soirées (celle de septembre dernier et celle de mars de l'année précédente) sur son chiffre d'affaires et sur la satisfaction client. Elle vous remet des résultats chiffrés et prévoit d'élaborer une enquête de satisfaction pour la soirée *Spring* à venir.

8 Complétez le fichier Excel **SC03_resultats_soirees.xls** afin de calculer les résultats des soirées précédentes. Vous utiliserez les fonctions de calcul d'Excel.

9 Analysez les résultats obtenus et comparez-les aux indicateurs de performance du magasin (doc. 7) afin de dresser votre constat dans l'annexe 8.

10 En binôme et à l'aide des consignes de Marie Billard (doc. 8), élaborez le questionnaire de satisfaction qui sera administré lors de la soirée *Spring* à venir.

BASE DOCUMENTAIRE

Évaluez votre réussite du scénario P. 7

DOC. 1 Entretien avec Marie Billard

« J'ai choisi de m'installer à Auxerre parce que les centres équestres y représentent un grand potentiel et qu'aucun indépendant n'y proposait encore ce type d'activité. Il manquait un professionnel du cheval pour fournir les clients en équipements et, surtout, il manquait un commerce de proximité avec du conseil personnalisé. Notre concurrent le plus proche est le Décathlon d'Auxerre, une GSS qui propose une gamme premier prix limitée. Ensuite, il faut parcourir environ 80 km pour trouver une enseigne spécialisée, comme Padd à Sens ou Horsewood à Troyes. Nos clients actuels sont situés dans un périmètre de 45 km autour d'Auxerre.

J'ai préféré me positionner sur le milieu de gamme et j'ai conclu un partenariat avec la marque Harcour, fournisseur officiel de l'équipe de France d'équitation ; leurs produits sont tout à fait abordables et peuvent convenir à tous les budgets. Je travaille également avec des grossistes généralistes ou spécialistes, je recherche toujours la qualité. Ce qui me plaît, c'est la relation avec les habitués : je suis capable de donner le nom de chaque personne qui entre dans mon magasin. C'est un lieu d'échange, on parle évidemment cheval mais aussi des performances lors des concours... C'est une vraie richesse, un vrai plus pour les clients et pour moi. D'ailleurs, plusieurs fois dans l'année, nous organisons des soirées afin de présenter nos nouvelles collections ; c'est aussi l'occasion de remercier et fidéliser nos clients. Nous sommes

également présents dans les clubs lors de la saison des concours ; c'est l'occasion de réaliser des ventes itinérantes sur notre stand. Nous proposons des produits à la vente sur le Net grâce à notre boutique Facebook, à quoi s'ajoute notre service de broderie sur mesure pour les tapis et les vêtements, notre dépôt-vente de selles, un service de location de camions pour chevaux et un pressing.

Notre cœur de cible, ce sont les cavaliers des clubs loisirs, principalement les juniors, surtout des filles ! Nous touchons également les cavaliers propriétaires et les professionnels du métier (dirigeants de club, enseignants...). Aujourd'hui, 80 % de notre clientèle sont des femmes âgées de 15 à 40 ans ; notre principal mode de communication est donc les réseaux sociaux : nous comptons aujourd'hui 6 000 abonnés sur Instagram et 3 000 sur Facebook. »

SCÉNARIO 3

DOC. 2 Familles de produits chez Cheval pro (extrait)

Équipement du cavalier	Équipement du cheval
– Vêtements hommes/femmes/enfants – Boots et bottes – Casques et protections – Cravaches – Bagagerie	– Selles – Tapis – Couvertures – Briderie, enrênement – Mors – Protection – Soins

DOC. 3 Avis clients sur la page Facebook

Pierre P.
J'ai beaucoup aimé l'événement vide-sellerie que vous avez organisé l'été dernier

Marie M.
Merci pour mon chèque cadeau de 10 € !

Laura H.
Y aura-t-il une autre soirée Cheval Pro ?

Bastien H.
Trop hâte de découvrir la nouvelle collection Harcour !

Lola J.
Pourriez-vous organiser un défilé de tenues de cavaliers ?

Nils F.
Prévoyez-vous des ventes privées cette année ?

DOC. 4 Mémo de Marie Billard

La soirée privée Spring aura lieu le vendredi 20 mars à partir de 19h30 : le thème sera bien sûr la présentation de la collection printemps/été !

Je prévois un cocktail dînatoire et des lots à gagner. Il faut prévenir nos clients rapidement (nous sommes déjà le 4 mars !) et leur demander de confirmer leur présence.

Je veux absolument remercier nos meilleurs clients (scoring ≥ 25 pts) en leur envoyant un ticket cadeau de 20 € à dépenser pendant la soirée , il faut les prévenir de manière personnalisée mais rapide également !

Je vous laisse un modèle de ticket cadeau client.

Marie

CP CHEVAL PRO

CHEVAL PRO
5 bis rue de l'Auge
89000 Perrigny

22/02/N
Cadeau n° : 1.12.1.345

TICKET CADEAU

Vous avez droit à un cadeau de … € en échange de ce ticket !

MERCI DE VOTRE VISITE,
À BIENTÔT…

SCÉNARIO 3

DOC. 5 Notre barème de scoring

Critères	Points attribués		
Date dernier achat	≤ 3 mois = 5 pts		> 3 mois = 0 pt
Montant total des achats	≤ 1 500 € = 0 pt	> 1 500 = 5 pts	≥ 2 000 € = 10 points
Présence aux événements passés	≤ 2 présences = 0 pt		≥ 3 présences = 5 pts
Abonnement pages Facebook/Instagram	Oui = 10 pts		Non = 0 pt
Utilisation des services (location, broderie, pressing...)	Oui = 5 pts		Non = 0 pt

DOC. 6 Extrait du fichier clients (fourni sous Excel)

Client	Adresse	Récence dernier achat	Total achats sur 6 mois (€)	Présence aux événements passés	Abonné(e) FB/INSTA	Utilise nos services
OUIMOU Elise	7 ter rue du Port 89000 Champs	02/12/N-1	1 552	4	oui	non
PORTE Lou	12 bd Vaulabelle 89000 Auxerre	27/02/N	2 208	3	oui	oui
PATIN Chrys	7 allée Raifort 89600 Appoigny	06/02/N	1 790	1	non	non
PELLOIS Baptiste	Rue du Gué 89290 Augy	04/12/N-1	1 920	0	non	non
RIERRON Justine	109 rue de Paris 89000 Auxerre	02/03/N	1 548	2	oui	non
GRAVIER Clémence	Chemin des Lys 89000 St-Georges	19/12/N	2 418	3	oui	oui
GUITTON Héline	3 ter Les Mines 89200 Avallon	09/08/N-1	1 925	2	oui	non
SEGUIN Louis	4 rue Mayen 89300 Joigny	09/01/N	3 100	1	oui	oui
TAHBAI Ezra	1 av. Alfred de Musset 89400 Migennes	07/11/N-1	1 576	0	oui	non

SCÉNARIO 3

DOC. 7 Indicateurs commerciaux de référence

Fréquentation	42 pers./jour	Panier article	1,5
Passages caisse	18	% de conversion	43 %
Panier moyen	45 €	CA	810 €

DOC. 8 Consignes pour le questionnaire de satisfaction

Je profiterai de cette prochaine soirée Spring pour évaluer la satisfaction de nos clients par rapport à cet événement. Cela me permettra d'améliorer les soirées suivantes si nécessaire.

Pouvez-vous élaborer un questionnaire court, à compléter en ligne ? Poser six questions me semble largement suffisant. J'aimerais connaître leur avis concernant :

- la communication de l'événement : comment ont-ils eu connaissance de la soirée ?
- l'événement : le buffet, les lots, la nouvelle collection…
- leurs suggestions…

Privilégiez un choix de réponses qui facilite le dépouillement, au maximum deux questions ouvertes.

J'aimerais que vous testiez l'application en ligne de Google Forms pour réaliser ce questionnaire.

ANNEXES

ANNEXE 1 Les éléments-clés de la filière « Activités équestres »

Classement sportif	…………………………………………… ……………………………………………
Nombre de licenciés	…………………………………………… ……………………………………………
Caractéristiques de la population de cavaliers	…………………………………………… ……………………………………………

ANNEXE 2 Fiche signalétique de Cheval pro

Nom de l'entreprise	
Adresse	
Téléphone	
Adresse mail	
Site marchand	
Activité	
Type de commerce	
Zone de chalandise	
Canaux de vente	
Offre produits	
Offre services	
Concurrence	
Partenaires	
Canaux de communication	
Profil de clientèle	

ANNEXE 3 Plan de marchéage

Produit
....
....
....
Prix
....
....
....
Place
....
....
....
Promotion
....
....
....

ANNEXE 4 Slide de présentation des 2 actions de fidélisation

ACTION DE FIDÉLISATION N°...	
Nom de l'action	....
Descriptif de l'action	....
Période de l'action	....
Moyens (humains, matériels, financiers)	....
Avantages (clients, magasin)	....
Outils de communication mobilisés	....

Action retenue ? ☐ oui ☐ non

Justification : ....

....

ANNEXE 5 Feuille de route

Fidélisation de la clientèle et développement de la relation client	
Vous présentez une analyse : ☐ de la situation de la fidélisation de la clientèle ☐ de développement de la relation client de l'entreprise	
Intitulé de l'action	
Objectifs	
Modalités organisationnelles (date, lieu, moyens, contraintes éventuelles…)	
Étapes de la mise en œuvre	

ANNEXE 6 Critères d'appréciation de la présentation de l'action de FDRC

Critères d'évaluation				Commentaires
L'action présentée est cohérente par rapport aux attentes des clients	☐	☐	☐	
L'action présentée est pertinente avec le contexte et la stratégie de l'entreprise (faisabilité, intérêt commercial)	☐	☐	☐	
Qualité de la communication orale (argumentation, utilisation d'un vocabulaire professionnel)	☐	☐	☐	
Qualité de la communication écrite (le support numérique est structuré, attractif)	☐	☐	☐	

ANNEXE 7 Check-list de la soirée évènementielle

Les impératifs auxquels répondre

- ....
- ....
- ....
- ....
- ....

ANNEXE 8 Analyse des résultats des soirées évènementielles

Analyse
▶ **Comparaison des résultats entre les soirées :**
....
▶ **Comparaison par rapport aux indicateurs commerciaux de référence :**
....
▶ **En conclusion :**
....

BILLET D'HUMEUR

Rôle du/de la client(e)
Piochez un billet d'humeur !

?

BAVARD(E)

Client(e) qui n'écoute pas, qui raconte sa vie, ses aventures.

IMPATIENT(E)

Client(e) qui ne veut pas attendre, qui veut être vite renseigné(e).

AGACÉ(E)

Client(e) qui s'énerve, qui perd patience.

MÉFIANT(E)

Client(e) qui doute, qui veut des preuves.

BLAGUEUR(SE)

Client(e) qui répond avec humour, qui fait des blagues.

TIMIDE

Client(e) qui est mal à l'aise, qui n'ose pas poser de questions.

AIMABLE

Client(e) qui est poli(e), sympathique, bienveillant(e), qui ne conteste pas.

ENTHOUSIASTE

Client(e) qui se réjouit de tout et qui communique sa joie de vivre.

BILLET D'HUMEUR

Nathan TECHNIQUE

BILLET D'HUMEUR

Nathan TECHNIQUE

BILLET D'HUMEUR

Nathan TECHNIQUE

BILLET D'HUMEUR

Nathan TECHNIQUE

BILLET D'HUMEUR

Nathan TECHNIQUE

BILLET D'HUMEUR

Nathan TECHNIQUE

BILLET D'HUMEUR

Nathan TECHNIQUE

BILLET D'HUMEUR

Nathan TECHNIQUE

SONCASE

- Découpez les cartes.
- Mélangez-les et déposez-les sur une table face cachée.
- L'élève qui joue le rôle du (de la) client(e) pioche une carte et découvre son mobile d'achat.

Sécurité

Je recherche un produit / un service :

- de qualité
- fiable
- sans danger
- garanti
- …

Ex. : « J'ai peur de faire le mauvais choix. »

Orgueil

Je recherche un produit / un service :

- haut de gamme
- de marque connue
- VIP
- rare, différent
- …

Ex. : «Je veux pouvoir épater mes ami(e)s.»

Nouveauté

Je recherche un produit / un service :

- nouveau
- innovant
- original
- exceptionnel
- révolutionnaire
- …

Ex. : « Je suis un adepte des nouvelles technologies.»

Confort

Je recherche un produit / un service :

- facile d'utilisation
- pratique
- fonctionnel
- …

Ex. : «Je veux un produit simple et facile à utiliser.»

Argent

Je recherche un produit / un service :

- économique
- abordable
- rentable
- en promotion
- …

Ex. : «Je cherche à payer le moins cher possible.»

Sympathie

Je recherche un produit / un service :

- pour offrir/faire plaisir
- agréable
- convivial
- …

Ex. : «J'aime bien le design de ces produits et de cette marque. »

Environnement

Je recherche un produit / un service :

- réutilisable
- respectueux de l'environnement
- recyclable
- …

Ex. : «Je suis soucieux de mon impact environnemental.»

Mobile d'achat
du client
Nathan
TECHNIQUE

S O N C A S E

Sécurité
Orgueil
Nouveauté
Confort
Argent
Sympathie
Environnement

Mobile d'achat
du client
Nathan
TECHNIQUE

Mobile d'achat
du client
Nathan
TECHNIQUE

Mobile d'achat
du client
Nathan
TECHNIQUE

Mobile d'achat
du client
Nathan
TECHNIQUE

Mobile d'achat
du client
Nathan
TECHNIQUE

Mobile d'achat
du client
Nathan
TECHNIQUE

Crédits photographiques

Couverture : © WavebreakmediaMicro - stock.adobe.com ;

Sommaire et Carnet de bord du chef d'œuvre : p. 8 : Johnstocker - stock.adobe.com ; 11 : © Jacob Lund/AdobeStock ; p. 12, 13, 14, 15, 16, 17, 18, 19, 20 : © Vectorcreator/AdobeStock

Dossier 1 : © Okaïdi ; p. 22 : (h) © Drobot Dean - stock.adobe.com ; (m) © Fenton - stock.adobe.com ; p. 23 : © Scriblr - stock.adobe.com ; p. 24 : (h) © Drobot Dean - stock.adobe.com ; © Oalley ; p. 26 : (h) © Drobot Dean - stock.adobe.com ; (b) Dedy Pramu - Shutterstock ; p. 29 : (h) © goodluz - stock.adobe.com ; (b) © Oalley ; p. 30 : Hadrian - Shutterstock ; p. 31 : (h) © Albachiaraa - stock.adobe.com ; (b) © Alexander Limbach - stock.adobe.com ; p. 32 : (h) © Alinsa - stock.adobe.com ; (b) © Maria Arts - stock.adobe.com ;

Dossier 2 : p. 33 : Hadrian - Shutterstock ; pp. 33 à 38 : (h) © leungchopan - stock.adobe.com ; p. 37 (m) : © Critizr for Business ; p. 38 : (h) : © Scanrail - stock.adobe.com ; (m) © Scanrail - stock.adobe.com ; (b) © zfmbek - stock.adobe.com ; p. 41 : FotograFFF - Shutterstock ; p. 42 : © Pictures news - stock.adobe.com ; p. 43 : (h) © Andrey Popov - stock.adobe.com ; (b) © Décathlon ;

Dossier 3 : p. 45 : Targa56 - Shutterstock ; (logo) Casino ; p. 46 : (h) © Viorel Sima - stock.adobe.com ; (m) © robu_s - stock.adobe.com ; © elenabsl - stock.adobe.com ; pp. 46, 48, 50, 52, 54, 56 : (h) © Viorel Sima - stock.adobe.com ; (m) © Nattee - stock.adobe.com ; p. 53 : (h) © X-TRA / Henkel France ; (m) urbanbuzz - Shutterstock ; (b) esoxx - Shutterstock ; p. 55 : © William Saurin ; p. 59 : (h) © Artem - stock.adobe.com ; (b) © Siberian Art - stock.adobe.com ; p. 60 : SophieOst - stock.adobe.com ; © wwwebmeister - stock.adobe.com ; p. 62 : © Denchik - stock.adobe.com ;

Dossier 4 : p. 63 : © Pixel-Shot - stock.adobe.com ; pp. 64-72 : (h) © missty - stock.adobe.com ; p. 64 : (b) © lalouetto - stock.adobe.com ; p. 65 (g) : © Anna - stock.adobe.com ; (m) © Chaaim - stock.adobe.com ; (d) © nys - stock.adobe.com ; p. 66 : (m) © bleskk - stock.adobe.com ; p. 67 : (de haut en bas) © Marisa Lia - stock.adobe.com ; © Magdalena - stock.adobe.com ; © lalouetto - stock.adobe.com ; © bleskk - stock.adobe.com ; © Coprid - stock.adobe.com ; © NilsZ - stock.adobe.com ; © F16-ISO100 - stock.adobe.com ; © akf - stock.adobe.com ; p. 70 : © Les filles d'abord ; p. 73 : (de haut en bas) © Mercedes Fittipaldi - stock.adobe.com ; © Unclesam - stock.adobe.com ; © Alexandra Karamyshev - stock.adobe.com ; p. 75 : (h) sylv1rob1 - Shutterstock ; (m) © WavebreakmediaMicro ; (b) Sport 2000 ; p. 62 : (h) PhotoStock10 - Shutterstock ; (bg) © Carrefour ; (bd) © RealVector ; p. 63 : (h) © Catherine Spagnesi ; (b, de gauche à droite) © heinteh - stock.adobe.com ; © shuravi07 - stock.adobe.com ; © sevulya - stock.adobe.com ; © Pineapple studio - stocke.adobe.com ; Somluck Rungaree - Shutterstock ; p. 75 : © auremar - stock.adobe.com ;

Dossier 5 : p. 79 : defotoberg - Shutterstock ; pp. 80, 81, 82, 84 : (missions) © elnariz - stock.adobe.com ; p. 80 : (m) © Panasonic ; p. 82 : (b) Jfanchin - Shutterstock ; p. 85 : robtek - Shutterstock ; p. 87 : (h) © KPad - stock. adobe.com ; (m) © Kottea ; p. 88 : (h) © goodluz - stock.adobe.com ; (b) © Leclerc ; p. 90 : Sharaf Maksumov - Shutterstock ; p. 91 : © Darty ; p. 92 : Tupungato - Shutterstock ; (m) © Samsung ;

Dossier 6 : p. 93 : (h) Sorbis - Shutterstock ; (logo) Célio ; pp. 96, 98, 100, 102 : (h) © Jeanette Dietl - stock.adobe.com ; p. 94 : © motorama - stock.adobe.com ; p. 96 : © paul_craft - stock.adobe.com ; p. 97 : (de haut en bas) © Cookie Studio - stock.adobe.com ; © Elizaveta - stock.adobe.com ; © the faces - stock.adobe.com ; © Mangostar - stock.adobe.com ; © ZoomTeam - stock.adobe.com ; © fizkes - stock.adobe.com ; p. 98 : © dzm1try - stock.adobe.com ; p. 100 : (m) Célio ; (b) © Вячеслав Чичаев - stock.adobe.com ; p. 103 : (h) © Gorodenkoff - stock.adobe.com ; p. 104 : (h) ricochet64 - Shutterstock ; (b) © picsfive - adobe.stock.com ; © Smartbox ; p. 105 : © WavebreakmediaMicro - stock.adobe.com ; p. 106 : (m) © titaporn - stock.adobe.com ;

Jeu de rôle 1 : p. 109-110 : © Dressingresponsable.com

Dossier 7 : p. 111 : Andrei Stanescu - Istock ; pp. 112-113-114-115-116-118-120 : Prostock-studio - stock.adobe.com ; p. 114 : © lilkin - stock.adobe.com ; p. 100 : (m) am2vector - stock.adobe.com ; Anna Chelnokova - stock.adobe.com ; Daniel Berkmann - stock.adobe.com ; nikolae - stock.adobe.com ; antlia - stock.adobe.com ; p. 120 : Jean Michel ANDRE - Shutterstock ; p. 121 (h) : Vergani Fotografia - stock.adobe.com ; (b) vladimirfloyd - stock. adobe.com ; p. 122 (m) : Thomas Pajot - stock.adobe.com ; (b) Muhamad - stock.adobe.com ; kornkun - stock.adobe.com ; p. 123 (h) : NeydtStock - Shutterstock ; p. 124 : Yauhen_D - Shutterstock ; p. 126 : THINK b - stock.adobe.com ; p. 128 : zaharov43- stock.adobe.com ; Gordana Ser- mek- stock.adobe.com ; nys - stock.adobe.com ; heinteh - stock.adobe.com ; zaharov43 - stock.adobe.com ; siraphol - stock.adobe.com ; Alexandra Karamyshev - stock.adobe.com ; artbox_of_life - stock.adobe.com ;

Jeu de rôle 2 : p. 129-130 : © Aixam/Rentacar

Dossier 8 : p. 131 : Vytautas Kielaitis - Shutterstock ; pp. 132 (h)-140 (h)-142 (b)-143 : Mangostar - stock.adobe.com ; pp. 134-136-138-142 (h) : Seva Levytskyi - stock.adobe.com ; p. 145 : Alphaspirit - stock.adobe.com ; p. 146 : Photo Feats - stock.adobe.com ; p. 148 : MIND AND I - stock.adobe.com ; pp.

Jeu de rôle 3 : p. 149-150 : © Biocoop

Scénario 1 : 151-153-155 : © DPAM

Dossier 9 : p. 165 : New Africa - stock.adobe.com ; pp. 166-168-170-172 : Oleksandr - stock.adobe.com ; p. 169-172 : venimo - stock.adobe.com ; p. 175 (h) :

Veja - Shutterstock; p. 175 (b): © Decathlon; p. 176: MandicJovan - stock.adobe.com; p. 177: Avector - stock.adobe.com; p. 178: JPC-PROD - stock.adobe.com;

Jeu de rôle 4: p. 179-180: © www.madefrance.fr

Dossier 10: p. 181: Toni Genes - Shutterstock; p. 182(h)-185-186-187: Valua Vitaly - stock.adobe.com; p. 182(m)-184: Marharyta Demydova - stock.adobe.com; p. 189: JuliusKielaitis - Shutterstock; p. 190 (h): alexlmx 2017 - stock.adobe.com; p. 190 (m): made_by_nana - stock.adobe.com; p. 192 (h): tarnrit - stock.adobe.com;

Dossier 11: p. 193: (h) REDPIXEL - stock.adobe.com; (b) Waliyah - stock.adobe.com; p. 194-196-198-200: gstocks- tudio - stock.adobe.com; p. 195: Franziska Wagner - stock.adobe.com; p. 202 (h): Bojan - stock.adobe. com; (b) Bojan - stock.adobe.com; p. 204: Aha-Soft - stock.adobe.com; p. 205: Vytautas Kielaitis - Shut- terstock; p. 206 (h): contrastwerkstatt - stock.adobe.com; p. 206 m: (1) A. Bueckert - stock.adobe.com; (2) Ljupco Smokovski - stock.adobe.com; (3): mimagephotos - stock.adobe.com; (4) Vergani Fotografia - stock.adobe.com; (5) josemagon - stock.adobe.com; p. 208 (h): Monkey Business - stock.adobe.com; p. 208 b (1): Cookie Studio - stock.adobe.com; (2) Robert Kneschke - stock.adobe.com; (3) Cookie Studio - stock.adobe.com; p. 209: yuliaglam - stock.adobe.com; p. 210: New Africa - stock.adobe.com; p. 212: aureliefrance - Shutterstock;

Jeu de rôle 5: p. 213-214: © Boulanger

Dossier 12: p. 215: (h) REDPIXEL - stock.adobe.com; (b) Waliyah - stock.adobe.com; pp. 216h-218-220-222: gstocks- tudio - stock.adobe.com; p. 216 (m): Prostock-studio - stock.adobe.com; p. 216 (b): © SAMSUNG; pp. 218 (m)-220 (b): Waliyah - stock.adobe.com; p. 223: (h) Drobot Dean - stock.adobe.com; (m) Prostock-studio - stock.adobe.com; (b) OceanProd - stock.adobe.com; p. 225: Hadrian - stock.adobe.com; p. 226 (h): Mr.Music - Shutterstock; p. 226 m: (1) fizkes - stock.adobe.com; (2) triocean - stock.adobe.com; (3) sweetlaniko - stock.adobe.com; (4) samuel - stock.adobe.com; p. 228: floraldeco - stock.adobe.com;

Dossier 13: p. 229: Werner Lerooy - stock.adobe.com; pp. 230(h)-231-232-234-236: Valerii Honcharuk - stock.adobe. com; p. 230: (m): Deno - stock.adobe.com; p. 230 (b): dlyastokiv - stock.adobe.com; p. 233: Laz'e-Pete - stock.adobe.com; p. 239: Groupe Happychic/Bizzbee; p. 240 (h): rh2010 - stock.adobe.com; p. 240 (m): Yakobchuk Olena - stock.adobe.com; p. 242: Oleksandr Delyk - stock.adobe.com;

Scénario 2: p. 245: Monkey Business - stock.adobe.com; p. 254: janista - stock. adobe.com; p. 255: Oleksandr - stock.adobe.com; p. 257: iiierlok_xolms - stock.adobe.com;

Dossier 14: p. 259: Pascal SITTLER/REA; pp. 260-261-262-264: vgstudio - stock.adobe.com; p. 267: Mego-studio - stock.adobe.com; p. 268: Robert Kneschke - stock.adobe.com;

Jeu de rôle 6: p. 269-270: © Jeff de Bruges

Dossier 15: p. 271: MikeDotta/Shutterstock; pp. 272-273-276-278-280: Di Studio - stock.adobe.com; p. 278: Trueffelpix - stock.adobe.com; p. 283: Veja - stock.adobe.com; p. 284: phpetrunina14 - stock.adobe.com; p. 285: sylv1rob1- stock.adobe.com; p. 286: (h) Lutsenko_Oleksandr - Shutterstock; (b) Lutsenko_Oleksandr – Shutterstock;

Dossier 16: p. 287: Farhad - stock.adobe.com; p. 288h-290-292-293-294h-296h-298: Damir Khabirov - stock.adobe.com; p. 288 (b): 90miles - stock.adobe.com; p. 289: ALF photo - stock.adobe.com; azure - stock.adobe.com; Louis Renaud - stock.adobe.com; © Colgate; p. 294 (m): He2 - stock.adobe.com; p. 296 (b): TAlex - stock.adobe.com; p. 299: abert84 - stock.adobe.com; p. 301 (h): Igor Kardasov - stock.adobe.com; p. 301: Oleksiy Mark – Shutterstock; p. 302 (h): ty - stock.adobe.com; p. 302 m: (1) fizkes - stock.adobe.com; (2) koldunova_ anna - stock.adobe.com; (3) michaelheim - stock.adobe.com; p. 303: sylv1rob1 - Shutterstock; p. 304: ricochet64 - stock.adobe.com;

Dossier 17: p. 307: Aroma-Zone; p. 308-309-310-312: Prostock-studio - stock.adobe.com; p. 315: Thiti Sukapan - Shutterstock; p. 316: zorandim75 - stock.adobe.com; p. 317: Set Line Vector Icon - stock.adobe.com; p. 318: auremar - stock.adobe.com;

Scénario 3: p. 319: Viacheslav Iakobchuk - stock.adobe.com; p. 321: © Viacheslav Iakobchuk - stock.adobe.com; p. 322 (h): © topvectors - stock.adobe.com; p. 322 (m): fizkes; p. 322: (b) © Cheval Pro.

La plupart des personnages et toutes les situations de cet ouvrage sont fictifs. Toute ressemblance avec des personnes ou des situations existantes ou ayant existé ne peut être que fortuite.